『金融・民事・家事のここが変わる！ 実務からみる改正民事執行法』正誤表

本書第1刷（令和2年11月30日発行）の内容に一部誤りがございましたので，お詫びして訂正いたします。

18頁　5〜9行目

誤	正
申立権者は、執行力ある債務名義の正本（執行正本）を有する金銭債権者及び一般先取特権者である（改正民執207条1項）。預貯金債権等に関する情報取得手続も、強制執行の準備として行われるものなので、強制執行を開始できる状態であることが必要である（同207条1項柱書ただし書）。また、改正法207条1項は、この手続を実施するための申立ての要件として、財産開示手続の実施要件（改正同197条1項1号・2号）の充足、すなわち、先に実施した強制執行の不奏功又は知れている財産に対する強制執行では完全な満足が得られないことの疎明を要求している。 （c）　財産開示手続の前置不要 預貯金債権等に関する情報取得手続においては、不動産や給与債権（勤務先）に関する情報取得手続とは異なり、その実施のために、財産開示手続の前置は不要である。	申立権者は、執行力ある債務名義の正本（執行正本）を有する金銭債権者及び一般先取特権者である（改正民執207条1項）。預貯金債権等に関する情報取得手続も、強制執行の準備として行われるものなので、強制執行を開始できる状態であることが必要である（同207条1項柱書ただし書）。 （c）　財産開示手続の前置不要 預貯金債権等に関する情報取得手続においては、不動産や給与債権（勤務先）に関する情報取得手続とは異なり、その実施のために、財産開示手続の前置は不要である。

金融・民事・家事のここが変わる!

実務からみる
改正民事執行法

専修大学法学部教授
慶應義塾大学名誉教授
中島弘雅

日本大学法学部教授
弁護士
松嶋隆弘

編著

ぎょうせい

はしがき

本書は、令和元（2019）年５月10日成立、同月17日公布にかかる令和元年改正民事執行法（以下では、「改正法」という。）の主要な改正事項を解説した上で、改正法が我が国の実務や法解釈に与える影響、改正法が積み残した課題を指摘する書物である。公刊されている改正法の解説書の多くは、同法の条文を解説するものであるのに対し、本書では、具体的トピックから改正法に光をあてることで、改正の全体像を示そうと試みており、この点に本書の特色がある。

本書の第１章から第７章までは、「法律のひろば」誌上に、「民事執行法改正における実務の影響」と題して、令和元年10月から同２年４月にかけて集中連載したものを基とし、その後得られた情報に基づき加筆・修正したものである。本書では、さらにこれらに加え、令和元年11月27日に公布された改正民事執行規則の主要事項に関する解説を収めている。

もともと前記連載は、この分野に造詣の深い研究者と実務家に、それぞれ得意とするテーマをご執筆いただくという企画であった。連載終了後、編者らとしては、改正法が、我が国の裁判（家事）実務や弁護実務、金融実務等に及ぼす影響の大きさを考慮すると、今回の連載を改めて一書にまとめ、読者諸賢に提供することに大きな意義があると考え、ここに本書を刊行することにした。そして、その際、読者にとっての利便性を考慮し、規則の主要事項についての解説も加えることとした。

今回の改正法の改正項目は、❶財産開示制度の見直し、❷第三者から債務者財産に関する情報を取得する制度の創設、❸不動産競売における暴力団員の買受け防止規制の創設、❹子の引渡しの強制執行に関する規定の整備、❺国際的な子の奪取の民事上の側面に関する条約の実施に関する法律（ハーグ条約実施法）の規定の整備、❻差押禁止債権をめぐる規律の見直し、❼債権執行事件の終了をめぐる規律の見直しとなっている。これらは、一見するとバラバラの項目の寄せ集めのように見受けられる。

ただ、❶及び❷は、債務者の財産状況の調査制度の実効性の向上を、❸は、現在、官民挙げて取り組まれている、いわゆる「反社規制」の民事執行法への導入を、❹及び❺は、子の引渡しを命ずる裁判における実効性の確保と子の心身への配慮との調整を、それぞれ目的とするものであり、これらの諸目的は、いずれも昨今の民事執行制度をめぐる重要課題として、立法的対応が望まれてきたものである。

そこで、今回の改正法に至る民事執行法の改正経緯につき、振り返ってみるに、もともと民事執行法（昭和54年法律第４号）は、昭和54（1979）年に制定され、翌55年10月１日に施行された比較的新しい法律といってよい。そして、同法については、平成８（1996）年に、いわゆる住専の破綻処理の一環として債権回収を容易にするため、不動産競売における「執行妨害」対策を強化するための比較的大きな法改正がなされた。また、平成10（1998）年には、金融機関の経営不安の懸念が深刻化したことを受けて、その再生と早期健全化を目的として、いわゆる金融再生関連法が制定されたが、その一環として債権回収をよりスムーズにするための改正が民事執行法でも行われた。さらに、平成15（2003）年及び16（2004）年には、当時の社会経済情勢の変化への対応と権利実現の実効性の向上という観点から、極めて大がかりな法改正が行われた。

ただ、その後は、民事執行制度をめぐっては、様々な問題点が指摘され続けてきたにもかかわらず、今回の法改正に至るまで、改正はなされていなかった。そして、この間にも、民事執行手続のさらなる改善に向けての検討は進められ、民事執行法の改正が強く求められるに至っていた。

以上のことから、今回の改正法が、満を持して、民事執行法をめぐる現在の重要問題の解決を図ろうとする、極めて重要な意義を有する改正であることが理解できよう（なお、❻及び❼は、改正を契機とした手続の整備というべき改正である。）。

編者らとしては、かような改正法に関し冒頭に述べた経緯で刊行に至った本書が、改正民事執行法に関心のある読者諸賢にとって少しでもお役に立てることを願ってやまない。

末筆ながら、㈱ぎょうせいの担当者の方々には、前記連載の段階から本書刊行に至るまで、辛抱強くご対応いただいた。執筆者を代表して感謝申し上げる次第である。

なお、本書中、第３章（松嶋隆弘執筆）、第５章（内田義厚執筆）及び第６章（杉本和士執筆）に関しては、公益財団法人全国銀行学術研究振興財団2017年度助成「金融取引・企業取引と民事執行法改正」の研究成果の一部を構成していることを、付言する。

令和２年11月

中　島　弘　雅
松　嶋　隆　弘

凡　例

1　法令名略語

本文中の法令名は基本的に正式名称を用い、令和元年改正民事執行法については、単に「改正法」や「改正民事執行法」と記したが、本文（　）内の法令名は次に掲げる略語を用いた。

改正民執	民事執行法（令和元年法律第２号で改正されたもの）
改正前民執	民事執行法（令和元年法律第２号で改正される前のもの）
民執	民事執行法（令和元年法律第２号で改正されないもの）
改正民執規	民事執行規則（令和元年最高裁判所規則第５号で改正されたもの）
民執規	民事執行規則（令和元年最高裁判所規則第５号で改正されないもの）
ハーグ条約実施法	国際的な子の奪取の民事上の側面に関する条約の実施に関する法律（平成25年法律第48号）

会更	会社更生法
会社	会社法
貸金業	貸金業法
金商	金融商品取引法
破産	破産法
不登	不動産登記法
振替	社債、株式等の振替に関する法律
民再	民事再生法
民訴	民事訴訟法
民保	民事保全法

下記の法令名は、本文中で略語を用いた。

行政個人情報保護法	行政機関の保有する個人情報の保護に関する法律
個人情報保護法	個人情報の保護に関する法律
独立行政法人等個人情報保護法	独立行政法人等の保有する個人情報の保護に関する法律

2　裁判例

裁判例を示す場合、「判決」→「判」、「決定」→「決」と略した。また、裁判所の表示ついては、次に掲げる略語を用いた。

最（最大）	最高裁判所（最高裁判所大法廷）
○○高	○○高等裁判所
○○地	○○地方裁判所

3　判例出典、法律雑誌略語

家月	家庭裁判月報
民集	最高裁判所民事判例集
金判	金融・商事判例
金法	金融法務事情
ジュリ	ジュリスト
判タ	判例タイムズ
判時	判例時報
ひろば	法律のひろば

目　次

Ⅰ　総論

第1章　改正民事執行法の概要と意義・留意点・課題

専修大学法学部教授・慶應義塾大学名誉教授　中島　弘雅

Ⅱ　本論

第2章　民事執行法改正とプライバシー・営業秘密

弁護士　渡邊　涼介

第3章　民事執行法改正と金融実務に与える影響～反社規制を中心に～

日本大学法学部教授・弁護士　松嶋　隆弘

第4章　民事執行法改正と弁護士業務に与える影響

弁護士　山﨑雄一郎

第5章 民事執行法改正と家事実務に与える影響

早稲田大学大学院法務研究科教授 内田 義厚

Ⅲ　改正を契機として浮上する問題点

第6章　民事執行法改正の意義と民事法に対する影響

法政大学法学部教授　杉本　和士

第７章　執行法と倒産法 ～今後の検討課題として～

南山大学法学部教授　小原　将照

I

総論

第1章 改正民事執行法の概要と意義・留意点・課題

専修大学法学部教授・慶應義塾大学名誉教授　中島　弘雅

第1 はじめに

令和元（2019）年５月10日に成立した改正民事執行法は、民事執行制度をめぐる最近の問題状況に鑑み、❶債務者の財産状況の調査制度の実効性を向上させるため、従来の財産開示制度の見直しを図るとともに、新たに、第三者から債務者財産に関する情報を取得する制度を創設した。また、❷現在、官民挙げて取り組まれている、いわゆる「反社規制」の一環として、不動産競売における暴力団員の買受けを防止するための規定を創設した。さらに、❸子の引渡しを命ずる裁判の実効性を確保するとともに、子の心身に十分な配慮をするなどの観点から、民事執行法の子の引渡しの強制執行に関する規定を整備し、併せて、国際的な子の奪取の民事上の側面に関する条約の実施に関する法律（以下では、「ハーグ条約実施法」という。）の規定についても、改正民事執行法の規定と平仄を合わせる形で見直しを行った。加えて、改正法は、❹差押禁止債権をめぐる規律と、❺債権執行事件の終了をめぐる規律についても見直しを行っている。

本書の第２章以下には、今回の令和元年民事執行法改正が、我が国の裁判（家事）実務や弁護実務、金融実務、プライバシー・営業秘密の保護、民事執行法を含む民事法の解釈等に与える影響を論じる諸論稿、さらには、民事執行法と倒産法の交錯する場面において、今回の法改正が積み残した問題を指摘する論稿が収められている。

本章は、そうした第２章以下の諸論稿の問題意識を踏まえつつ、令和元年改正民事執行法の主な改正点を概説するとともに、改正の意義・留意点、さらには今後の課題等を明らかにすることを目的としている。

第2　債務者の財産状況の調査制度

1　改正の必要性

金銭債権について勝訴判決等の債務名義を得た債権者が強制執行を申し立てたり、一般先取特権者が担保権実行を申し立てるためには、原則として、差押えの対象となる財産を特定しなければならない（民執規21条３号・99条・133条・170条１項・178条１項・179条１項）。しかし、情報の匿名化・秘匿化が進む現代社会において、債権者が自力で債務者の財産状況に関する情報を入手するには困難を伴う。そのため、債権者としては、せっかく勝訴判決を得たり、法律上、一般先取特権を有していても、権利の強制的実現ができないという問題が生じる。そこで、この問題を解決し、権利実現の実効性を高める目的で、平成15（2003）年の民事執行法改正で導入されたのが、債権者の申立てにより執行裁判所が債務者に財産開示を命ずる財産開示手続である（改正前民執196条以下）。しかし、令和元年改正前民事執行法下における財産開示手続の運用状況は芳しくなかった[*1]。そこで、改正法は、財産開示手続の実効性を

---

*1　旧法下における財産開示手続の運用状況は、平成29（2017）年の申立件数は686件、平成30（2018）年は578件と低調であった。また、平成29年における財産開示手続の既済件数681件のうち、実際に債務者の財産情報が開示された件数は253件（既済件数の約37%）にとどまる一方で、開示義務者の不出頭等によりその財産情報が開示されなかった件数は269件（既済件数の約40%）にのぼるなど、その実効性は必ずしも十分ではなく、財産開示手続はその本来の目的を果たしているとはいえない状況にあった。以上につき、内野宗揮ほか「民事執行法の改正の要点⑴――金融実務に関連する項目を中心に――」金法2118号38頁、内野宗揮編著『Q&A 令和元年改正民事執行法制』（金融財政事情研究会、2020年）18頁、阿多博文「改正民事執行法と弁護士

向上させるため、❶従来の財産開示制度の見直しを図るとともに、新たに、❷債務者以外の第三者から債務者財産に関する情報を取得する制度を創設した[*2]。

2　財産開示手続の見直し

(1) 改正法の要点

財産開示手続に関する改正点は、❶申立権者の範囲拡大（民執197条1項本文）と、❷罰則の強化（刑罰の導入）である（民執213条5号・6号）。

❶は、基本的には、実効性の向上というよりも、強制執行手続とその準備のための財産開示手続とで、申立てに必要な債務名義の種類に差を設ける合理性は乏しいとの考え方に基づく。執行証書（民執22条5号）については、平成15年の民事執行法改正の審議の際に、悪質な貸金業者が不当に財産開示を求めることが危惧され、財産開示の申立てに必要な債務名義から除外された経緯がある。しかし、平成18年の貸金業法の改正により、貸金業者が貸付契約について債務者等から執行証書の作成に関する委任状を取得することを禁止する措置がとられ（貸金業20条）、貸金業者による濫用の危険が後退する一方で、近時、離婚した夫婦間の子の養育費等の支払の合意に執行証書が推奨されるなど、執行証書をめ

実務——第三者からの情報収集手続の概要と影響」金法2129号22頁参照。なお、山本和彦監修『論点解説 令和元年改正民事執行法』（金融財政事情研究会、2020年）17頁［古賀政治］には、平成16（2004）年から27（2015）年までの各年における財産開示手続の申立件数、既済事件数、既済事件のうち財産開示がなされた件数（割合）が、紹介されている。

*2　以上につき、青木哲「民事執行法の改正——債務者の財産状況の調査を中心に——」ジュリ1537号59頁、阿多・前掲*1 22頁、内野ほか・前掲*1 38頁、内野編著・前掲*1 19頁参照。本節の内容について詳しくは、中島弘雅「債務者の財産情報取得手続の現状と課題——令和元年改正民事執行法の規律を踏まえて——」加藤新太郎先生古稀祝賀論文集『民事裁判の法理と実践』（弘文堂、2020年）407頁以下参照。

ぐる社会情勢が大きく変化したことが考慮されたものである。他方で、仮執行宣言付損害賠償命令（民執22条3号の2）については、犯罪被害者の賠償請求権等の履行確保に資するという点が考慮された結果である[*3]。

❷手続違背に対する罰則の強化は、財産開示手続の実効性の向上を意図したものである。改正前民執206条1項は、開示義務者の不出頭、宣誓拒絶、陳述拒絶及び虚偽陳述に対して30万円以下の過料を科しているにすぎなかった。平成15年改正による財産開示手続導入の際には、悪質な金融業者による苛酷な債権取立ての手段として財産開示手続が濫用されることを懸念する意見があり、刑事罰は科されなかった。しかし、前述のように、開示義務者の不出頭により開示されない事件が少なくないことから、罰則の強化が検討された。特に、金銭債務の履行を怠っている債務者に対して罰金刑では十分な威嚇とならなかったことから、6か月以下の懲役又は50万円以下の罰金という刑事罰が科されることになった（改正民執213条5号・6号、改正民執規185条）[*4]。なお、財産開示手続によって得られた債務者の財産又は債務に関する情報を目的外使用した場合の過料の制裁は、旧法の規律（改正前民執206条1項）が改正法でもそのまま維持されている（改正民執214条1項）。

⑵　評価と今後の課題――法改正が見送られた事項を中心に

①　強制執行不奏功要件の要否について

令和元年の改正により、財産開示手続の実効性の向上が期待されるが、執行裁判所が、財産開示手続の実施をするためには、❶過去6か月

---

*3　法務省民事局参事官室「民事執行法の改正に関する中間試案の補足説明」(以下では「中間試案補足説明」として引用する。) 4頁以下、鷹取伸哉「債務者財産の開示制度の実行性の向上」ひろば72巻9号14頁、青木・前掲*2 59頁、阿多・前掲*1 23頁、内野ほか・前掲*1 39頁、内野編著・前掲*1 21頁以下など参照。

*4　以上につき、青木・前掲*2 59頁、阿多・前掲*1 23頁、内野ほか・前掲*1 41頁、内野編著・前掲*1 31～32頁など参照。

以内になされた強制執行における配当手続で完全な弁済を得られなかったとき、又は❷知れている財産に対して強制執行を実施しても完全な弁済を得られないことの疎明をしたときという要件（強制執行不奏功要件。改正民執197条１項１号・２号）のいずれかを満たす必要があるという点は、旧法のままである。この点についても、中間試案までは撤廃を含む見直しが検討されていたが[*5]、反対論や慎重論を考慮して、旧法の規律が維持された[*6]。しかし、この点については、本書第２章で、渡邊涼介弁護士が指摘しているように、強制執行不奏功要件がなお必要か否かについては、疑問がないではない。

強制執行不奏功要件は、確かに、プライバシーと営業秘密の保護にその目的がある[*7]。しかし、プライバシーについていえば、まず何よりも、法人にはプライバシーという概念は当てはまらない。その意味で、プライバシーの保護は、個人債務者にのみ妥当するが、財産開示制度そのものが、債務者個人の財産の全般的開示を求めるものであり、債務者のプライバシーを侵害する性質を本来的に有している。また、財産開示制度は、強制執行の申立てに必要な情報を、既に執行力のある債務名義を有する金銭債権者等に与えるものであり、しかも、情報を取得した者は、その情報を強制執行以外の目的で利用することを禁じられている（改正民執202条）。これらの点を考慮すると、財産開示による債務者のプライバシー侵害の程度はそれほど大きくはなく、強制執行不奏功要件を外したとしても債務者個人のプライバシー保護に欠けるとはいえないのでは

*5　「中間試案補足説明」6 ～ 7 頁参照。

*6　このことにつき、内野ほか・前掲*1　42頁、内野編著・前掲*1　144頁、青木・前掲*2　59頁、阿多・前掲*1　23頁*4、山本監修・前掲*1　24頁以下［古賀］参照。

*7　谷口園恵＝筒井健夫編著『改正担保・執行法の解説』（商事法務、2004年）139頁、道垣内弘人ほか『新しい担保・執行制度〔補訂版〕』（有斐閣、2004年）147頁［山本和彦］、山本和彦ほか編『新基本法コンメンタール民事執行法』（日本評論社、2014年）472頁［谷口園恵］、伊藤眞＝園尾隆司編集代表『条解民事執行法』（弘文堂、2019年）1733頁［古賀政治］など参照。

ないかと思われる[*8]。

次に、財産開示の対象には、債務者の営業上の秘密が含まれ得ることから、その開示は、営業上の秘密の侵害に当たると一般に解されている。しかし、個人債務者については、営業上の秘密はない。しかも、財産開示制度は、債務者が債務名義所定の債権者の権利の実現に必要な弁済をせず、また、財産情報を開示しない場合に実施される手続である点を考慮すると、財産開示によって債務者の営業上の秘密が侵害されるとしても、必ずしも不当な侵害とはいえず、むしろ相当性を備えていると解すべきである。したがって、財産開示手続の実施に当たり、強制執行不奏功要件を不要としたとしても、営業上の秘密の保護に欠けるところはない[*9]。

②　過去に処分された財産に関する情報取得手段について

財産開示手続では、財産開示期日における開示義務者の陳述の時点で債務者が有する積極財産に関して陳述義務を負わせるにとどまり、それ以前に処分された財産については陳述義務は課されていない。周知のように、中間試案の段階までは、財産開示手続と当時の詐害行為取消権（平成29年改正前民法424条以下）と関連付けて、過去になされた財産に関する情報も陳述義務の対象とする見解の是非が議論されていたが[*10]、この見解は最終的に採用されなかった。

しかし、この点につき、杉本和士教授は、本書第6章において、少なくとも現在の債務者財産と関連性のある過去の財産処分行為に関しては、詐害行為取消権（民法424条以下）の行使による対応を想定しつつ、財産開示手続において情報を得るという利用の仕方を模索することも有意義ではないかと提言している[*11]。是非とも参照されたい。

---

*8　以上につき、本書第 2 章 49 ～ 53 頁［渡邊涼介］参照。これに対し、本書第 5 章 117 ～ 118 頁［内田義厚］は、現在の取扱いのままでよいとする。

*9　以上につき、本書第 2 章 53 ～ 54 頁［渡邊］参照。

*10　詳しくは、「中間試案の補足説明」12 ～ 13 頁参照。

*11　本書第 6 章 147 頁［杉本和士］。

3　第三者からの債務者財産情報取得手続の新設

(1)　第三者からの債務者財産情報取得手続の創設

①　立法の経緯

平成15年の法改正では、公的機関や金融機関等から債務者の財産情報を取得する手続の導入は見送られたが、令和元年の改正では、情報取得により得られる利益が個人情報の保護により得られる利益を上回るときは、目的外利用の合理性を見い出し得るとの立場から、公的機関から不動産及び給与債権（勤務先）に係る情報を、また、民間企業（銀行、振替機関等）から預貯金債権及び振替社債等に関する情報を取得する手続が設けられた[*12]。

②　手続創設の意義

令和元年改正法は、❶従来の財産開示手続の見直しを図るとともに、❷第三者から債務者財産に関する情報を取得する手続を導入するに当たり、民事執行法の編成を改めた。すなわち、民事執行法「第４章　財産開示」を、「第４章　債務者の財産状況の調査」と改め、第４章中の第１節に、「財産開示手続」に関する規定を置き（改正民執196〜203条）、第２節に、「第三者からの情報取得手続」に関する規定を置いた（同204〜211条）。

第４章「債務者の財産状況の調査」は、民事執行法上、第２章「強制執行」、第３章「担保権実行としての競売等」と並び、「民事執行」の概念に包摂されているが（改正民執１条）、強制執行（及び一般先取特権の実行）の準備手続として、債務者の責任財産の調査を目的とする手続であるという点で、強制執行手続とはその性質を異にする。そして実は、このことは、改正前民事執行法下における「第４章　財産開示」制度に

*12　鷹取伸哉「債務者財産の開示制度の概要と実務上の留意点」自由と正義70巻12号18頁参照。

も当てはまる。

この点につき、杉本和士教授が、本書第6章において述べているように、金銭債権の債務名義に基づく強制執行の実効性をいかに確保かつ強化すべきかは、我が国の強制執行手続の存在意義にも関わる死活問題であるところ、今回整備された「債務者の財産状況の調査」制度が、強制執行手続の機能不全状態の改善にどのように寄与するのかを注視していく必要がある[*13]。

⑵　不動産に関する情報取得手続

①　手続導入の経緯

この手続は、登記所に債務者の不動産情報の提供を命じるものである。我が国の不動産登記は、土地又は建物等の不動産ごとに登記記録を作成する物的編成主義をとっており（不登2条5号）、権利ごとに記録されているわけではない。そのため、債権者が債務者名義で登記された不動産情報を取得する必要性は高かったにもかかわらず、債権者が、いわゆる名寄せにより不動産情報を取得することは、令和元年の法改正でようやくそれが可能となった[*14]。

②　手続の概要

(a)　対象となる情報の内容

この手続の対象となる情報は、債務者が所有権の登記名義人となっている土地・建物等に対して強制執行又は担保権の実行の申立てをするのに必要な事項である（改正民執205条1項）。具体的には、土地の場合は、所在・地番等、建物の場合は、所在・家屋番号等である（改正民執規189条参照）。

(b)　申立権者と情報取得の要件

---

*13　本書第 6 章 142 頁［杉本］。

*14　青木・前掲 *2　60 頁、鷹取・前掲 *12　18 頁、同・前掲 *3　15 頁、阿多・前掲 *1　27 ～ 28 頁など参照。

申立権者は、執行力ある債務名義の正本（執行正本）を有する金銭債権者及び一般先取特権者である（改正民執205条１項）。不動産情報取得手続は、強制執行等の準備として行われるので、申立てに当たっては、強制執行等を開始できる状態であることが必要である（同項柱書ただし書）。また、改正法205条１項各号は、不動産情報取得手続を実施するための要件として、財産開示手続の実施要件（同197条１項１号・２号）の充足、すなわち、先に実施した強制執行の不奏功又は知れている財産に対する強制執行では完全な満足が得られないことの疎明を要求している。

(c)　財産開示手続の前置

一般に、個人情報を保有する行政機関は、守秘義務（個人情報保護義務）を負っていると考えられ、原則として、その本来の目的とは異なる目的で他者に情報を提供することが制限されている（行政個人情報保護法８条１項等）。そのため、申立てに際しては、財産開示手続の前置が必要である（改正民執205条２項）。これにより、債務者が不動産情報を債権者に対して秘匿する正当な利益を有しないと評価できるし、登記所としても、個人情報保護義務の実質的利益が消滅すると考えられるので、債権者に対する情報提供が正当化されるものと説明されている[*15]。

(d)　申立期限と不服申立て

不動産情報取得手続の申立ては、前置される財産開示手続の期日から３年以内に行わなければならない（改正民執205条２項）。

不動産情報取得手続の申立てについての裁判に対しては、執行抗告が可能である（改正民執205条４項）。すなわち、申立てを却下する決定に対して、申立人は執行抗告をすることができる。また、裁判所が、申立てを認め、不動産情報の提供を登記所に命ずる認容決定をした場合には、債務者に反論の機会を与えるため、債務者は執行抗告をすることができる。そして、債務者に対して執行抗告の機会を実質的に保障するた

*15　内野宗揮ほか「民事執行法等の改正の要点(2)――金融実務に関連する項目を中心に――」金法2120号21頁、内野編著・前掲*1　73～74頁、鷹取・前掲*12　18頁参照。

め、申立てを認容する決定は、債務者に送達される（同法205条３項）。また、申立認容決定は、確定しないと効力を生じない（同条５項）[*16]。

③　手続導入の意義と施行時期

不動産執行を行うためには、債権者が、債務者名義で登記された不動産情報を取得する必要があるが、前述のように、物的編成主義をとる不動産登記制度（不登２条５号）の下では、債務者名義で登記された不動産情報を取得することはできなかった。その意味で、今回の法改正により、それが可能となったことの意義は大きい。もっとも、登記所の不動産に係る情報管理体制に整備を要することから、施行時期は１年ほど後ろ倒しされることが予定されている（改正民執附則５条）。

⑶　給与債権（勤務先）に関する情報取得手続

①　手続導入の経緯

夫婦間もしくは親子間等の扶養義務に係る請求権又は人の生命もしくは身体の侵害による損害賠償請求権を有する有名義債権者が、債務者の給与債権等に対する強制執行の申立てをするためには、債務者の給与債権（勤務先）を特定する必要がある（民執151条の２第１項各号、改正民執206条１項）。しかし、その把握は必ずしも容易ではなかった。他方で、民法上の扶養義務等に係る債権については、履行確保の要保護性の観点から、差押えを容易にする方策が強く求められていた。そこで、改正法は、それらの債権の履行確保を図るため、市町村税に係る事務に関して情報を保有する市町村や、厚生年金保険に係る事務に関して情報を保有する日本年金機構等から、債務者の給与債権（勤務先）に関する情報を取得する手続を創設した（改正民執206条）。

②　手続の概要

(a)　対象となる公的機関と情報の内容

*16　内野ほか・前掲 *15　22 頁、内野編著・前掲 *1　83 ～ 84 頁参照。

市町村と厚生年金保険の実施機関とでは、それぞれの事務内容の違いにより、保有している情報にも違いがある。市町村は、当該市町村に住所がある給与所得者の勤務先に関する情報を有している。ただし、その情報は主として給与支払者から毎年1月に提出される給与支払報告書（地税317条の6第1項）等により得られるものであるから、現在の就業先が判明するとは限らない点に留意が必要である。他方、厚生年金保険の実施機関としては、日本年金機構、国家公務員共済組合、国家公務員共済組合連合会、地方公務員共済組合、全国市町村職員共済組合連合会、日本私立学校振興・共済事業団がある。ただし、その中には、被保険者情報を管理しているだけで、債務者に対する厚生年金保険の実施事務を行っていないものも含まれている。そのため、債務者情報を管理していない機関に情報提供を求めても、債務者の勤務先情報を得ることはできない。また、そもそも債務者が厚生年金保険に加入していないときは、いずれの機関からも勤務先情報を得ることはできない。したがって、勤務先情報取得手続の申立てに際しては、各公的機関が保有する情報の違いを踏まえた上で公的機関を選択する必要がある[*17]。

(b) 申立権者と情報取得の要件

申立権者は、夫婦間もしくは親子間等の扶養義務に係る請求権又は人の生命もしくは身体の侵害による損害賠償請求権を有する有名義債権者である（改正民執151条の2第1項各号、206条1項）。申立権者の範囲を限定したのは、債務者が他に財産を有するのに給与債権の差押えがなされると、債務者の生活が脅かされたり、事実上、使用者から解雇される等の弊害が生じかねないので、要保護性の高い債権者に限って申立権を認めるのが相当であるとの考え方に基づく[*18]。

---

*17 以上につき、内野ほか・前掲*15 23頁、内野編著・前掲*1 86～87頁、阿多・前掲*1 26頁、青木・前掲*2 60頁、鷹取・前掲*12 20頁、本書第4章93～94頁［山﨑雄一郎］参照。

*18 以上につき、内野ほか・前掲*15 23～24頁、内野編著・前掲*1 98～99頁、鷹取・前掲*12 15～16頁参照。

給与債権に関する情報取得手続は、強制執行の準備として行われるものなので、申立てに当たっては、強制執行を開始できる状態にあることが必要である（改正民執206条1項柱書ただし書）。また、改正法206条1項は、給与債権（勤務先）情報の取得手続申立ての要件として、不動産情報取得手続と同様に、財産開示手続の実施要件（同197条1項1号・2号）の充足、すなわち、先に実施した強制執行の不奏功又は知れている財産に対する強制執行では完全な満足が得られないことの疎明を要求している。

(c)　財産開示手続の前置

一般に、市町村や厚生年金保険の実施機関は、債務者の給与債権（勤務先）に関する情報について債務者に対して守秘義務（個人情報保護義務）を負っているものと考えられるため、原則として、その本来の目的とは異なる目的で他者に情報を提供することが制限されている（行政個人情報保護8条1項等）。そのため、改正法206条2項は、不動産に関する情報取得手続に関する規定（改正民執205条2項）を準用して、財産開示手続を前置させている。給与債権（勤務先）に関する情報取得手続の申立ては、前置される財産開示手続の期日から3年以内に行わなければならない（同206条3項）。

(d)　不服申立て

給与債権（勤務先）に関する情報取得手続についても、その申立てを却下する決定がされた場合や、その申立てを認容する決定がされた場合に、当事者に反論の機会を与えるため、改正法206条2項は、不動産情報取得手続の申立てについての裁判の規律（改正民執205条3項～5項）を準用している[*19]。

③　**手続創設の意義と留意点**

民法上の扶養料等に係る請求権（子の養育費、扶養料等の債権）につ

---

*19　内野ほか・前掲*15　24頁、内野編著・前掲*1　106～107頁。

いて民事執行法は、以前からその履行確保を図るため、様々な特則を置いている。すなわち、平成15年改正により、扶養義務等に係る確定期限の定めのある定期金債権につき、その一部に不履行があるときは、当該定期金債権のうち確定期限が未到来の部分についても（民執30条１項参照）、債権執行を開始できることとし（同151条の２第１項柱書）、各定期金債権につき、その確定期限の到来後に弁済期が到来する給料その他の継続的給付に係る債権のみを差し押さえることができるとしている（同条２項）。また、平成15年改正により、扶養義務等に係る金銭債権については、差押禁止の範囲が４分の３から２分の１に縮減された（民執152条３項）。さらに、平成16年改正により、扶養義務等に係る金銭債権についての強制執行の方法につき、新たに間接強制が例外的に認められることとなった（民執167条の15、167条の16）[*20]。

しかし、例えば、夫婦の離婚後に、子を監護すべき親（監護親。母）が非監護親（父）に対して子の監護費用（養育費）の支払を求めたり、子が扶養義務者（親）に対して扶養料の支払を求めたのに対し、資力があるにもかかわらず、非監護親や扶養義務者がこれを支払わないまま所在不明となり、監護親や子が泣き寝入りせざるを得ないという実例が、数多く報告されていることは周知の通りである。その点で、今回の給与債権（勤務先）に関する情報取得手続の創設は、養育費や扶養料の支払を最終的に確保する実質的な手当てをしようしたものと評価することができる。また、この手続は、人の生命又は身体を害する損害賠償請求権を有する有名義債権者も利用することができるが、この種の債権は、履行確保の要保護性に鑑みて、他の民事法分野でも厚く保護されているから（例えば、民724条の２、破産253条１項４号など）、それらと平仄を合わせたものと評価できる[*21]。

*20　以上につき、本書第６章143頁［杉本］参照。
*21　以上につき、本書第６章143～144頁［杉本］参照。

⑷　預貯金債権等に関する情報取得手続

①　手続導入の経緯

この手続は、銀行等が保有する債務者の預貯金債権や、振替機関等が保有する社債・国債・上場株式等の振替社債に関する情報の取得を可能とするものである。弁護士会照会（弁護士法23条の２）によってこれらの情報を取得することも可能であり、単位弁護士会と銀行等との協定によって照会への対応の円滑化も図られている。しかし、他方で、守秘義務ないし個人情報保護義務を理由に弁護士会照会に応じない銀行も存在する[*22]。また、現在の裁判実務では、債権者が、銀行等の預貯金債権に対する強制執行の申立てをするには、差押えの対象となる預貯金債権の取扱店舗を具体的に特定しなければならないが[*23]、これに対して債権者が、取扱店舗を限定せずに、「複数の店舗に預金債権があるときは、支店番号の若い順序による」という「全店一括順位付け方式」により債権差押命令の申立てをするようになった。しかし、周知のように、最決平成23年９月20日民集65巻６号2710頁は、全店一括順位付け方式では、「各第三債務者において、先順位の店舗の預貯金債権の全てについて、その存否及び先行の差押え又は仮差押えの有無、定期預金、普通預金等の種別、差押命令送達時点での残高等を調査して、差押えの効力が生ずる預貯金債権の総額を把握する作業が完了しない限り、後順位の店舗の預貯金債権に差押えの効力が生ずるか否かが判明しない……から、本件申立てにおける差押債権の表示は、送達を受けた第三債務者において上記の程度〔債権差押命令の送達を受けた第三債務者において、直ちにとはい

---

*22　債務者財産の把握手段としての弁護士会照会の問題点については、垣内秀介「財産開示手続の改正をめぐる論点——第三者からの情報取得制度の創設を中心として——」金法2054号9頁、青木哲「金銭執行における預金債権に関する情報の取得について」高橋宏志先生古稀祝賀論文集『民事訴訟法の理論』（有斐閣、2018年）1130頁参照。

*23　中野貞一郎＝下村正明『民事執行法』（青林書院、2016年）704～705頁、伊藤＝園尾編集代表・前掲*7　1247～1248頁［下村眞美］など参照。

えないまでも、差押えの効力が上記送達の時点で生ずることにそぐわない事態とならない程度〕に速やかに確実に差し押えられた債権を識別」できるとはいえず、差押債権の特定を欠き不適法であると判示した。また、最決平成25年1月17日判時2176号29頁は、前掲最決平成23年9月20日を前提としつつ、金融機関の複数店舗のうち、預金債権額合計の最も大きな店舗の預金債権を差押えの対象とする旨の表示による債権差押命令の申立て（預金額最大店舗指定方式）についても、差押債権の特定を欠き、不適法であると判示した。

しかし、他方で、近時、金融機関における情報の管理体制をめぐる状況が変化し、金融機関の本店に対して照会をすれば、その金融機関は、すべての支店で取り扱われている債務者の預貯金情報を包括的に検索した上で回答できるようになってきた。また、個人及び法人が保有する金融資産として、上場株式や投資信託受益権のような振替社債等も、大きな比重を占めるようになってきたが、それらの振替社債等についても、預貯金債権と同様に、振替機関の本店において、各支店で取り扱われている情報を検索できるようになっている。

かかる社会的背景事情の変化を踏まえ、今回の法改正で、債務者の預貯金債権及び振替社債等に関する情報取得手続が新設されるに至った（改正民執207条）[*24]。

② 手続の概要

(a) 対象となる「銀行等」・「振替機関等」と情報の内容

ここにいう「銀行等」には、銀行を含む各種金融機関（信用金庫、労働金庫、農林中央金庫、商工組合中央金庫、農業協同組合、漁業協同組合等）のほか、郵政民営化前の郵便貯金の一部を承継している郵便貯金簡易生命保険機構・郵便局ネットワーク支援機構も含まれる（改正民執207条1項1号上段）。また「銀行等」には、我が国に支店を設けて預貯

*24 以上につき、内野ほか・前掲*15 25頁、内野編著・前掲*1 110～111頁参照。

金の受入れをしている外国銀行も含まれる[*25]。「銀行等」が提供すべき情報は、債務者の有する預貯金債権に対する強制執行又は担保権実行の申立てに必要な事項であり（同号下段）、具体的には、債務者の預貯金債権の存否のほか、その取扱店舗、預貯金債権の種別、口座番号及び額である（改正民執規191条１項）。銀行等から取得する情報には、「店舗」も含まれるので、いわゆる全店照会も可能である。他方で、金融機関が独自に収集した債務者の資産・与信情報は、対象外である。また、生命保険契約・損害保険契約の解約返戻金請求権等、仕組債のようなデリバティブ取引に基づく権利（金商２条24項参照）に関する情報も対象外とされている[*26]。

次に、改正法207条１項２号は、「振替機関等」から「振替社債等」に関する情報を取得する手続を定めている。ここにいう「振替機関等」とは、社債、株式等の振替に関する法律２条５項の「振替機関等」であり（改正民執207条１項２号）、具体的には、「振替機関」及び「口座管理機関」を指す。現在、振替機関としては、株式会社証券保管振替機構（国債以外の振替社債を扱う振替機関）と、日本銀行（国債を扱う振替機関）がある（振替２条２項）。「口座管理機関」とは、社債等の振替を行うための口座を振替機関又は他の口座管理機関に開設した者であり（同条４項）、現行の制度では、証券会社等の金融商品取扱業者、銀行、長期信用銀行、信託会社等がこれに当たる。「振替社債等」とは、社債、株式等の振替に関する法律２条１項に掲げられている社債等のうち、振替機関が取り扱うものをいい（同279条）、上場株式・社債・地方債・国債などがある。これらに関する情報が、差押えに必要な情報である（改正民執規191条２項）[*27]。

(b)　申立権者と情報取得の要件

*25　内野ほか・前掲*15　25頁、内野編著・前掲*1　111頁。
*26　内野ほか・前掲*15　26頁、内野編著・前掲*1　127～128頁、阿多・前掲*1　25頁参照。
*27　内野ほか・前掲*15　25～26頁、内野編著・前掲*1　124～126頁。

申立権者は、執行力ある債務名義の正本（執行正本）を有する金銭債権者及び一般先取特権者である（改正民執207条1項）。預貯金債権等に関する情報取得手続も、強制執行の準備として行われるものなので、強制執行を開始できる状態であることが必要である（同207条1項柱書ただし書）。また、改正法207条1項は、この手続を実施するための申立ての要件として、財産開示手続の実施要件（改正同197条1項1号・2号）の充足、すなわち、先に実施した強制執行の不奏功又は知れている財産に対する強制執行では完全な満足が得られないことの疎明を要求している。

(c) 財産開示手続の前置不要

預貯金債権等に関する情報取得手続においては、不動産や給与債権（勤務先）に関する情報取得手続とは異なり、その実施のために、財産開示手続の前置は不要である。預貯金債権等は、処分が容易であるので、財産開示手続を先に実施すると、債務者によって隠匿等されてしまうおそれがあるからである[*28]。

(d) 不服申立て

債権者は、預貯金債権等に関する情報取得手続の申立てを却下する決定に対して、執行抗告ができるが、債務者は、申立てを認容する決定に対して執行抗告はできない（改正民執207条3項）。預貯金債権等は、処分が容易なので、抗告を認めてしまうと、その間に債務者によって預貯金債権等が隠匿等されてしまうおそれがあるからである。

③ 手続創設の意義と今後の課題

前述のように、弁護士会照会によっても債務者の預貯金債権等に関する情報を取得できる場合もあるが、弁護士会照会に応じない銀行等も存在する。加えて、預貯金債権に対する差押命令の申立てに当たり、全店一括順位付け方式や、預金額最大店舗指定方式が最高裁によって否定さ

*28 内野ほか・前掲*15 27頁、内野編著・前掲*1 134～135頁、本書第5章113頁［内田］。

れている状況下にあって、令和元年改正法が、債務者の預貯金債権等や振替社債等に関する情報の取得手続を整備した点は、差押債権の特定という、我が国の執行制度が抱える懸案の問題状況を打開する積極的対応として、高く評価することができる。しかし、他方で、生命保険契約・損害保険契約の配当金請求権・解約返戻金請求権等の保険金支払請求権や、仕組債のようなデリバティブ取引に基づく権利（金商２条24項参照）に関する情報は、この手続の対象外とされているため、それらの権利に関する情報取得のためには、財産開示手続や弁護士会照会に頼る必要がある[*29]。

第３　不動産競売における暴力団員の買受けの防止

１　規定新設の経緯

暴力団が、活動資金を獲得していく上で不動産は重要な意味をもつと考えられる。暴力団は、その活動拠点として暴力団事務所等を確保する必要があることに加え、不動産取引への介入を典型的な資金源の一つとしているからである。その意味で、暴力団による不動産取引を許さないことが極めて重要である。そこで、平成19（2007）年６月に、犯罪対策閣僚会議幹事会が、「企業が反社会的勢力による被害を防止するための指針」を策定して以降、不動産取引からの暴力団排除の必要性が強く認識されるようになり、民間における不動産取引契約への暴力団排除条項の導入や、公有地の売却における暴力団排除等が推進されてきた。

しかし、これらの官民における暴力団排除の取組とは異なり、不動産競売における暴力団の排除については、暴力団員の買受け防止のための法整備はほとんどなされてこなかった。その結果、警察庁が、平成25年

*29　本書第６章146～147頁［杉本］参照。

末段階で把握していた暴力団事務所2300件について登記情報を調査したところ、約210件が競売又は公売を通じて取得されたものであることが判明したとのことである[*30]。暴力団排除のための民事執行法の見直しの必要性は、平成25（2013）年６月21日に公表された、日本弁護士連合会の「民事執行手続及び滞納処分手続において暴力団員等が不動産を取得することを禁止する法整備を求める意見書」でも指摘されていたが、不動産競売で売却された不動産が暴力団事務所として利用されているといった実態や、暴力団員が不動産競売において買い受けた物件の転売により高額な利益を得た事例があるといった指摘を受けて、令和元年改正民事執行法は、不動産競売における暴力団員の買受けを防止するための規定を整備するに至った[*31]。

2　改正法の概要

⑴　売却不許可事由

不動産競売における暴力団員の買受けを排除するため、改正法71条５号は、最高価買受申出人（自己の計算において最高価買受申出人に買受けの申出をさせた者がいる場合には当該者）が、❶暴力団員等、又は❷法人でその役員のうちに暴力団員等に該当する者があるもの（いずれも、買受けの申出がされた時に暴力団員等であった者を含む）であるときには、執行裁判所は、売却不許可決定をしなければならないと規定している。

⑵　調査の嘱託

*30 この点については、大野徹也「不動産競売における暴力団員の買受け防止」自由と正義70巻12号24頁参照。

*31 以上につき、内野宗揮ほか「民事執行法等の改正の要点⑶――金融実務に関連する項目を中心に――」金法2122号36～37頁、内野編著・前掲*1　169～171頁、大野・前掲*30　23～24頁、本書第３章66～67頁［松嶋隆弘］など参照。

改正法68条の４第１項は、執行裁判所が、最高価買受申出人（その者が法人である場合にあってはその役員）が暴力団員等に該当するか否かを判断するため、原則として、執行裁判所の所在地を管轄する都道府県警察に調査の嘱託をしなければならないとしている。また、同条２項は、自己の計算において最高価買受申出人に買受けの申出をさせた者があると認める場合には、当該買受けの申出をさせた者（その者が法人である場合にあってはその役員）が暴力団員等に該当するか否かについて同様に嘱託しなければならないとしている。この嘱託は、執行裁判所が買受けの申出について売却不許可事由が認められるかどうかを判断するための資料を得るためのものであり、その法的性質は、民事訴訟法186条所定の簡易な証拠調べとしての調査の嘱託と位置づけられている（改正民執20条・民訴186条）[*32]。民間の不動産取引実務においては、暴力団排除の方策として、契約当事者に対して、暴力団員でないことの表明確約を求める取組が行われているが、不動産競売における暴力団員の買受け防止の方策としても、売却の許可又は不許可の決定に伴う執行手続遅延を未然に防止するという観点や、より確実に暴力団員による買受けを防止するという観点から、自らが暴力団員でないことを陳述させることとされたものである[*33]。

⑶　暴力団員等に該当しないこと等の陳述

改正法65条の２は、不動産競売における買受けの申出をするためには、買受けの申出をしようとする者が、暴力団員等に該当しないこと等を陳述しなければならないこととしている。買受申出人が陳述を要求されている内容は、❶買受けの申出をしようとする者が個人であれば、その者が暴力団員等に該当しないこと、❷買受けの申出をしようとする者が法人であれば、その役員に暴力団員等が含まれていないことである

*32　大野・前掲*30　25頁、本書第３章69頁［松嶋］参照。
*33　大野・前掲*30　25頁。

（同条1号）。同条はまた、買受けの申出をしようとする者が、他者の計算において買受けの申出をしようとしている場合も適用対象としており、その場合については、❸当該他者が個人であれば、当該他者が暴力団員等に該当しないこと、❹当該他者が法人であれば、その役員に暴力団員等が含まれていないことの陳述を要求している（同条2号）。

これらの陳述は、買受けの申出をしようとする者が自ら行わなければならないのが基本であるが、その者に法定代理人がある場合には当該法定代理人が、また、その者が法人である場合にはその代表者が陳述をしなければならないこととしている（同条柱書）。

ある者がこの陳述をせずに買受けの申出をした場合には、当該買受けの申出は無効とされ、執行官は、この者を最高価買受申出人とすることはできない。そして、虚偽の陳述をした者に対しては、罰則（6か月以下の懲役又は50万円以下の罰金）の制裁が科される（改正民執213条1項3号）[*34]。

⑷　売却決定期日

民事執行規則旧46条2項は、裁判所が、期間入札の方法によって不動産を売却する場合において、売却決定期日を指定するときは、やむを得ない事由がある場合を除き、開札期日から1週間以内の日を指定しなければならないとしていた。しかし、改正法68条の4第1項所定の、最高価買受申出人が暴力団員等に該当するか否かを判断するための警察への調査の嘱託は、開札期日から売却決定期日までにしなければならないところ、1週間では、警察からの回答が得られないおそれがあることを考慮して、裁判所が、売却決定期日を指定するときは、やむを得ない事由がある場合を除き、開札期日から3週間以内の日を指定しなければなら

---

*34　以上につき、内野ほか・前掲*31　38～39頁、内野編著・前掲*1　189～191頁・194頁参照。

ないものと改められた（改正民執規35条２項・46条２項）[*35]。

3　改正法の規律の評価と今後の課題・留意点

(1)　改正法の規律の実効性について

令和元年改正民事執行法は、以上のような不動産競売における暴力団員等の買受け防止策を導入したが、問題は、この規律がどの程度の実効性を有するか、である。この点につき、松嶋隆弘教授は、本書第３章において、警察のデータベース上、「暴力団員」として掲載されてはいないものの、インターネット上、準暴力団と位置づけられている団体「P」の主要人物（首魁）としてその名前が挙げられ、暴力団その他の裏社会との接点を示唆する雑誌記事が複数存在する人物「M」が、本件Ｘ社の子会社Ｂ社が元々所有していた甲不動産を取得するために、Ｍが支配するグループ企業を用いてＸ社及びＢ社の支配権を獲得していきながら、甲不動産に対する根抵当権をＭのグループ企業に譲り受けさせ、競売申立てをさせた上で、Ｍのグループ企業が自己競落することによって、甲不動産を取得するに至ったという事案[*36]の紹介を通じて、改正法の上記の規律では、この事案のような、反社規制が本来捕捉を試みたいであろう首魁的人物Ｍが一切表には現れず、Ｍが背後でその支配するグループ企業を巧みに利用して不動産を買受けたような事案には対処できない点を浮き彫りにしている[*37]。もちろん、今回の不動産競売における暴力団員の買受け防止規定の創設により、反社会勢力への対応が完璧になされるなどということは、そもそも想定されていない。しかし、このたびの暴力団員の買受け防止規制には大きな抜け穴（loophole）が空

*35　谷藤一弥「改正民事執行法の施行に伴う民事執行規則等の一部改正の概要――金融実務に関連する項目を中心に――」金法2129号16頁参照。

*36　東京高判平成30年５月９日金判1554号20頁参照。

*37　本書第３章70～77頁［松嶋］参照。

いているのも事実であろうから、松嶋教授が指摘しているように、改正民事執行法施行後に現れてくる数々の脱法ないし潜脱行為を踏まえて、そうした抜け穴を一つ一つ埋めていく努力が必要であろう。その際には、不動産競売における暴力団員の買受け防止規制を、現在、官民挙げて取り組まれている反社規制全体の中で、他の規制と相俟って、その実効性を確保するように制度設計していくことが重要である[*38]。

(2) 運用上の留意点——弁護士業務に及ぼす影響

弁護士等が、法律実務に関連して、依頼者の口座を管理したり、依頼者から現金、有価証券その他の財産を預かる等、資産を管理する場合には、原則として、依頼者の本人特定事項を確認しなければならないとされている（日本弁護士連合会依頼者の本人特定事項の確認及び記録保存等に関する規程２条１項）。また、弁護士等が、不動産の売買など、一定の取引等について、依頼者のために、その準備又は実行をする場合にも、依頼者の本人特定事項を確認しなければならないとされている（同条２項１号）。しかし、この点に関連して、山﨑雄一郎弁護士は、本書第４章において、弁護士が、当該依頼者が暴力団関係者であることや、金員の出所が暴力団関係者であることを調査することは、必ずしも容易とはいえないと指摘している。しかし、本人確認の過程や業務遂行の過程で、暴力団関係者であることが判明したにもかかわらず、代理人として不動産の買受手続を継続することは、改正法65条の２に反し、違法又は不正な行為の助長（日本弁護士連合会職務基本規程14条）に該当し、懲戒処分の対象となり得るので、注意が必要である[*39]。

---

*38 本書第 3 章 77 頁［松嶋］参照。

*39 以上につき、本書第 4 章 103 ～ 104 頁［山﨑］参照。

第４　子の引渡しの強制執行に関する規律の明確化

1　改正の必要性と方向性

子の引渡しを求める請求権（子の引渡請求権）の性質は、一般に、親権者又は監護者による親権又は監護権の行使に対する妨害排除を求める不作為請求権であると解されている[*40]。しかし、令和元年改正前民事執行法には、子の引渡しの強制執行の方法について固有の明文規定は設けられていなかった。ただ、従来の裁判実務では、子の引渡しの強制執行については、間接強制の方法（民執172条）のほか、動産の引渡しの強制執行に関する民事執行法160条を類推適用して、執行官が、債務者による子の監護を解いて債権者に子を引き渡す直接強制の方法によっても行われてきた[*41]。

しかし、このような現状に対しては、子の引渡しを命ずる裁判の実効性を確保するとともに、子の心身に十分な配慮をする等の観点から、明確な規律を整備すべきであるとの指摘がなされていた。もっとも、今回の法改正作業の中で、当初は、平成25年にいわゆるハーグ条約（国際的な子の奪取の民事上の側面に関する条約。1980年採択、1983年発効）の承認に伴い制定されたハーグ条約実施法について、改正は議論されず、専ら民事執行法の規律の見直しが議論されていた。しかし、令和元年改正前のハーグ条約実施法では、子の引渡しの執行方法については、例外

*40　最判昭和35年３月15日民集14巻３号430頁、最判昭和38年９月17日民集７巻８号968頁、中川善之助編『註釈親族法（下）』（有斐閣、1952年）46頁［山木戸克己］、山木戸克己『民事新訟法論集』（有斐閣、1990年）（初出、1964年）406頁、島津一郎『家族法入門』（有斐閣、1964年）174頁、青山道夫『改訂家族法論Ⅰ』（法律文化社、1971年）200頁、泉久雄『親族法』（有斐閣、1997年）272頁、中野＝下村・前掲*23　802頁など。

*41　内野宗揮ほか「民事執行法等の改正の要点⑷――金融実務に関連する項目を中心に――」金法2124号32頁、内野編著・前掲*1　224～225頁参照。

なく間接強制を前置し、それが奏功しない場合に、代替執行ができるとされていた（改正前ハーグ条約実施法136条）。これは、子の心情に配慮し、できる限りソフトな執行方法で子の引渡しの実現を図ろうとした趣旨と解される。しかし、例外なく間接強制を前置することに対しては、具体的状況に応じた柔軟な対応ができない等の問題点も指摘されていた。そこで、改正法は、「子の引渡しの強制執行」という枠組みを新たに設け、子の引渡しの強制執行に関する規定を整備した[*42]。

2　子の引渡しの強制執行手続の概要

(1)　子の引渡しの強制執行の方法

改正法では、子の引渡しの強制執行は、❶直接的な強制執行の方法（改正民執174条１項１号）と、❷間接強制の方法（同項２号）のいずれかにより行うものとされた。

このうち、直接的な強制執行の方法は、「執行裁判所が決定により執行官に子の引渡しを実施させる方法」であり、今回、新たに導入された執行方法である。その手続の流れは、おおむね、❶債権者から執行裁判所に対して直接的な強制執行の申立てがなされ、❷これを受けた執行裁判所が、この執行方法を実施するための要件が満たされていると判断した場合には、執行官に、債務者による子の監護を解くために必要な行為をすべきことを命ずる旨の決定をし、❸執行官が、この決定に基づき、債権者の申立てにより、執行場所に赴き、債務者による子の監護を解いて、その場所に出頭している債権者又はその代理人に子を引き渡すというものである。

---

*42　以上につき、本書第５章118～119頁［内田］参照。なお、今回の民事執行法改正に合わせて、ハーグ条約実施法第４章に規定されている国際的な子の返還の強制執行に関する規律も、改正民事執行法に基づく国内の子の引渡しの強制執行に関する規律と平仄を合わせる形で見直しが行われた。

子の引渡しの直接的な強制執行の申立ては、❶間接強制決定が確定した日から２週間を経過したとき（当該決定において定められた債務を履行すべき一定の期間の経過がこれより後である場合にあっては、その期間を経過したとき）、❷間接強制を実施しても、債務者が子の監護を解く見込みがあるとは認められないとき、❸子の急迫の危険を防止するため直ちに強制執行をする必要があるとき、のいずれかに該当するときでなければすることができない（改正民執174条２項）。要するに、これは、間接強制を一応の原則としつつも、これを経由することなく直接的な強制執行を可能とする趣旨である[*43]。

⑵　子の引渡しの直接的な強制執行の具体的な手続

①　執行裁判所と執行官の役割分担

子の引渡しの直接的な強制執行は、旧法における直接強制のように執行官が担当するのではなく、執行裁判所が担当するものとされた。執行裁判所となるのは、債務名義の区分に応じ、地方裁判所又は家庭裁判所である（改正民執174条５項・171条２項）。実務上は、家庭裁判所における判決、家事審判（保全処分も含む）又は家事調停によって子の引渡しが命じられる場合が多く、この場合には家庭裁判所が管轄を有することになる[*44]。

債権者の申立てを受けた執行裁判所が、子の引渡しの直接的な強制執行を実施する旨の決定をする際には、原則として、債務者を審尋しなければならない。ただし、審尋をすることにより強制執行の目的を達し得ない事情があるときは、例外的に、債務者を審尋しないで決定をすることができるものとしている（改正民執174条３項）。どのような場合が、それに当たるかは、執行裁判所が個別具体的に判断していくほかない

*43　内野編著・前掲*1　230頁・236頁、本書第５章119頁［内田］。

*44　以上につき、内野ほか・前掲*41　34頁、内野編著・前掲*1　253頁、本書第５章119頁［内田］参照。

が、例えば、債務者が子を虐待しているなど、子に急迫の危険があるときや、債務者を審尋することにより、債務者が子の所在場所を変更するなど、適正かつ迅速な強制執行の実施を妨げる行為をするおそれがあるとき等が考えられる。そして、執行裁判所が、子の引渡しの直接的な強制執行の申立てに理由があると認めるときは、子の引渡しを実施させる旨の決定をする。そして、執行裁判所は、執行官に対し、債務者による子の監護を解くために必要な行為をすべきことを命じなければならない(同条4項)[*45]。

② 子の引渡しの直接的な強制執行における執行官の権限等

執行官は、執行裁判所の前記決定に基づき、債務者による子の監護を解くために必要な行為を行う。この「必要な行為」の具体的な中身につき、改正法175条1項は、執行官が、債務者に対して説得を行うことのほか、(a)執行の場所に立ち入り、子を探索すること（この場合において必要があるときは、閉鎖した戸を開くため必要な処分をすること)、(b)債権者もしくはその代理人と子を面会させ、又は債権者もしくはその代理人と債務者を面会させること、(c)その場所に債権者又はその代理人を立ち入らせることができるとしている。

③ 執行場所

子の引渡しの直接的な強制執行は、基本的に債務者の住居等の債務者の占有する場所で実施する（改正民執175条1項)。ただし、執行官が、子の心身に及ぼす影響、当該場所及びその周囲の状況その他の事情を考慮して相当と認めるときは、債務者の住居その他債務者の占有する場所以外の場所においても、債務者による子の監護を解くために必要な行為として、当該場所の占有者の同意又はこの同意に代わる執行裁判所の許可を受けて、前記②の(a)から(c)の行為をすることができる（同条2項)。この同意に代わる許可は、子の住居が債務者の住居等の債務者の占有す

---

*45 以上につき、内野ほか・前掲*41 34頁、内野編著・前掲*1 248～249頁・252頁参照。

る場所以外の場所である場合において、執行裁判所が、債務者と当該場所との関係、当該占有者の私生活又は業務に与える影響その他の事情を考慮して相当と認めるときに与えられる（同条３項）[*46]。

④　**執行実施の要件――同時存在原則の廃止と債権者の出頭**

令和元年改正前ハーグ条約実施法140条３項は、執行の場所に子が債務者と共にいる場合（いわゆる同時存在の場合）でなければ、直接強制を実施することができないと規定していた。そのため、同法施行後の日本国内における執行実務でも、同時存在の場合にのみ直接強制が可能であるとの運用を行ってきた。これは、執行現場に居合わせる子の心情に配慮したものであったが、実際には、債務者側が子の引渡しに激しく抵抗したり、子を他者に預けるなどして同時存在の状況を意図的に作らないようにして強制執行が不能に終わる事案も多く、執行の実効性を阻害する要因となっていた。

そこで、改正法は、子と債務者の同時存在の要件を不要とした。その上で、債務者の不在により子が執行の場所で不安を覚えることがないよう、債権者本人が執行場所に出頭した場合に限り、執行官が債務者による子の監護を解くために必要な行為をすることができることにした（改正民執175条５項）。ただし、債権者本人が執行場所に出頭できない場合であっても、その代理人が債権者に代わってその場所に出頭することが、当該代理人と子との関係、当該代理人の知識及び経験等の事情に照らして子の利益のために相当と認められるときは、代理人が当該場所に出頭したときでも、執行裁判所は、例外的に、執行官が債務者による子の監護を解くために必要な行為をできる旨の決定をすることができるとされている（同条６項）。ここでの代理人としては、債権者の親（子の祖父母）や親族等、子の監護に適した者が想定されている[*47]。

---

*46　どのような場合に同意に代わる許可が与えられるか、その具体例については、内野ほか・前掲 *41　36頁、内野編著・前掲 *1　267 ～ 268頁参照。

*47　以上につき、内野ほか・前掲 *41　35頁、内野編著・前掲 *1　273頁・278 ～ 279頁、

(3) 威力行使の禁止

執行官は、職務の執行に際し債務者や第三者から抵抗を受けるときは、その抵抗を排除するために、威力を用いたり、警察上の援助を求めることができるが（改正民執6条1項）、債務者による子の監護を解く際には、子に対して威力を用いることはできない。また、子以外の者（債務者等）に対する威力の行使であっても、その事実上の影響が子に及ぶような場合に無制限に威力の行使を認めると、子の心身に有害な影響を及ぼすおそれがある。そのため、子以外の者に対して威力を用いることが、子の心身に有害な影響を及ぼすおそれがある場合には、執行官が子以外の者に対して威力を用いることができないとしている（同175条8項）[*48]。

(4) 執行機関の子の心身への配慮義務

子の引渡しの直接的な強制執行の場面においては、その過程で子の心身に負担が生じ得ることから、改正法176条は、執行裁判所及び執行官の責務として、できる限り、当該強制執行が子の心身に有害な影響を及ぼさないように配慮しなければならないと規定している（配慮義務規定）。この規定は、個別の事案に応じて、例えば、児童心理の専門家を執行補助者等として活用するなど、これまで執行実務で行われてきた子の心身の負担に配慮した様々な工夫や、それを実現するための執行官と執行補助者等との適切な連携に向けた工夫を一層促す趣旨で設けられたものであり、実際の運用の場で、その趣旨が十分に活かされることが期待されている[*49]。

本書第 5 章 121 ～ 122 頁［内田］参照。

*48 内野ほか・前掲 *41　36 ～ 37 頁、内野編著・前掲 *1　280 ～ 281 頁参照。

*49 本書 5 章 123 頁［内田］参照。内野ほか・前掲 *41　37 頁及び内野編著・前掲 *1　284 ～ 285 頁に、この「配慮」の具体的な内容が例示されている。

3　改正法の規律の評価と今後の課題

(1)　改正法の規律が民事法に及ぼす影響

これまで、民事執行法は、非金銭執行に関して、不動産又は動産といった有体「物」の引渡し又は明渡しの執行という枠組みでの規律しか用意してこなかった。また、民法上も、子の引渡請求権は、動産に対する所有権に基づく物権的請求権とのアナロジーにおいて、親権者又は監護者による親権又は監護権の行使に対する妨害排除を求める不作為請求権と理解されてきた。しかし、子の引渡しを対象とする執行局面において、「物」に関する実体的・手続的規律を類推適用することについては、確かに、執行の実効性確保のためにはやむを得なかったという面があるとはいえ、子の心身に対する配慮を欠くという大きな弊害があったことは、否定できない[*50]。

その意味で、令和元年の民事執行法改正により、子の引渡しの強制執行に関して、物の引渡し又は明渡しの強制執行という従来の枠組と異なる、「子の引渡しの直接的な強制執行」という新たな枠組みが設けられ、そしてさらに、執行機関に子の心身への配慮義務を課す規定が設けられたことの意義は大きいが、同時に、子の引渡請求権の法的性質については、改めて再検討がなされる必要があるように思われる[*51]。

(2)　債務名義作成機関が執行機関を兼ねることの意義

子の引渡しの強制執行に関する改正法の規律で最も注目すべき点は、内田義厚教授が、本書第５章で指摘しているように、債務名義を作成した裁判所が、子の引渡しの執行裁判所となるという点である[*52]。特に、

*50　このことにつき、本書第 6 章 152 ～ 153 頁［杉本］参照。
*51　本書第 6 章 153 頁［杉本］参照。
*52　本書第 5 章 127 頁［内田］。

子の引渡しの強制執行事件では、前述のように、家庭裁判所が作成する債務名義（家事審判等の裁判、家事調停調書）が利用される比率が高くなることが予想されるが、このことは、取りも直さず、家庭裁判所が執行裁判所となることを意味し、債務名義作成機関と執行機関との分離という民事執行手続の基本構造に大きく反する。

しかし、子の引渡しの強制執行の場面での債務名義作成機関と執行機関との連携の必要性は、かねてより主張されてきたところである[*53]。今回、令和元年改正法が、このような手続構造を採用したのは、内田教授が指摘しているように、一個の人格ないしその萌芽を有する子に対する強制執行は、単にその客体が物や権利とは異なるということだけに止まらず、子の人格形成に大きな影響を与え得るものであるとの認識に立ち、その執行方法の選択や実行過程において様々な配慮が必要であること、その前段階である債務名義作成段階や、執行申立後執行開始までの段階、そして執行終了後の事後措置に至るまで、家庭裁判所と執行機関（家庭裁判所と執行官）が、子の利益に配慮した適切かつ実効的な手続を進めるという共通認識のもとに行動すべきことを要求する趣旨の現れである[*54]。

⑶ 法改正の関係者への影響――留意点

① 債権者

改正民事執行法では、子の引渡しの強制執行の場所への債権者（又はその代理人）の立会いが求められているので、子の引渡実施の場面での債権者の役割が格段に大きくなった。そのため、改正民事執行規則161条1項も、執行官は、引渡実施を申し立てた債権者に対し、引渡実施期

*53 古くは、遠藤真澄「子の引渡しと直接強制」家月60巻11号49頁、山崎恒「子の引渡しと直接強制」山崎恒＝山田俊雄編『新裁判実務大系12 民事執行法』（青林書院、2001年）400頁など。

*54 本書第5章127～128頁［内田］。

日の前後を問わず、債務者及び子の生活状況、引渡実施の場所の状況並びに引渡実施実現の見込みについての情報並びに債権者及び代理人を識別できる情報の提供その他の引渡実施に係る手続の円滑な進行のために必要な協力を求めることができると規定している。したがって、内田義厚教授も指摘しているように、子の引渡しの円滑な実施のためには、債権者が、執行裁判所や執行官に対し、引渡実施に必要な情報提供等を行い、執行機関との連携に意を用いることが重要である*55。

②　債務者

子の引渡しの強制執行における債務者の地位につき、内田教授は、権利の実現手続である民事執行手続の性質上、債権者による能動的行為を受忍する立場にあるとする。そして、子の引渡しの執行手続において子の心身に有害な影響を及ぼさないように執行裁判所及び執行官は配慮しなければならない旨を定める改正法176条の趣旨からすれば、債務者も、強制執行に至る前に任意の形で子を債権者に引き渡す方向で行動すべきこと、強制執行が開始された後は、できるだけ子の心情に配慮しつつ、迅速に債権者（側）への子の引渡しを実現する方向で行動することが要請されるという*56。もっとも、このような見解に対しては、執行の実効性を後退させることになっても、今後の面会交流も見据えて、執行現場で執行官が両当事者（債権者・債務者）と子を面会させ話し合わせる手続運用を目指すべきであるとの見解もあり得るところである*57。ただ、子の引渡しの直接的な強制執行の現場で、債権者と債務者間の話合い等の協議の場を持つということは、子を高葛藤の状態に長時間置くことになりかねず、子の心身に看過しがたい傷を残す可能性もあることから、改正法176条の趣旨を考慮すると、ここではむしろ、迅速に子の引渡し

*55　本書第５章125頁［内田］参照。
*56　本書第５章126頁［内田］参照。
*57　例えば、安西明子「子の引渡しをめぐる判断・執行手続」河野正憲先生古稀祝賀『民事手続法の比較法的・歴史的研究』（慈学社、2014年）419頁、村上正子ほか『手続からみた子の引渡し・面会交流』（弘文堂、2015年）140頁［安西明子］。

の執行が行われることの方が重要ではなかろうか[*58]。

第5　民事執行法のその他の見直し

1　差押禁止債権に関する規律の見直し

(1)　改正の要点

今回の民事執行法改正をめぐる法制審議会における審議の過程では、差押禁止債権に関して、現行の差押禁止範囲の規律（改正民執152条1項各号、2項）とは別に、比較的少額の給料等の債権が差し押さえられる事案を念頭において、支払を受けるべき給付の4分の3に相当する額が一定の金額に満たないときはその全額を差押禁止とすべきとの考え方についても検討がなされたが[*59]、この考え方は最終的に採用されなかった[*60]。しかし、改正法は、差押禁止債権の範囲変更の手続（改正民執153条）について、これを利用しやすいものにするという観点から、規律の見直しを行った。

(2)　差押禁止範囲の変更手続の教示に関する規定の新設

改正法145条4項は、裁判所書記官が、差押命令を債務者に送達するに際し、差押禁止債権の範囲変更の申立てをすることができる旨を債務者に対して教示しなければならない旨を定めている。これは、これまで差押禁止債権の範囲変更の申立てが活用されてこなかった原因の一つとして、比較的少額の給与等により生活している債務者の中には、法的な

*58 本書第5章126～127頁［内田］参照。

*59「中間試案の補足説明」75～77頁参照。

*60 その理由については、内野宗揮ほか「民事執行法等の改正の要点（5・完）――金融実務に関連する項目を中心に――」金法2126号34頁、内野編著・前掲*1 347～348頁参照。また、法制審議会・民事執行法部会「部会資料9-2」参照。

知識に乏しい者が多数含まれており、そもそも差押禁止範囲の変更制度の存在自体が十分に認知されていないとの指摘に対応したものである[*61]。改正民事執行規則133条の２が、同条を受けて、裁判所書記官が債務者に債権差押命令を送達するに際し、債務者に対してなすべき手続教示の方式・内容等について定めている。

(3)　取立権の発生時期の見直し

これまで差押禁止債権の範囲変更の申立てが活用されてこなかった原因の一つとして、債権執行事件において、債権差押命令が債務者に送達された日から１週間が経過すれば、債権者が第三債務者から直接債権の取立てができることとの関係で、債務者が差押命令送達の日から１週間のうちに差押禁止範囲の変更の申立てをしなければならないとされていたところ、差押禁止債権の範囲変更の申立てを試みる期間として１週間という期間は短すぎるとの指摘がなされてきた。改正法155条２項は、この指摘を受けて、給与等の債権を差し押さえられた債務者が差押債権の範囲変更の申立てをするための準備期間を確保できるように、差押えの対象が給与等の債権である場合には、原則として、債権者がその債権を取り立てることが可能となる時期（取立権の発生時期）を後ろ倒しし、債務者に対して差押命令が送達された日から４週間を経過した時とすることに改めた[*62]。

もっとも、差押えの対象が給与等の債権であっても、扶養義務等に係る金銭債権は、その権利実現が債権者の生計維持に不可欠であり、速やかにその実現を図る必要があるため、その取立権の発生時期を後ろ倒しすべきではないと考えられる一方で、扶養義務等に係る金銭債権の額の

---

*61　内野ほか・前掲 *60　31～32頁、内野編著・前掲 *1　330頁・332頁・334頁、青木・前掲 *2　63頁、阿多博文「債権執行事件の終了・差押禁止債権をめぐる規律の見直し」自由と正義70巻12号36頁、山本監修・前掲 *1　191頁［三上理］参照。

*62　内野ほか・前掲 *60　32頁、内野編著・前掲 *1　336～337頁、青木・前掲 *2　63頁、阿多・前掲 *61　35頁参照。

算定の際には、差押禁止債権の範囲の変更において考慮すべき事情に当たる、債権者の必要生計費と債務者の資力が既に考慮されていると考えられることから、差押命令の対象が、扶養義務等に係る金銭債権である場合には、債務者に対して差押債権の範囲変更の申立ての機会を保障する実質的な必要性は乏しいとみて、改正法155条2項括弧書きは、この場合には、令和元年改正前と同様に、取立権の発生時期を、債務者に対して差押命令が送達された日から1週間を経過した時としている[*63]。

2　債権執行事件の終了に関する規律の見直し

(1)　改正の必要性

債権執行事件では、強制競売のような執行裁判所による換価手続ではなく、差押債権による取立てを通じて換価・満足が行われるのが通常である。これに対し、令和元年改正前民事執行法下では、債権執行事件の終了は、取立ての届出や申立ての取下げといった差押債権者の協力に依存しており、他の民事執行事件と比べて、事件の終了に関する規律が不安定であった。

すなわち、債権執行事件において、差押債権者が第三債務者から被差押債権の支払を受けた場合には、差押債権者は、支払を受けた旨の届出（取立届）をしなければならず（改正前民執155条3項）、被差押債権の全部についてこの届出がされたときに、債権執行事件は終了するものとされていた。他方、取立てが奏功しない場合には、差押債権者が申立てを取り下げることにより、債権執行事件は終了するものとされていた。しかし、前者の場合に、差押債権者が取立届を怠っても、これに対する制裁はなかった。また、後者の場合に、差押債権者には差押命令の申立

*63　内野ほか・前掲 *60　32 頁、内野編著・前掲 *1　338 頁〜 339 頁、青木・前掲 *2　63 頁、阿多・前掲 *61　35 〜 36 頁、本書第 5 章 133 〜 134 頁［内田］参照。

てを取り下げる義務はなく、執行裁判所が職権で事件を終了させる方法もなかった。そのため、実際には、差押債権者による取立届や申立ての取下げがされないまま、長期間にわたって漫然と放置されている債権執行事件が多数発生していた[*64]。

(2)　新しい規律

そこで、改正民事執行法は、債権執行事件の終了に関する規律の見直しを行った。すなわち、債権執行事件では、差押債権者は、第三債務者から支払を受けたときは、その旨を直ちに執行裁判所に届け出なければならない旨の規定を改正法155条4項で明記した上で、それとは別に、差押債権者が、❶差押えに係る金銭債権を取り立てることができることとなった日から、その支払を受けることなく2年を経過したときは、その旨を執行裁判所に届け出なければならないと規定し（改正民執155条5項）、さらにその上で、❷当該日から2年を経過した後4週間以内にこれらの届出がされないときは、執行裁判所が、職権で、差押命令を取り消すことができることを明記した（同条6項）[*65]。

第6　おわりに——今後の課題

(1)　残された問題

おおむね以上が、令和元年改正民事執行法の改正事項の概要である。今回の改正によりいくつも新たな制度が導入されるに至った点は、大いに評価することができる。しかし、他方で、小原将照教授によると、今

*64　内野ほか・前掲*60　34～35頁、内野編著・前掲*1　350頁、阿多・前掲*61　33～34頁、山本監修・前掲*1　164頁以下［阿多］参照。

*65　以上につき、青木・前掲*2　62頁、内野ほか・前掲*60　35～36頁、内野編著・前掲*1　350～351頁、阿多・前掲*61　33～34頁など参照。

回の改正法には盛り込まれず、しかも、法改正をめぐる法制審議会における審議の過程でも一切取り上げられなかった問題の中に、強制執行開始後、当該執行終了前に、債務者について倒産手続が開始した場合の（先に開始されていた）強制執行の取扱いをめぐる規律の問題があるという[*66]。それは、以下のような問題である。

強制執行が開始された後、当該執行の終了前に、倒産手続が開始された場合、倒産手続が執行手続よりも優先するため、新たな強制執行を開始することはできず（破産42条１項、民再39条１項、会更50条１項、会社515条１項）、既に開始されている強制執行は、効力を失うか（破産42条２項、会社515条２項）、中止する（民再39条１項、会更50条１項、会社515条１項）と定められている。他方、債権者が執行正本（執行力ある債務名義の正本）を執行機関に提出することにより開始した強制執行は、「反対名義」となる執行停止文書が提出された場合に限り、強制執行が停止すると定められている（民執39条１項）。その上で、民事執行法39条１項１号から６号に掲げる執行停止文書が提出されたときは、既にした執行処分を取り消さなければならないと定められている（同40条１項）。しかし、実は、各倒産手続の開始決定の正本が、それらの執行停止文書や執行取消文書に該当するかどうかは、学説上、必ずしもはっきりしていないのが実情である。また、各倒産法は、倒産手続開始決定前の保全処分として、強制執行に対して中止命令を発令できると定めているが（破24条１項１号、民再26条１項２号、会更24条１項２号、会社512条１項２号）、それらの中止命令の正本が、執行停止文書に該当するかどうかも、明確ではない。

そうした中にあって、近時、東京地方裁判所民事21部（執行センター）では、債権執行開始後、執行終了前に、債務者が破産手続開始決定を受けた場合、執行裁判所としては、いったん強制執行を停止（中止）する

*66 本書第７章156頁以下［小原将照］参照。

こととし、その後、破産管財人から「上申」があれば、執行処分を取り消すという運用が行われているようである[*67]。

(2)　今後の検討課題

しかし、この取扱いについては、小原教授が指摘しているように、いくつか検討課題を指摘することができる。第一は、破産手続が開始されると、強制執行は「破産財団に対してはその効力を失う」（破産42条１項）という文言の理解と関係する。周知のように、この文言の解釈につき、近時の破産法学説は、強制執行等が破産財団に不利益な処分となる限度で効力を失う趣旨であり、破産管財人としては、強制執行等が破産財団に有利とみれば、それを援用することができ、破産法42条２項ただし書が破産管財人による執行手続の続行を定めているのもこのことを前提としたものであるとする（相対的無効）。そして、ここにいう相対的無効とは、破産管財人の管理処分との関係において、破産管財人が当該強制執行を無視して、管理処分権を行使することができるという意味での無効であると説明されている[*68]。しかし、かかる解釈は、破産手続開始決定があると、執行手続を中止し、破産管財人からの上申があれば、執行処分を取り消すという上記の東京地裁民事21部の運用と理論的に整合するのかどうかが問題となる。

第二は、清算型倒産手続では、開始決定により強制執行は「その効力

*67　相澤眞木＝塚原聡編著『民事執行の実務〔第４版〕債権執行編（上）』（金融財政事情研究会、2018年）331頁、東京地方裁判所執行センター「新破産法のもとにおける強制執行手続の取扱い」金法1728号54頁など参照。

*68　竹下守夫編集代表『大コンメンタール破産法』（青林書院、2007年）171頁［菅家忠行］、伊藤眞『破産法・民事再生法〔第４版〕』（有斐閣、2018年）448頁、伊藤眞ほか『条解破産法〔第３版〕』（弘文堂、2020年）353～354頁、山本克己＝小久保孝雄＝中井康之編『新基本法コンメンタール破産法』（日本評論社、2014年）105頁［垣内秀介］、田原睦夫＝山本和彦監修『注釈破産法（上）』（金融財政事情研究会、2015年）298頁［関端広輝］、中島弘雅『体系倒産法Ⅰ〔破産・特別清算〕』（中央経済社、2007年）285頁など。

を失う」とされている（破産42条２項、会社515条２項）のに対し、再建型倒産手続では、開始決定により強制執行は「中止」（停止）し（民再39条１項、会更50条１項）、その後に、再生計画認可決定の確定したとき、あるいは更生計画認可決定がされたときは、以後、執行手続は不要となるため、中止していた執行手続・処分は「その効力を失う」と定められている（民再184条本文、会更208条本文）ことをどう理解するかという点と関係する。すなわち、民事再生法及び会社更生法にいう「その効力を失う」と破産法にいう「その効力を失う」の解釈が、同一であるべきなのか、それとも手続構造の違いを前提にすると、同一である必要はないのかが問題となる。さらに、第一点とも関係するが、「その効力を失う」という文言でよいのかも問題となる。

第三は、前述のように、そもそも各倒産手続開始決定や倒産手続開始決定前の中止命令の正本が、執行停止文書や執行取消文書に該当するか否かも、必ずしも明確ではない。したがって、この点を明らかにするのも、今後の課題である[*69]。

このように令和元年改正民事執行法には、いまだ多くの課題が残されているが、改正法が、今後、どのように運用されていくのか、注意深く見守っていきたいと考えている。

（なかじま・ひろまさ）

*69 以上につき、本書第７章177～178頁［小原］参照。

II

本論

第2章　民事執行法改正とプライバシー・営業秘密

弁護士　渡邊　涼介

第1　民事執行法とプライバシー・営業秘密

1　はじめに

令和元年民事執行法改正では、債務者財産の開示制度の実効性の向上を目的として、財産開示手続の見直しが図られるほか、新たに、第三者から債務者財産に関する情報を取得する制度（以下「第三者からの情報取得手続」という。）（民事執行法第4章第2節）が創設された。本稿では、法律実務家の観点から、プライバシー・営業秘密についてそれぞれ説明したのち、これらに関する制度改正と、相互の関係について説明し、筆者の考えを述べる。プライバシーとの関係で、個人情報保護法制についても、付言する。不動産競売における暴力団員の買受け防止の方策、子の引渡しの強制執行に関する規律の明確化との関係についても説明する。なお、本稿中の意見にわたる部分は、筆者の私見であることを付言する[*1]。

*1　主に議論の対象とした強制執行の不奏功等の要件の見直しについては、法制審議会民事執行法部会の会議の他、一般社団法人金融財政事情研究会が平成28年6月に公表した「民事執行手続に関する研究会報告書」などでも、様々な意見があるところである。筆者としては、法律実務家として、プライバシー、営業秘密に関する実質的な観点からの検討を試みている。

2　民事執行における情報の重要性

本稿で説明する民事執行法とプライバシー・営業秘密の関係を検討するに当たっては、その前提として、民事執行における情報の重要性について検討する必要がある。このため、法律実務において、民事執行が問題となる一般的な場合である、債権回収の事例を想定して、民事執行における情報の重要性について説明する。

(1)　事前相談の場面における検討

依頼者から相談を受ける弁護士は、通常、訴訟提起前に依頼者から法律相談を受けた段階で、依頼者に対して、裁判で勝訴判決（債務名義）を得たとしても、執行の対象となる債務者の財産を特定することが困難であるために強制執行できず、債権を回収できない場合があることを説明する。この時点で、債務者名義の不動産などの財産が判明している場合には仮差押えを実施するなどして対処することが可能であるが、そのような対処が困難な場合には、依頼者が、訴訟提起自体に消極的になるケースが多い。

このような実態からすると、後述する債務者財産の開示制度の実効性の向上について、積極的に進める必要性が高いことに疑いはない。

(2)　債務名義取得後における検討

時間的コストや、金銭的コストをかけて訴訟を提起し、勝訴判決（債務名義）を得た場合でも、債務者が判決に従った支払をするとは限らない。この場合、債権者が債務名義の内容を実現するには、別途、民事執行法に基づき、執行をする必要がある。

もっとも、この場合でも、債権者が債務者の財産を明らかにしなければならないとされており、債権者は弁護士会照会などを利用した調査を実施して債務者の財産を探していく必要がある。

債務者は、裁判で負けた場合を想定して、意図的に、訴訟係属中に債務者名義の財産の発見を困難にするケースも散見され、このこともあり、債権者が力を尽くしても債務者名義の財産を発見することは困難なことが多い。実際に債務名義を得ても、債務者の財産を特定できず、債権を回収できなかったという経験がある弁護士も少なくないと思慮する[*2]。

⑶　財産開示手続等の創設

たとえ数年かけて訴訟を継続して勝訴判決を得ても、最終的に回収ができないのでは、判決は絵にかいた餅にすぎない。

上記のような実情もあり、後述のように、平成15年改正の際に財産開示手続が創設されたほか、令和元年改正では第三者からの情報取得手続が新設されている。

もっとも、債務者の財産を開示させることについては、プライバシー・営業秘密保護の観点から問題がないかを検討する必要があり、これらの観点からの制約についても議論されている。以下では、プライバシー、営業秘密について説明するほか、情報保護という観点で共通する個人情報保護法制との関係についても説明する。

3　プライバシーの概説

⑴　プライバシーの定義

プライバシーについては、定まった定義はない。

プライバシー概念については、1890年にウォーレンとブランダイス

*2　日本弁護士連合会が、弁護士を対象として、平成20年1月に実施した、「財産開示手続に関するアンケート調査結果」では、「あなたは、最近3年間に確定判決による債務名義を取得しながら債権を回収することができなかったことがありますか。」との問いに対して、あるとの回答が79%に上っている。この状況は、現在でも大きく変わっていないと考えられる。

が、「プライバシーへの権利」という論文で、個人の権利を保護するには「一人にしておいてもらう権利」が必要と主張したことが始まりとされている。その後、1960年代後半ごろから、コンピュータによる広範な情報の取得・利用の弊害が認識されたことから、プライバシーの積極的側面が重視されるに至り、現在では「自己の情報をコントロールする権利」と捉える見解が多数説といわれている[*3]。

⑵　日本の判例

プライバシーに関する日本の判例では、表現行為とプライバシーの関係が問題となったものが多いが、今回の民事執行法改正で関連する情報の提供行為は、表現行為には該当しない。表現行為に該当しない行為とプライバシーの関係について検討した代表的な判例としては、住基ネットの合憲性に関する最一小判平成20年３月６日民衆62巻３号665頁がある。

同判決は、「憲法13条は、国民の私生活上の自由が公権力の行使に対しても保護されるべきことを規定しているものであり、個人の私生活上の自由の一つとして、何人も、個人に関する情報をみだりに第三者に開示又は公表されない自由を有するものと解される」と判示した。なお、住基ネットによる個人情報の収集・管理・利用については、同自由を侵害するものではないと判断した。プライバシーという文言は用いられていないが、憲法13条に基づく、「個人に関する情報をみだりに第三者に開示又は公表されない自由」は、プライバシーに含まれると解される。

さらに、プライバシーは個人に関する情報であり、法人自体にはプライバシーという概念は当てはまらないと解されている。このため、債務者が法人の場合には、強制執行の不奏功等の要件の検討に当たり、プラ

---

*3　詳しく、かつ、正確に理解するためには、堀部政男『現代のプライバシー』（岩波書店、1980年）、新保史生『プライバシーの権利の生成と展開』（成文堂、1999年）などを参照いただきたい。

イバシー保護の検討は不要と考えられる。

(3) プライバシー侵害が違法となるかの判断基準[*4]

プライバシーは、人格権の一つと認識されているが、当然ながら他の権利との関係で制約される。プライバシー侵害が違法となるかの判断基準については、他の権利の性質や内容により異なってくる。

対立する権利が表現行為ではない場合、一般には、プライバシーの侵害が、社会生活上受忍の限度を超えている場合に違法となると解される[*5]。

民事法上、違法性は被侵害利益の性質と侵害行為の態様との相関関係から判断されるとされており、プライバシー侵害行為が違法となるかについては、❶対象となるプライバシーの要保護性が高いか、❷侵害行為の侵害性が高いかが大きな判断要素となる。さらに、個人本人の承諾がある場合には、違法性は阻却される。

なお、プライバシー侵害が違法となるかについては、実際には、それぞれの事情に応じた、個別具体的な判断が必要となるので、注意が必要である。

4　営業秘密の概説

強制執行の不奏功等の要件が求められた趣旨における「営業秘密」について定義はなく、その意味するところは明らかではないが[*6]、次の理由

*4　他の判例との関係や違法性の判断基準に関する検討については、拙著『企業における個人情報・プライバシー情報の利活用と管理』（青林書院、2018年）を参照されたい。

*5　プライバシー侵害の判断のための要件としては、東京地判昭39年9月28日下民集15巻9号2317頁が提示した3要件が裁判例でも多く引用されている。もっとも、同判決は「モデル小説」によるプライバシー侵害が問題となった事例に関するものであり、表現行為に該当しない場面におけるプライバシー侵害判断のための要件としてそのまま利用することは、相当ではないと考えられる。

*6　平成15年民事執行法改正により、債務者財産の開示制度が創設された際には、強制執行の不奏功等の要件が求められた趣旨としては、プライバシー保護のみが想定されて

から不正競争防止法上の営業秘密には限定されず、営業上の秘密一般を意味しているものと解される。

すなわち、一般に、営業秘密という用語を用いる場合、不正競争防止法上における「営業秘密」（同法２条６項）を意味し、❶秘密管理性、❷有用性、❸非公知性という要件を満たす必要がある。もっとも、個人事業主ではない個人が自らの財産について管理する場合に、これらの要件をすべて満たすことは通常考え難い。また、個人事業主や企業の債務者財産に関する情報についても、必ずしも同要件のすべてを満たさず、「営業秘密」に該当しない場合が多いという印象である[*7]。さらに、「営業秘密」に当たるかは、債務者がどのように当該情報を管理しているかなど、債務者側の事情に関わってくるので、「営業秘密」への該当性については、債務者側で立証すべきである[*8]。

営業秘密が営業上の秘密一般を意味する場合、その侵害が違法となるのは、侵害行為による利益と侵害行為による不利益を比較考慮して、前者より後者の方が大きい場合と考えられる。

5　個人情報保護法制との関係

情報保護の観点からは、プライバシー、営業秘密の他、行政機関個人情報保護法、独立行政法人等個人情報保護法、個人情報保護法との関係

いたようである（谷口園恵他編『改正　担保・執行法の解説』（商事法務、2004年））。

*7　例えば、上場会社では、有価証券報告書等において他社株式の保有状況が明らかにされている。さらに、インターネットのホームページ上等で、会社の本店、支店の所在地が公開されており、会社概要として取引銀行を明示している企業も多いし、口座情報については、振込先を指定する際に第三者に開示することも多い。

*8　例えば、民事訴訟法上における、訴訟記録の閲覧制限（民訴92条１項２号）などでは、営業秘密が不正競争防止法上の「営業秘密」をいうことが明示されている。もっとも、同項では、閲覧等の制限をするには、当事者が「営業秘密」が記載され、又は記録されていることについて、当事者が申立てをし、裁判所が決定することが必要とされている。なお、第三者からの情報取得手続については、第三者の情報が「営業秘密」に該当する場合もありうると考えられる。

も問題となる[*9]。

行政機関個人情報保護法、独立行政機関等個人情報保護法、個人情報保護法は、すべて個人情報の取扱いについて定めた法律であるが、個人情報の取扱主体によって、適用される法律が異なるので注意が必要である[*10]。

行政機関個人情報保護法は、内閣に置かれる機関や会計検査院を含む国のすべての行政機関が個人情報を取り扱う場合に適用される（同法2条1項）。なお、地方公共団体には、同法の適用はなく、それぞれの条例で個人情報の取扱いが定められている。

独立行政機関等個人情報保護法は、独立行政法人及び同法の別表に掲げられた法人に適用される。

個人情報保護法は、民間事業者が個人情報を取り扱う場面で適用される。

各法律は、適用対象となる主体は異なるが、保護に関する基本的な原則について整理した、いわゆるＯＥＣＤ８原則（ＯＥＣＤの「プライバシー保護と個人データの国際流通についてのガイドラインに関する理事会勧告」(1980年)）の内容を反映しており、基本となる考え方は共通している。

*9　プライバシー保護と個人情報保護との関係は、プライバシーの定義をどのように理解するかにより変わる。もっとも、プライバシー保護は、主にプライバシー侵害があった場合に、私人対私人の関係で損害賠償請求（民709条以下）の成否として問題となるのに対し、個人情報保護は、同法に定められた個人情報取扱事業者の義務等に違反があった場合に、国との間で行政上の観点から問題となるのであり、そもそも適用場面が異なる。

*10　個人情報保護委員会が、令和元年11月に発表した、「個人情報保護法 いわゆる3年ごと見直し 制度改正大綱（骨子）」では、官民を通じた個人情報の取扱いに関し、民間、行政機関、独法等の個人情報の保護に関する規定を集約・一体化し、これらの制度を個人情報保護委員会が一元的に所管する方向で、スケジュール感をもって主体的かつ積極的に検討するとされており、今後、適用法令が整理される可能性がある。

図表２－１　個人情報保護法制の体系

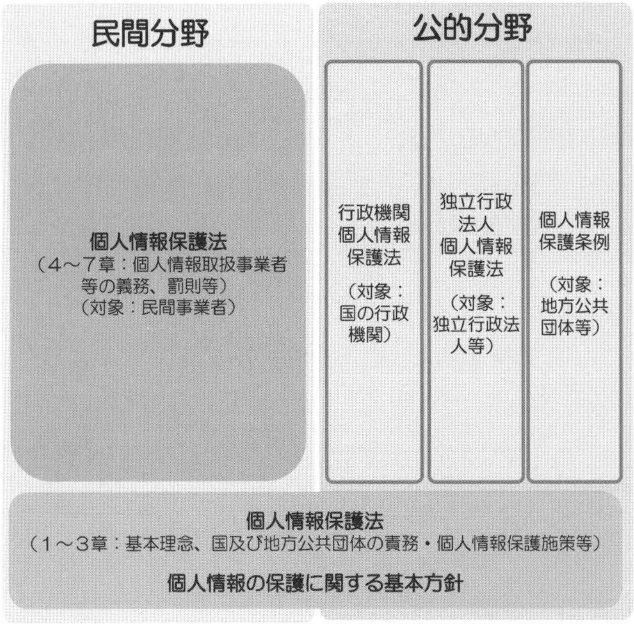

第２　財産開示手続及び第三者からの情報取得手続における強制執行の不奏功等の要件について

１　はじめに

債務者財産の開示制度、第三者からの情報取得手続は、ともに、債権者が債務者財産の情報を得るための手続であり、執行の実現のために重要なものと評価できる。

もっとも、両制度とも、その要件として、プライバシー、営業秘密保護の趣旨から強制執行の不奏功等の要件が必要であるとされているところ、かかる要件が必要であるのかを検討していく。

2　債務者財産の開示制度

(1)　制度概要[*11]

平成15年の民事執行法改正により創設された、債務者財産の開示制度（同法第4章第1節）では、債務者財産の開示制度が実施された場合、開示義務者（債務者又はその法定代理人若しくは債務者が法人である場合の代表者）は、債務者の財産について陳述する義務が課されている（同法199条1項）。

具体的には、開示義務者は、強制執行の申立てをするのに必要となる事項、担保権の実行の申立てをするのに必要となる事項、動産の所在場所ごとに、主要な品目、その数量及び価格を明示することとされている（同条2項、民執規184条）。また、開示義務者は、財産開示期日の前に、財産目録を提出することとされている（民執規183条）。

さらに、執行裁判所が財産開示期日において、開示義務者に対し質問を発することができ、申立人も、債務者の財産の状況を明らかにするため、執行裁判所の許可を得て開示義務者に対し質問を発することができるとされている（民執199条4項）。

図表2－2　債務者財産の開示制度における情報の流れ

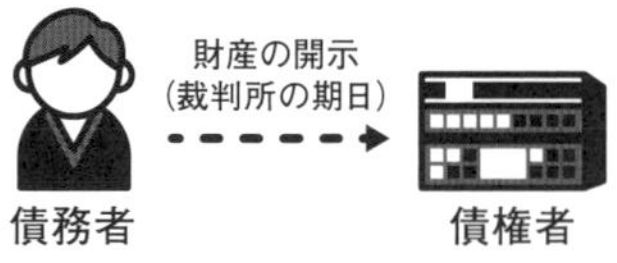

*11　財産開示手続の新受件数は、平成22年に1207件となった以降は毎年減少しており、令和元年は577件にとどまっている（司法統計 民事・行政　令和元年度「1－2 事件の種類と新受件数の推移 最高、全高等・地方・簡易裁判所」）。

(2)　強制執行の不奏功等

執行裁判所が財産開示手続の実施決定をするためには、❶強制執行又は担保意見の実行における配当等の手続（申立ての日より６月以上前に終了したものを除く。）において、申立人が当該金銭債権の完全な弁済を得ることができなかったとき又は❷知れている財産に対する強制執行を実施しても、申立人が当該金銭債権の完全な弁済を得られないことの疎明があったとき（以下これらを併せて、「強制執行の不奏功等」という。）の要件のいずれかを満たす必要がある（民執197条１項、同条２項）。同要件が求められた趣旨は、債務者のプライバシーや営業秘密の保護とされている[*12]。

この強制執行の不奏功等の要件が設けられた趣旨は、債務者のプライバシーや営業秘密の保護とされているところ[*13]、令和元年民事執行法改正に当たり、見直しも検討されたが、要件として存続することとなった。これは、政府参考人の国会答弁によると、次の理由によるもののようである。

「197条第１項第１号、第２号、先に実施した強制執行が功を奏しなかったこと等の要件は、債務者のプライバシーあるいは営業秘密を保護するために必要でありまして、また、現在の裁判実務においてその要件の審査に関して特段の問題は生じていないと考えられたことから、そのまま維持している」。「現在の裁判実務におきましては、債務者の住居所在地の不動産登記事項証明書の提出等によって債務者名義の不動産が、

---

*12　衆議院第198回国会　法務委員会第７号（平成31年４月２日（火曜日））小野瀬厚政府参考人答弁。

*13　なお、民事執行法部会資料では、プライバシー・営業秘密「等」との表現がされているが、「等」が何を意味するのか明らかでない。これは、第三者からの情報取得手続に関しても同様である。プライバシー・営業秘密では必ずしもカバーされない人格権や財産権を総称するものと解されるが、個別かつ具体的な言及がないことからすると、プライバシー・営業秘密の保護の検討で、包含されると考えられる。なお、前掲した国会での政府参考人答弁（*12）では「等」への言及はない。

みつからないことなどが確認できればそれで足りるとされている例が多いとされるなど、この要件の疎明が容易ではないという評価が必ずしも現在の裁判の実務の状況を反映したものではないといったことが明らかになった」[*14]。

(3) プライバシーについての検討

前述のように、法人自体にはプライバシーという概念は当てはまらないと解されており、債務者が法人の場合には、そもそも、プライバシー保護についての検討は不要と考えられる。

① プライバシーとしての要保護性

財産開示制度は、債務者の財産について、全般的に開示を求めるものであり、債務者のプライバシーを侵害するものである。

もっとも、財産に関する情報は思想信条などに比べ、プライバシーとしての要保護性が低いものと解されている。例えば、アンケートで、保有資産額の概要や年収などを聞かれる場合と、信仰している宗教や政治活動への参加状況について聞かれる場合を比べると、一般に後者の場合の方がよりプライバシー侵害の程度が強いと考えられている。

② 侵害行為の態様の程度

侵害行為としては、❶強制執行又は担保権の実行の申立てをするのに必要な情報を提供することであり、既に債権者に債務名義や先取特権があること、❷情報を取得するのは、申立人の他、債務者に対する金銭債権について執行力のある債務名義の正本を有する債権者などに限られて

---

*14　法務省民事局参事官室が平成29年 9 月に公表した「民事執行法の改正に関する中間試案の補足説明」では、❶「財産開示手続が債務者のプライバシーや営業秘密等に属する事項の開示を強制するものであるため、この手続を行う必要性がある場合に限り、手続を実施するのが相当であるとの考え方……には、相応の合理性がある」、❷「本部会においては、強制執行の対象となる債務者財産の調査は本来的には債権者の役割であると考える立場から、現行法の考え方は合理的であるとの指摘がされた」との説明もある。

いること（民執201条）、❸申立人ら情報を取得した者には、取得した情報について、情報の目的外利用の制限が課されており、当該債務者に対する債権をその本旨に行使する目的以外の目的のために利用し、又は提供してはならないとされていること（同法202条）からすると、侵害行為の態様の程度は強くないと評価できる。

③　債務者からの同意取得

開示義務者に、財産を開示する義務を課す制度であり、債務者からの同意を取得していると評価することは難しい。

④　小括

したがって、上記①～③の検討からすると、財産開示手続において、強制執行の不奏功等の要件がなくとも、プライバシー保護として不足するところはないと考えられる。

⑷　営業秘密についての検討

財産開示制度は、債務者の財産の開示を求めるものであり、その対象には債務者の営業上の秘密が含まれ得ることから、その開示行為は、営業上の秘密の侵害に当たる。なお、そもそも、個人事業主に該当しない個人について、営業上の秘密という概念があるのかについては、検討が必要である。

次に侵害の相当性について検討すると、債権者に債務名義や先取特権があるのに、債務者が債務を履行しない場合、債務者の営業上の秘密を明らかにすることによって、債権者の債務名義などが実現するという利益がある。

これに対し、公開による不利益は、債務者の財産が債務名義等の実現に必要な範囲以上に公開されてしまうことにあると考えられる。

両者を比較すると、公開による不利益は、債務名義があるにもかかわらず、債務者が任意に弁済をせず、また、情報を開示しないことによるものであり、前者に比べて、後者が大きいとは評価できない。これは、強制執行の不奏功等の要件がない場合でも同様である。

したがって、強制執行の不奏功等の要件がなくとも、営業上の秘密の保護として不足するところはない。

(5) 強制執行の不奏功等の要件の要否について

財産開示手続との関係で、強制執行の不奏功等という要件については、次の理由から筆者は不要と考える。

❶上述したように、強制執行又は担保権の実行の申立てをするのに必要な情報を提供するという制度の目的からすれば、強制執行の不奏功等という要件がなくとも、プライバシー及び営業秘密の保護は図られていると考えられる。

付言すると、特にプライバシーについては、強制執行の不奏功等という要件を付加することにより保護が図られるという論理関係が不明確である。

また、❷財産開示手続を申し立てる際、申立人は、債務者名義の不動産に関する調査以外にも能動的な調査が求められており[*15]、このことが、

*15　東京高決平成17年4月27日（平17（ネ）289号）では、「知れている財産」の意義について、債権者が「受動的に知っている財産のみでなく、債権者が通常行うべき調査を行って知れている財産」と解しており、申立人には、能動的な調査が必要と解されている。例えば、2019年9月現在における東京地方裁判所の財産開示手続に関するホームページでは、次のように記載されていた。
「申立人が、債権者として通常行うべき調査を行った結果、知れている財産がどれだけ存在するのか、そしてそれらの財産に対する強制執行（担保権の実行）を実施しても、請求債権の完全な弁済を得られないことを具体的に主張し、その疎明として次の資料の提出を要します。
・不動産　居住地、所在地（本店、支店）等の不動産を調査したが、これを所有していないことあるいは所有していても無剰余であること。（資料）不動産登記事項証明書（全部事項証明書）、ブルーマップの写し、調査結果報告書
・債権　法人、個人事業者：営業内容から通常予想される債権について調査したが、完全な弁済を得られる財産が判明しなかったこと。個人：勤務先を調査したが不明であること、給料等のみでは完全な弁済を得られないこと。（資料）商業登記事項証明書、調査結果報告書、第三者の陳述書・聴取書
・動産　価値がないこと。（資料）調査結果報告書」

申立人が財産開示手続を申し立てる阻害要因となっている。

さらに、❸調査により、債務者名義の不動産が発見されている場合でも、債権者による債権回収の簡便さという観点からすると、申立人にとっては、より換価しやすい財産情報を入手すること自体にメリットがある。

⑹　個人情報保護法制からの検討

個人情報保護法上の観点からは、申立人は債務者本人から、直接本人の個人情報を取得していると評価でき、第三者からの情報取得手続において検討が必要となる、第三者提供制限（同法23条１項）に関する問題は生じない。

もっとも、申立人が、財産開示手続により債務者から取得した情報を目的外に利用したり、第三者に提供したりすることは、個人情報保護法における利用目的制限（同法16条１項）や第三者提供制限（同法23条１項）違反となる可能性がある[*16]ほか、プライバシー侵害のおそれもあることから、申立人には、財産開示事件に関する情報の目的外利用の制限や第三者への提供制限が定められている（民執202条）。

なお、2020年６月現在における東京地方裁判所の財産開示手続に関するホームページでは、財産調査結果報告書の書式や記載例が掲載されており、以前よりは手続を利用する敷居が下がったと評価できる。もっとも、裁判所の実際の運用は、従前と変更がないものと考えられる。上述した衆議院第198回国会における政府参考人の答弁である「現在の裁判実務におきましては、債務者の住居所在地の不動産登記事項証明書の提出等によって債務者名義の不動産が、みつからないことなどが確認できればそれで足りるとされている例が多いとされる」ことが「現在の裁判の実務の状況」に則したものなのであれば、そのことを明らかにするために、より簡便な手続で足りることを明示していくことが必要である。

*16　申立人が個人情報取扱事業者（個人情報保護法２条５項）に該当しない場合には、個人情報保護法は適用されないが、その場合でも、プライバシー保護の観点から、債務者の情報を保護することは必要である。

3 第三者からの情報取得手続における強制執行の不奏功等の要件

第三者からの情報取得手続における強制執行の不奏功等の要件とプライバシー・営業秘密の関係について、具体的に検討する。

(1) 第三者からの情報取得手続 *17

新設された、第三者からの情報取得手続では、❶金融機関（銀行、信金、労金、信組、農協、証券会社等）から、預貯金債権や上場株式、国債等に関する情報を取得すること（民執207条）、❷登記所から、土地・建物に関する情報を取得すること（同法205条）、❸市町村、日本年金機構等から、給与債権（勤務先）に関する情報を取得すること（同法206条）が可能となった。なお、給与債権に関する情報取得手続は、養育費等の債権や生命・身体の侵害による損害賠償請求権を有する債権者のみが申立て可能とされている。

同制度においても、それぞれの情報を取得するためには、強制執行の不奏功等が要件とされている（同法207条1項及び2項、同法205条1項、同法206条1項）。同要件が求められた趣旨は、債務者財産の開示制度と同じく、債務者のプライバシーや営業秘密の保護とされている。

---

*17 法制審議会民事執行法部会第12回会議『第三者から債務者財産に関する情報を取得する制度の手続構造に関する補足的な検討』で、手続における情報の流れについて、検討されている。もっとも、同会議の議事録を見る限り、検討の主眼は、情報の流れというよりは、裁判所の管轄の決定にあったようであり、情報の流れに関する議論は最後まで噛み合わないまま終了したという印象を受ける。

図表2－3　第三者からの情報取得手続における情報の流れ

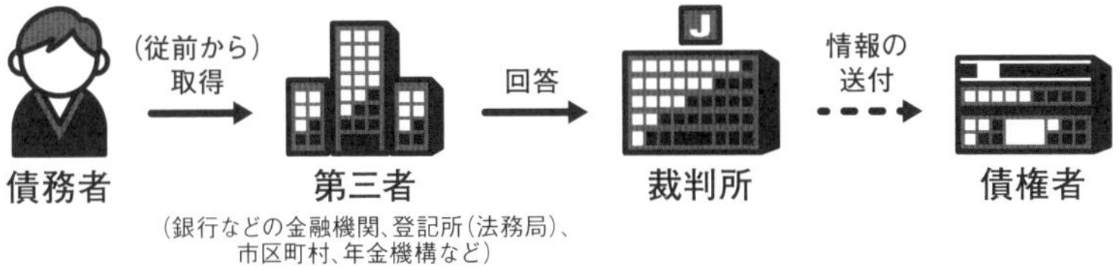

図表2－4　第三者から取得できる、債務者財産に関する情報

民事執行法	民事執行規則
❶預貯金債権や上場株式、国債等に関する情報（同法 207 条）	銀行等：同号の預貯金債権の存否並びにその預貯金債権が存在するときは、その預貯金債権を取り扱う店舗並びにその預貯金債権の種別、口座番号及び額（規則 191 条 1 項） 振替機関等：債務者の有する振替社債等の存否並びにその振替社債等が存在するときは、その振替社債等の銘柄及び額又は数（同条 2 項）
❷土地・建物に関する情報（同法 205 条）	登記所：債務者が所有権の登記名義人である土地等の存否及びその土地等が存在するときは、その土地等を特定するに足りる事項（規則 189 条）
❸給与債権（勤務先）に関する情報（同法 206 条）	市町村：同号の給与の支払をする者の存否並びにその者が存在するときは、その者の氏名又は名称及び住所（その者が国である場合にあっては、債務者の所属する部局の名称及び所在地）（規則 190 条 1 項） 日本年金機構等：同号の報酬又は賞与の支払をする者の存否並びにその者が存在するときは、その者の氏名又は名称及び住所（その者が国である場合にあっては、債務者の所属する部局の名称及び所在地）（同条 2 項）

(2)　プライバシーとの関係 *18

*18　なお、第三者からの情報取得手続については、プライバシー保護に関する検討とは別に、個人情報保護法や行政機関個人情報保護法等における第三者提供制限に違反しないかが問題となるが、同制度に基づき情報を提供した場合には、「法令に基づく場合」（個人情報保護法 23 条 1 項 1 号、行政機関個人情報保護法 8 条 1 項等）に該当することから、問題は生じない。また、申立人には、取得した情報について、情報の目的外利用の制限が課されており（民執 210 条）、申立人による利用や第三者提供による問題も発生しない。

①　**対象となるプライバシーの要保護性**

プライバシーとして保護の対象となる各情報のうち、❷土地・建物に関する情報（図表２－４「第三者から取得できる、債務者財産に関する情報」を参照）については、登記所で公開されており、それ自体は、プライバシーとしての要保護性は認められない又は非常に低いと考えられる。もっとも、個人が所有する土地・建物を名寄せした情報は、基本的には本人以外では入手は困難であり、要保護性がある。

次に、❶預貯金債権や上場株式、国債等に関する情報は、財産の有無やその内容、投資先などを明らかにするものであり、要保護性は高いといえる。

最後に、❸給与債権（勤務先）に関する情報は、勤務先を明らかにする点で、要保護性は高い。もっとも、同情報では、月々の給与額などが明らかにされるわけではない。

財産開示手続と比較すると、第三者から提供される情報が上記❶から❸に限定されている点で、要保護性は低いと評価できる。

②　**侵害行為の態様の程度**[*19]

侵害行為としては、強制執行又は担保権の実行の申立てをするのに必要な情報を提供することであり、既に債務名義や担保権があることからすると、侵害行為の態様の程度は強くない。また、第三者から提供された情報を取得できるのは、申立人の他、債務者に対する金銭債権について執行力のある債務名義の正本を有する債権者などに限られている（民執209条）。さらに、申立人ら情報を取得した者には、取得した情報について、情報の目的外利用の制限が課されており、当該債務者に対する債権をその本旨に行使する目的以外の目的のために利用し、又は提供してはならないとされている（同法210条１項）。

③　**債務者からの同意取得**

---

*19 強制執行の不奏功等という要件がない場合を前提に検討している。

債務者が情報提供に協力しない場合に情報を取得する制度であり、債務者から同意取得をしないことが前提とされている。

④　小括

上記①～③の検討からすると、第三者からの情報取得手続は、強制執行の不奏功等の要件がなくとも、プライバシー保護として不足するところはないと考えられる。

また、第三者は法人であり、プライバシー保護の観点から保護を図る必要はない。

(3)　営業秘密との関係

債務者の財産全般を対象とした財産開示手続の場合に比べて、対象が上記❶から❸の各情報に限定されており、侵害される営業上の秘密は限定されている。

また、第三者の営業上の秘密について検討すると、かかる営業上の秘密の侵害は、制度の性質上当然に想定されているものであり、対象となる情報も第三者の保有する情報全体のうち一部に過ぎず、その程度も小さいことからすると許容されるべきである。

したがって、強制執行の不奏功等の要件がなくとも、営業上の秘密の保護として不足するところはない。

(4)　強制執行の不奏功等の要件の要否について

強制執行の不奏功等の要件については、次の理由から筆者は不要と考える。

❶強制執行又は担保権の実行の申立てをするのに必要な情報を提供するという制度の目的からすれば、強制執行の不奏功等という要件がなくとも、プライバシー及び営業秘密の保護は図られていると考えられる。

また、❷強制執行の不奏功等の要件は、申立人が財産開示手続を申し立てる阻害要因となっていると考えられる。

さらに、❸調査により、債務者名義の不動産が発見されている場合でも、申立人にとっては、不動産以外の債務者情報を入手すること自体にメリットがあるはずである。すなわち、債務者名義の不動産があった場合でも、競売手続を申し立てるのは費用的、時間的なコストが大きいことから、預貯金債権や上場株式、国債等に関する情報、給与債権（勤務先）に関する情報を入手して、それらを入手して強制執行又は担保権の実行の申立てをすることが実効的である。

(5) 個人情報保護法制の観点からの検討

① 行政機関、独立行政法人等からの提供

第三者からの情報取得手続では、行政機関や、独立行政法人等（独立行政法人等個人情報保護法２条１項）からの情報取得が前提とされている[*20]。

行政機関には、行政機関個人情報保護法が適用され、債務者財産に関する情報は保有個人情報（同法２条５項）に該当する。

同法８条１項では、「行政機関の長は、法令に基づく場合を除き、利用目的以外の目的のために保有個人情報を自ら利用し、又は提供してはならない。」とされている。これは、個人情報は、利用目的の達成に必要な範囲内で取り扱われなければならないという考え方に基づく。もっとも、「法令に基づく場合」は提供制限の例外とされているところ、「法令に基づく場合」は、法令に根拠規定が置かれている場合を広く含むとされている。

したがって、民事執行法上の根拠規定に基づく場合に、行政機関が第

*20 行政機関が、債権者に対して、債務者の情報を提供するという情報の流れを前提としている。この点、行政機関から裁判所、裁判所から債権者という形で、裁判所を独立の主体として考えることも論理的には可能であるけれども、民事執行法上、裁判所が債務者の情報を独自利用することは想定されておらず、実体としては、前者のように理解することが適切である。なお、法制審議会民事執行法部会の議事録を見る限りでは、この点に関する検討内容は不明であることを付言しておく。

三者に対して、情報を提供することは、行政機関個人情報保護法には違反しない。

なお、独立行政法人等についても、独立行政機関等個人情報保護法9条1項で、行政機関個人情報保護法と同趣旨の規定が置かれており、上記と同様の帰結となる。

②　地方公共団体からの提供

各地方公共団体は個人情報保護条例を定めており、第三者提供の可否についても、各条例の内容に従って判断されるところ、各条例では、通常法令に基づく場合には、第三者提供することができる旨の条項が置かれている。

したがって、民事執行法に基づく場合に、地方公共団体が第三者に対して、情報を提供することは、個人情報保護条例には違反しない。

③　個人情報取扱事業者からの提供

債務者財産に関する情報は通常、個人データ（個人情報保護法2条6項）に該当する。

個人情報保護法において、個人情報取扱事業者（同法2条5項）は、本人に対して利用目的を通知・公表していれば、その利用目的の達成に必要な範囲内で、個人情報を取り扱うことが可能である（同法16条1項）。

もっとも、個人データが第三者に提供される場合、本人の予期しないところで利用されるなど、本人に不測の権利侵害が生じないようにする必要がある一方、本人や社会公共の利益を図るため、本人の意思にかかわらず第三者に対する提供が求められる場合もある。このため、個人情報を第三者に提供するには、原則として、利用目的を通知・公表するだけでなく、あらかじめ本人の同意を得ることを必要とし、一定の場合には、例外的に本人の同意がなくても提供が可能とされている（同法23条1項）。

例外に該当する一定の場合（同項各号）は、一定の社会公共の利益や他の権利利益を保護する必要性が上回る場合とされており、❶法令に基づく場合、❷人の生命、身体又は財産の保護のために必要がある場合であって、本人の同意を得ることが困難であるとき、❸公衆衛生の向上又は児童の健全な育成の推進のために特に必要がある場合であって、本人の同意を得ることが困難であるとき、❹国の機関若しくは地方公共団体又はその委託を受けた者が法令の定める事務を遂行することに対して協力する必要がある場合であって、本人の同意を得ることにより当該事務の遂行に支障を及ぼすおそれがあるとき、とされている。

そして、❶法令に基づく場合の例としては、警察から刑事訴訟法197条２項に基づく捜査関係事項照会があった場合や、弁護士会から弁護士法23条の２に基づく所要の弁護士会照会があった場合などとされている。

今回新設された第三者からの情報取得手続に基づく第三者への個人データの提供については、上記❶の法令に基づく場合に該当し、第三者提供に関する例外となる（個人情報保護法23条１項１号）。

なお、第三者提供に係る記録の作成は不要であり（個人情報保護法25条１項ただし書き）、第三者提供を受ける際の確認も不要である（個人情報保護法26条１項ただし書き）。

図表２－５　個人情報保護法における第三者提供制限に関する規律

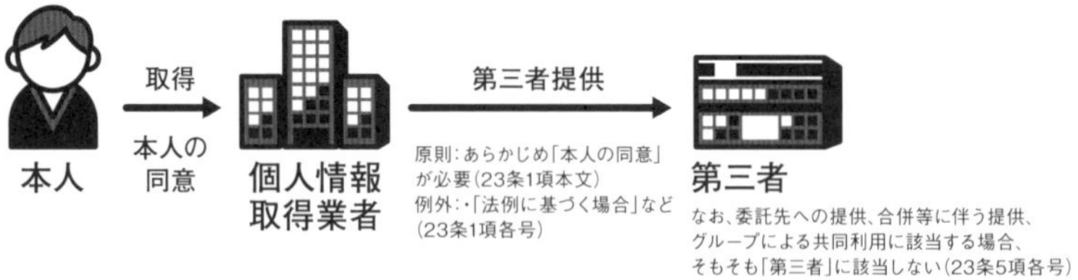

④　申立人による利用の制限について

申立人が個人情報取扱事業者に該当し、個人情報保護法が適用される場合、個人情報の取扱いについては、特定された利用目的の達成に必要な範囲を超えてはならないとされている（同法16条）。また、第三者提供制限は、申立人にも適用される。

新設された民事執行法210条では、第三者からの情報取得手続にかかる事件に関する情報については、目的外利用が制限されている。すなわち、当該債務者に対する債務者の財産に関する情報を、当該債務者に対する債権をその本旨にしたがって行使する目的以外の目的のために利用し、又は提供してはならないものとされている。

したがって、個人情報保護法の適用の有無や個別の事情にかかわらず、利用が制限されることとなる。なお、個人情報保護法上の規制が適用されないケースでも、プライバシー保護の観点から、申立人による情報利用は制限されるべきであり、その観点からも、上記制限は正当化される。

4　まとめ

上記のように、筆者としては、プライバシー・営業秘密の保護という観点からは、強制執行の不奏功等を一律に要件として課すことは不要と考える。同要件を課すのであれば、その根拠は、プライバシーや営業秘密ではなく、民事執行制度自体に内在する謙抑性などに求めるべきである。仮に、財産開示手続において、債務者に、プライバシー、営業秘密に関する特別な事情があり、保護の必要があるというのであれば、その立証は債務者側が負う制度とした方が合理的である。

最後に、令和元年法改正において、陳述等拒絶の罪に関する規定が新設され、執行裁判所の呼出しを受けた財産開示期日において、正当な理由なく、出頭せず、又は宣誓を拒んだ開示義務者は６月以下の懲役又は50万円以下の罰金に処するとされており（民執213条）、裁判所が罰則を適切に行使することで、債務者財産の開示制度の実効性が担保されていくことを注視していきたい[*21]。

第3　不動産競売における暴力団員の買受け防止の方策とプライバシー・営業秘密保護

令和元年民事執行法改正では、不動産競売における暴力団員の買受け防止の方策として、裁判所における不動産競売の手続において、申立て時に、買受申出人が暴力団員等に該当しないこと等を陳述し（改正民執65条の２）、開札期日後に、裁判所が、最高価買受申出人が暴力団員等に該当するか否かを警察へ照会する手続（同法68条の４）等が設けられた。

同規定は、暴力団排除の取組の一環として、暴力団員の買受けを防止するために導入されたものであり、プライバシー・営業秘密保護の観点からの問題はないと解される。なお、利害関係人が、警察への照会で提出された裏付け資料について、閲覧・謄写をした場合（民執17条）に、暴力団員であるとされた者や同資料に登場する第三者へのプライバシーに対する配慮が必要ではないかとの観点に対しては、現行法における秘密保護のための閲覧等の制限（同法20条、民訴92条１項１号）により対応が可能であるとの指摘がなされている[*22]。

第4　子の引渡しの強制執行に関する規律の明確化とプライバシー

子の引渡しの強制執行に関する規律とプライバシー保護との関係では、主に、執行場所が問題となった。

すなわち、令和元年民事執行法改正前、ハーグ条約実施法では、解放

*21 平成27年における財産開示手続の既済件数は817件であり、そのうち、実際に開示義務者がその財産について陳述した事件数は284件(約35%)であったとのことである(法制審議会民事執行法部会第１回会議　部会資料１)。

*22 法制審議会民事執行法部会第９回会議　部会資料８－２。

の実施場所は、原則として「債務者の住居その他債務者の占有する場所」としつつ（同法140条１項柱書）、例外的に、執行官は、前記場所以外でも、「子の心身に及ぼす影響、当該場所及びその周囲の状況その他の事情を考慮して相当と認めるときは、子の監護を解くために必要な行為として、債務者に対し説得を行うほか、当該場所を占有する者の同意を得て」行うことができるとしていた（同条２項）。

上記１項柱書は、債務者や子のプライバシーを保護し、子の通学先の教員などの第三者を巻き込む危険を回避する趣旨から設けられた規定であり、同趣旨は、国内における子の引渡しの強制執行の場面にも該当する。もっとも、審判や決定等では、子の最善の利益やこの福祉について十分考慮した上で判断がされているのであり、その実現のためには強制執行の実効性を図る観点も必要となることから、上記２項では、執行官が債務者や子のプライバシー等を侵害するおそれがないと認める場合には、債務者の住居その他債務者の占有する場所以外でも、実施を可能としたものである。

令和元年に改正された新民事執行法175条１項及び２項では、基本的に、上記ハーグ条約実施法と同様の定めを置くこととした。もっとも、同条３項では、執行裁判所は、子の住居が債務者の住居その他債務者の占有する場所以外の場所である場合に、「債務者と当該場所の占有者との関係、当該占有者の私生活又は業務に与える影響その他の事情を考慮して相当と認めるときは、債権者の申立てにより、当該占有者の同意に代わる許可をすることができる」との規定を定め、占有者の同意が得られない場合でも対応を可能とした。

（わたなべ・りょうすけ）

第 3 章　民事執行法改正と金融実務に与える影響～反社規制を中心に～

日本大学法学部教授・弁護士　松嶋　隆弘

第1　はじめに

今回の民事執行法改正が金融実務に与える影響としては、様々なものがありうるが、本稿では、その中から、不動産競売における暴力団員の買受け防止に関する改正を取り上げ[*1]、その実効性について検討してみたい。この他にも、財産開示に関する改正が検討項目として考えられるが、これについては、本書の第２章及び第４章で検討される。

不動産競売における暴力団員の買受け防止に関する改正は、現実の民事執行の大部分を占める不動産の担保執行にも準用され影響を与えるところから（民執188条）、金融実務にとって重要であるにもかかわらず、他の改正項目に比べ、やや注目度が低い[*2]。不動産競売における暴力団員の買受け防止は、単に民事執行法の問題にとどまらず、官民挙げて取り組まれている所謂「反社規制」の一環[*3]をなすものとして、他の規制との関わりにおいて、その現実的な実効性が確保される必要がある。そこ

*1　大野徹也「不動産競売における暴力団員の買受け防止に関する規定の新設」ひろば72巻９号24頁。

*2　例えば、平成30年５月20日開催の日本民事執行法学会のシンポジウム「強制執行法制の改正問題」（民事訴訟雑誌65号87頁以下に収録）においても、この項目は取り上げられなかった。

*3　反社規制に関する最近の改正として、例えば、暴力団員やその関係者、窃盗罪で罰金刑を受けた者を排除するため、許可の欠格事由を追加した平成30年古物営業法改正（改正古物営業法４条２～４号）を挙げることができる。小賀野晶一ほか編『リサイクルの法と実例』（三協法規、2019年）76頁以下［松嶋隆弘］参照。

で、本稿では、不動産を有する所謂「ハコ企業」に関し、その不動産の競売による買受けと、当該企業そのものの買収が並行して問題になった近時の裁判例（東京高判平成30年5月9日金判1554号20頁[*4]）を素材に、本項目の実効性について検討する。

第2　不動産競売における暴力団員の買受け防止に関する改正の概要

1　改正の趣旨

これまで民事執行法による不動産競売においては、暴力団員であることのみを理由として不動産の買受けを制限する規律は設けられていなかった。このため、暴力団が、不動産競売において買い受けた建物を事務所として利用する事例や、その転売により高額な利益を得た事例等が生じており、厳しい批判を招いていた。これに対し、公共事業や企業活動等からの暴力団排除の取組は、近時官民挙げて行われている[*5]。裁判例においても、競売対象不動産について、買受人が引渡しを受けるために第三者及び暴力団幹部と折衝する蓋然性が高い場合に不動産の価値的な損傷があるとして売却許可決定が取り消された事例が登場している（東京高判平成25年7月12日金判1426号34頁）。そこで、改正法は、暴力団排除の取組の一環として、競売手続を妨げる具体的な行為等の有無にかかわらず暴力団員の買受けそれ自体を防止するための方策を導入することにした。

*4　本判決の評釈として、武田典浩「判批」税務事例51巻5号76頁、田澤元章「判批」明治学院大学法学研究108号149頁等。

*5　例えば、平成30年古物営業法改正に際し、暴力団員やその関係者、窃盗罪で罰金刑を受けた者を排除するため、許可の欠格事由が追加された（改正古物営業法4条2～4号）。

2　暴力団員等に該当しないこと等の陳述

改正法においては、不動産の買受けの申出をしようとする者（法定代理人がある場合にあっては当該法定代理人、法人である場合にあってはその代表者）は、次に掲げるいずれにも該当しない旨陳述をしなければ、不動産の買受けの申出をすることができない（改正民執65条の２）。

【陳述内容】下記のいずれにも該当しない旨の陳述が必要

1	買受申出人（その者が法人である場合にあっては、その役員）が暴力団員による不当な行為の防止等に関する法律（平成三年法律第七十七号）第二条第六号に規定する暴力団員（以下この号において「暴力団員」という。）又は暴力団員でなくなった日から五年を経過しない者（以下この目において「暴力団員等」という。）であること
2	計算者（自己の計算において当該買受けの申出をさせようとする者（その者が法人である場合にあっては、その役員）が暴力団員等であること）

上記につき、虚偽の陳述をした者に対しては、罰則（６月以下の懲役又は50万円以下の罰金）の制裁が科される（改正民執213条１項３号）。

3　調査の嘱託

暴力団員の買受けを防ぐためには、執行裁判所が、買受申出人が暴力団員であるかどうかを知ることができなければならない。暴力団員該当の有無につき、もっとも情報を持っているのは警察である。そして、警察は、現在、平成25年12月19日付警察庁刑事局組織犯罪対策部長通達「暴力団排除等のための部外への情報提供について」に基づき、暴力団情報の部外への提供を行っている。

そこで、改正法は、執行裁判所に対し、❶最高価買受申出人（その者が法人である場合にあっては、その役員）が暴力団員等に該当するか否かにつき（改正民執68条の４第１項本文）、❷計算者があると認める場合には、当該買受けの申出をさせた者（その者が法人である場合にあっては、その役員）が暴力団員等に該当するか否かにつき（改正民執68条の４第２項本文）、それぞれ必要な調査を執行裁判所の所在地を管轄する都道府県警察に嘱託しなければならない旨規定することにした。ただし、これらの者が暴力団員等に該当しないと認めるべき事情がある場合には、この限りでない（本条1項ただし書、2項ただし書、改正民執規51条の7）。

改正法にいう調査の嘱託は、執行裁判所が買受けの申出について売却不許可事由が認められるのかを判断するための資料を得る証拠調べであり、その法的性質は、民事訴訟法で規定する調査の嘱託（民事訴訟法186条参照）であると解される。

4　売却不許可事由

執行裁判所は、買受申出人・自己の計算において最高価買受申出人に買受けの申出をさせた者につき、次に掲げる事由があると認めるときは、売却不許可決定をしなければならない（改正民執71条5号）。改正法は、❶買受けの申出と❷売却決定期日のいずれかの時点において該当すれば、売却不許可とする考え方を採用している。

【売却不許可事由】

イ	暴力団員等（買受けの申出がされた時に暴力団員等であった者を含む。）
ロ	法人でその役員のうちに暴力団員等に該当する者があるもの（買受けの申出がされた時にその役員のうちに暴力団員等に該当する者があったものを含む。）

第3　東京高判平成30年5月9日金判1554号20頁の概要

1　本事件の概要

次に東京高判平成30年5月9日金判1554号20頁の概要をみてみよう。この事件は、Xが、M一派により支配権を獲得された後、前代表取締役Yに対し、Yは自己保身という個人的な利益のためにXの費用負担で弁護士報酬を支払いその財産を浪費し、善管注意義務及び忠実義務に違反したとして、会社法423条に基づき弁護士報酬相当額について損害賠償を求めた事案である。本稿は、この判決の事実関係を素材として、本改正項目の実効性を検証するものである。かような観点からみるとき、本件では、Mが、「本件公園土地建物」（Xがその子会社Bを介して支配している。）を自己のものとするため、❶「本件公園土地建物」に設定されている担保権を譲り受け、競売をしようとするのと並行し、❷X自身の支配権を獲得しようと試みていることが注目される。以下、順次みていきたい。

2　M及びMグループについて

まず、本件で「反社」性が議論されるM及びMグループについて、前掲東京高判平成30年５月９日の判旨に基づいて紹介する。Mは、昭和60年11月18日、全国で個室付き浴場（ソープランド）チェーンを経営する「Mグループ」の脱税事件に関し、昭和61年７月１日、東京地方裁判所において懲役２年の実刑判決を受けた（その後確定）。当時の新聞等は、「ソープランドの帝王」の大型脱税事件としてこれを報道した。

平成13年９月１日未明、東京都新宿区歌舞伎町の雑居ビルで火災が発生し、死者44名を出すという大惨事が発生した。Mは、このビルを所有する会社の実質的な経営者として業務上過失致死罪で起訴され、平成20年７月２日、東京地方裁判所において禁固３年、執行猶予５年の有罪判決を受けた（確定）。

Mについては、不動産事業等を行うMグループの実権を掌握し、周囲から「会長」と呼ばれていたこと、Mグループの中核会社としてD、C等があること、従前行っていた特殊浴場の経営そのものから手を引いた形になっているが、グループ会社を通じてそれらの建物の賃料収入を得るなどしており、実質的にみれば実態はさして変わっていなかったこと等の事実が認定されている。

Ｍは、上記不動産事業等を行うに当たり、自らが会社役員、株主名簿登載の株主などとして露出するのは極力控え、親族等を通じて実質的に支配する複数の会社を利用して間接的に事業を掌握していた。そのような会社として、Ｄ（Ｍの妻が代表取締役）、Ｃ（Ｍが取締役）、Ｑ社等がある。

Ｍは、インターネット上で、準暴力団に位置づけられる「Ｐ」の主要人物として名前が挙げられているほか、暴力団その他の裏社会との接点を示唆する雑誌等記事が複数存在する。

3　担保権を譲り受け、競売をしようとするプロセス

次に、上記❶及び❷につきそれぞれみてみよう。まず❶であるが、これは、次のような経過をたどっている。はじめに、Ｂ社所有の「公園土地建物」については、根抵当権（本件根抵当権：債務者をＢ$_2$株式会社、根抵当権者をＣ$_2$株式会社とする極度額50億円の１番根抵当権）が設定されていたところ、元本確定後の被担保債権（本件被担保債権：本件根抵当権付きのもの）が整理回収機構等を経てＡ社へと譲渡された。そして、平成20年４月１日、Ａ社は、本件被担保債権をＱに譲渡するとともに、債権譲渡を登記原因とする、Ｑへの根抵当権移転登記をなした。

ところが、本件被担保債権の譲渡及び根抵当権移転登記は、Ａ社の代表取締役Ｅが、何らの手続を踏まずに、虚偽の株主総会議事録等に基づき、行ったものであった（後にＥは、自殺している。）。Ａ社は、Ｑに対し、根抵当権移転登記抹消登記等請求訴訟を提起し（東京地方裁判所平成23年（ワ）第17793号）、両者間において、平成24年４月13日、Ａ社がＱ社から２億円の支払を受けるのと引換えに本件根抵当権付き債権の譲渡を追認する旨の訴訟上の和解が成立した。

Ｑは、平成24年４月20日、「公園土地建物」につき本件根抵当権の実行による競売の申立てを行い（静岡地方裁判所沼津支部同年（ケ）第77号）、同年５月９日、担保不動産競売開始決定がなされた。このことは、

全国紙及び地元紙に大きく報道され、Ｘグループが対外的な信用に大きなダメージを被るとともに、Ｂ社が銀行からの借入れもできなくなる等、経営に重大な支障が生じた。

平成24年６月29日、ＢはＱに対し、本件被担保債権の消滅時効を根拠として、本件根抵当権の抹消登記手続請求訴訟を提起した（静岡地方裁判所沼津支部同年（ワ）第363号）。その際、Ｂは、本件公園建物の根抵当権者Ａの実質的オーナーと根抵当権設定者Ｂの（当時の）代表者が同一人物（Ｆ）であり、同根抵当権が実行を予定しないものであったという背景事情を主張している（本件背景事情）。

これに対し、Ｑは、平成24年８月７日、本件根抵当権に基づき、Ｂ社が本件公園土地建物について有する賃料債権につき差押命令の発令を受け、その後に取立訴訟を提起した。

その後、後記の❷の経緯で、ＢＱともにＭの影響の下に置かれることとなり、平成27年７月29日、ＢＱ間で、根抵当権設定登記抹消登記手続請求訴訟につき、「本件根抵当権の被担保債権をＱがＢに対し代金６億円で譲渡すること、Ｑは公園土地建物の競売の申立てを取り下げる」旨の訴訟上の和解が成立し、競売申立ては取り下げられるに至った。

さらに、平成28年５月12日、ＢＱ間で、本件根抵当権の被担保債権の譲渡を合意解除し、「Ｑが任意の時期に公園土地建物の競売を申し立て可」「Ｑが自己競落に努める」「Ｑが自己競落したときは、ＱＢ社間で対象不動産の賃貸借契約を締結する」旨の和解内容変更合意が取り交わされた。これに基づき、同年７月29日、Ｑは、本件公園土地建物につき本件根抵当権に基づく再度の競売の申立てを行い、担保不動産競売開始決定を得た上、本件公園土地建物中の一つの物件につき自己競落した。

4　ＭがＸの支配権を獲得するに至る経過

次にＭが、Ｘ自身の支配権を獲得するに至ったプロセスをみていこう。これは次のような経過をたどった。平成25年４月２日にＤが提出した大量保有報告書によれば、D及びCは、合計保有割合15・93%を占め、Xの筆頭株主であったところ、Cは、翌3日、Xに対し、Xの第38期定時株主総会にて、取締役4名及び監査役2名の選任並びに監査役1名の解任の株主提案を行う旨を通知した。その際の理由は、「本件土地建物等不動産のほとんどが競売申立てされ、唯一の収益源であるレジャー部門の存続が重大な危機にさらされているにもかかわらず、忠実義務に違反し、何ら有効な手段を講じていない」というものである。

同年5月14日開催のX取締役会にて、第三者割当増資（500万株）が決議され、適時開示された。これに対し、D及びCは、新株発行差止めの仮処分を申し立てたが、申立ては却下され、即時抗告も棄却され、結局、同年6月3日、500万株の新株発行がなされた。

そして、同年6月26日開催の第38期定時株主総会において、Cからの上記株主提案は否決されるに至った。

翌年である平成26年4月24日、DC側の株主Jにより、取締役6名の選任を求める株主提案がなされ、Xの取締役会は、同年5月14日、対抗措置として、再び第三者割当増資（900万株）を決議し、適時開示を行った。Jは、これに対抗し、新株発行差止めの仮処分を申し立てたが、申立ては却下され、即時抗告も棄却された。ただ、実際に払い込みがなされたのは、200万株分にとどまり、700万株は失権するに至った。このことに関し、後日、適時開示以降、引受人に対し嫌がらせが継続的に行われたという事情が判明している。

同年6月11日、Xは、M、D及びCに対し、議決権行使の禁止を求める仮処分を申立てたが（東京地方裁判所同年（ヨ）第20069号）、同月25日、「「本件議決権目的」（Mが支配下のQ社の申し立てた公園土地建物の競売が意図した進行になっていないため、Xの株主としての議決権行使を通じて、上記競売を利用して多額の利益を得ようとする所期の目的の達成を図るもの）を認めるに足りる疎明はない」として却下された。

同月26日開催のXの第39期定時株主総会において、議長は、取締役の選任に関する会社案と株主案の双方とも過半数に達せず否決された旨宣言したが、経営陣はこれに反発し、同月30日、会社案が可決された前提で取締役会を開催し、Ｙが代表取締役に選定された。そして、臨時株主総会で解任されるまで、ＹがＸの代表取締役として執務することとした。

これに対し、Ｄ、Ｃ及びＪは、同年７月10日、Ｘに対し、取締役選任決議が不存在であることの確認等を求める訴訟、取締役選任決議の存在確認等請求訴訟をそれぞれ提起し、両者は併合審理されることとなった。加えて、Ｄ、Ｃ及びＪは、同月16日、Ｘに対し、臨時株主総会招集請求を行うとともに、同月18日、Ｘの取締役の職務執行停止・代行者選任の仮処分申立て及び仮取締役・仮代表取締役選任の申立てを行った。さらに、同年９月２日、臨時株主総会招集許可決定の申立てを行い、裁判所は、同月17日、臨時株主総会招集許可決定を発令した。

その後、同年11月13日、「ＹらがＸの事業及び運営を善良な管理者の注意義務をもって通常の業務の範囲内でのみ行う」旨の訴訟上の和解が成立した。そして、和解に伴い、Ｘの取締役の職務執行停止・代行者選任の仮処分申立て及び仮取締役・仮代表取締役選任の申立ては、取り下げられた。

平成26年11月29日開催の臨時株主総会に至るまで、買収勢力は、Ｘ株式の買収を進める一方、Ｘの経営陣は対抗する有効な手段を持たなかった。その結果、臨時株主総会において、Ｙを含む取締役４名の解任及び新たな取締役６名の選任の議題が賛成多数で可決され、ＹのＸ取締役・代表取締役としての職務が終了した。この時点で、Ｘは、Ｍの支配下に置かれたことになる。

その後の本件公園土地建物の競売に関する経緯は、❶について既に述べた。

5　事案についてのまとめ

上記の「本件背景事情」からすると、❶のルートで、M一派は、本件根抵当権が実行を予定しないものであったことに着目し、Aの代表取締役Eに働きかけ、根抵当権移転登記をさせた上、根抵当権の実行による競売の申立てをなしたのではないかと推測される。

これに対し、Bは、根抵当権の設定登記抹消登記訴訟により対抗したが、その間に、（M一派がXの支配権を獲得したことにより）Bの支配権は、M一派が握るところとなってしまった。結果として、本件公園土地建物は、Qが自己競落したことにより、Q（すなわちM一派）の所有に帰してしまった。

次に❷のルートであるが、M一派がXの筆頭株主となって以降、Yは、２度にわたる新株発行や、議決権禁止仮処分申立て等により対抗したが、最終的にはXの支配権は、M一派に握られた。

第4　検討

1　本規制で捕捉できない場合

第２において述べたとおり、改正法は、不動産競売における暴力団員の買受け防止の方策を導入した。かかる、改正法が適用された場合、警察への調査嘱託に基づき、最高価買受申出人又は自己の計算において最高価買受申出人に買受けの申出をさせた者が「反社」と判断された場合、執行裁判所が売却不許可決定をなすことにより、これらの者による買受けが否定される。そして、かかる規定は、担保執行にも準用されている。

そこで、前掲東京高判平成30年５月９日の事案をベースに、今回導入される規制の、規制としての実効性を検証してみることにしたい。第一に、今回導入される規制により、前掲東京高判平成30年５月９日におけるMを対象とすることができるかを考えてみたい。第2でみたところによると、Mにつき、警察のデータベース上、「暴力団員」として掲載されていた場合には、上記のとおり、改正法の規定により、Mによる競落は否定される。これは、上記の❶のルートに相当する。

2　他の手法により、本規制が潜脱されてしまう場合

ただ、前掲東京高判平成30年5月9日におけるMは、「反社」性が議論され、暴力団とのかかわりが噂されているが、暴力団員そのものではない。したがって、売却不許可事由とされるイロ（改正民執71条5号）のいずれにも該当しないように解される。

反社規制は、いわゆる暴力団排除の規制の一環として普及してきたものであるが、「反社」性は、「暴力団員」よりも広い概念のようである。そうであるとすると、Mのような首魁的人物に対し、今回の民事執行法改正によっては、十分に対象となしえないことになろう。不動産競売における暴力団員の買受け防止に関する改正に関しては、手続が警察のデータベースに大幅に依拠する片面的なものであること[*6]、そして、警察のデータベースに暴力団員と登録されてしまった場合、本手続による是正の方策がないことが問題として指摘されている。その問題意識そのものは正しいように思うが、本稿における検討では、それとは逆の問題、すなわち、反社規制が本来捕捉を試みたいであろう首魁的人物による不動産買受けを防止することができないという問題も存在することが明らかになったように考える。

第二に、今回の規制で仮にM（又はQ）を対象とすることができたとしても、前掲東京高判平成30年5月9日におけるXのルートが示すとおり、当該不動産を有している「ハコ企業」そのものを買収することにより、今回の改正法の規制いかんにかかわらず、仮に「暴力団員」であっ

*6　一般社団法人金融財政事情研究会「民事執行手続に関する研究会報告書」（平成28年）54頁（http://www.moj.go.jp/content/001209872.pdf）。

たとしても、確実に「本件公園土地建物」を手に入れることが可能である。つまり、今回の不動産競売における暴力団員の買受防止規制には、大きなループホールが空いているのである。前掲東京高判平成30年5月9日におけるXのような「ハコ企業」というものは、そう珍しいものとは思われない。現に、法人格を用いて、資産を切り出す証券化の手法におけるビークルも、一種の「ハコ企業」といってもよい存在である[*7]。

3　本規制を反社規制全体の中で位置づける必要性

上記1・2で述べたことは、一つには、改正法の反社規制の不十分さを示すものである。もともと、今回の規制により、反社への対応が完璧になされることは想定されていない。改正法施行後に生じるであろう数々の脱法行為を踏まえ、コツコツとループホールを埋めていく努力が必要である。不動産競売における暴力団員の買受防止規制は、民事執行法制上の体系的な位置づけを考える以上に、反社規制全体の中で位置づけ、他の規制と相俟って、その実効性を増すように制度設計されていく必要がある。

その観点から、第三に、上記の❷のルートに関し、会社法制として、反社規制に向き合う必要があることを提言しておきたい。この点に関しては既に「企業が反社会的勢力による被害を防止するための指針について」（平成19年6月19日犯罪対策閣僚会議幹事会申合せ）が公表されており、その中で、「反社会的勢力が取引先や株主となって、不当要求を行う場合の被害を防止するため、契約書や取引約款に暴力団排除条項を導入するとともに、可能な範囲内で自社株の取引状況を確認する。」旨の指摘がなされている。

そこでは、「反社会的勢力による株式取得への対応　反社会的勢力が、企業の株式を取得した場合、株主の地位を悪用して企業に対して不当要

*7　松嶋隆弘「新しい企業形態における法人格の意義と会社債権者保護」判タ1206号54頁。

求を行うおそれがあり、また、反社会的勢力が企業の経営権を支配した場合、他の株主、取引先、提携先、従業員等の犠牲の下、支配株主たる反社会的勢力のみの利益をはかるような経営が行われ、企業価値が不当に収奪されるおそれがある。」との認識が示されている。

運用の問題としては、反社の認定がなされた者に対しては、防衛策の発動がなされうることになり、その発動は、取締役の善管注意義務から、（許容されるにとどまらず）要請されるということになろう。それを超え、ハードローたる会社法において、何らかの規定を設ける必要があるかにつき[*8]、引き続き考えていきたいと思っている。

（まつしま・たかひろ）

*8　例えば、⑴役員の欠格事由として、平成30年改正古物法に倣った規定を挿入する、⑵反社関係者と判断される者に対する株式の買取請求を法定する等が考えられる。

第4章　民事執行法改正と弁護士業務に与える影響

弁護士　山﨑雄一郎

第1　はじめに

令和元年の改正は、債務者の財産状況の調査に関する制度の実効性の向上、不動産競売における暴力団員の買受け防止、国内の子の引渡しと国際的な子の返還の強制執行に関する法律の明確化を主たる目的として行われ、弁護士が取り扱う民事執行手続等の実務に大きな影響が及ぶとみられており、留意すべき点について、具体的に検討しておくことが必要である。

家事事件を除き、過払返還請求事件の急な増減を考慮の外に置くと、裁判所の取扱事件数が漸減傾向にあるとの指摘を受けて久しい。

その要因は種々の見解が語られているが、その一つには、金銭請求の場合に、債権者の負担において、債務者の財産を探索しなければ最終的な権利の実現を図れないことが挙げられている。

不動産は、所在、地番等が判明しないと特定することができない。預貯金に関しては、現在の判例を前提とすると、銀行名では足りず、支店名までが特定されなければならないとされる。債権者が債務者と従来から取引のある関係であっても、必ずしも判明しないこともあり、まして、交通事故のような面識のない者同士の紛争で、保険の手当てもない場合には、債務者の財産を把握することは不可能に近い。

それゆえ、相談を受ける弁護士も、債権者の立場の依頼者には、そのような負担をしなければならない実態を説明せざるを得ない。その結果、訴訟提起を断念、すなわち泣き寝入りを余儀なくさせてしまっている実情がある。

これからは、この改正法を活用し、少しでも、そのような泣き寝入り事案を減らし、訴訟事件減少要因を除去し、広く国民の司法手続利用の改善を図っていくことが、弁護士に課せられた課題といえる。

第2　財産開示手続の見直し

本改正法は、平成15年に創設されながら、利用状況が低調であった財産開示手続について、申立権者の範囲の拡大と罰則の強化によって、実効性を強化しようとするものである。そのため、債権者代理人の立場からは、依頼者に対して、現実の回収に向けて提供できる手続が増え、活用の場面が増えることになる。

他方で、債務者代理人の立場で、助言をしたり、手続に関与したりするに当たっては、財産開示が強制される範囲が増えて、従前のような結果的に逃げ得とはならないことも念頭に置き、債務整理や法的倒産手続への誘導など、適切な対処を促す場面が増えるといえる。

1　債権者代理人としての対応

今回の改正以前には、民事執行法197条1項柱書の括弧書きにおいて、債務名義が22条2号（仮執行宣言付き判決）、3号の2から4号まで（仮執行宣言付き損害賠償命令・届出債権支払命令・支払督促）若しくは5号（執行証書）に掲げるもの又は確定判決と同一の効力を有する支払督促を除外する文言があったが、これが削除されたことにより、新たに仮執行宣言付判決等、執行証書、確定判決と同一の効力を有する支払督促[*1]を含め、金銭債権についての強制執行に必要とされる債務名義であ

*1　債務者は、支払督促又は仮執行宣言を付した支払督促の送達を受けた日から2週間以内に、その支払督促を発した裁判所書記官の所属する簡易裁判所に「督促異議の申立て」

れば、財産開示手続が認められることになった。債権者から依頼を受ける弁護士としては、債務名義であれば、種類を問わず、対応が可能となった。

2　債務者代理人としての対応

弁護士が、債務名義の対象となっている権利義務の存否を争うとともに、財産開示手続を阻止する依頼を受け、債務者の代理人となったときは、確定前の判決で仮執行宣言に基づいた強制執行の場合には、上訴をして、執行停止の裁判を申し立てる手順をとることには変わりはないが、既判力がない執行証書及び支払督促の場合には、請求異議の訴えを提起して、執行停止の裁判を申し立てるという場面が生じることとなる（民訴403条、民執36条、39条、203条等）[*2]。

3　金銭の支払を命ずる仮処分の場合の特別の考慮

債務名義とみなされる金銭の支払を命じる仮処分（民保52条２項）でも可能となった。例えば、解雇の無効を争う労働者が使用者に対して申し立てる賃金仮払の仮処分や、交通事故被害者が、加害者に対して、損害賠償金の仮払の仮処分を得た場合に利用することが考えられる。

ただし、保全処分の執行は、債権者に対する保全命令の送達日から２週間を経過すると行うことができないとされている（同法43条２項）。この期間内に、どの段階までの行為が必要かについて、見解が分かれている[*3]。

をすることができ（民訴386条２項、391条１項）、督促異議の申立てがない場合には、その支払督促が、確定判決と同一の効力を有するものとされる（同法396条）。

*2　内野宗揮編著「Q&A令和元年改正民事執行法制」（金融財政事情研究会、2020年）24頁。

*3　鷹取信哉「債務者財産の開示制度の実効性の向上」ひろば72巻９号14頁、内野宗揮ほか「民事執行法等の改正の要点⑴――金融実務に関連する項目を中心に――」金法2118号39頁。

法制審議会の調査審議の過程で、保全執行として代替執行や間接強制をする際、授権決定等の申立てがされたときに執行の着手があったと解されていることを参考に、財産開示手続の申立てに着目して判断すべきであるという考え方が示されたことが紹介されている[*4]。

しかし、かかる見解には、有力な批判がある。民事保全法43条2項の「してはならない。」の主語は執行機関と解するのが合理的であり、文理上無理があること[*5]、申立て後の時間の経過により事情変更が生じて結果的に不当な執行となるおそれがあるといわれている[*6]。それゆえ、送達日から2週間の期間内に、執行機関による執行の着手が必要であるという見解が通説と考えられている。

そうすると、実務上も、少なくとも財産開示手続の実施決定の発令を要する運用となることが想定される。執行機関においては、申立てを受理した後、速やかな発令が求められることとなるが、他方、申立てを検討する弁護士の立場としては、執行機関の行為に要する時間も考慮した迅速な対応が必要であろう。

財産開示手続によって財産が判明した後、それに対する執行の期限については、保全命令の送達から2週間以内に財産開示命令手続が実施されていれば、連続性のある執行手続が継続していると解して、その後の強制執行の申立ての時点では保全命令の送達から2週間を経過しても差し支えないという見解もある[*7]。しかし、これも、文理にはそぐわないきらいがあり、時間の経過により、必要性が失われ、結果的に不当執行となるおそれも否定できない。実務上は、改めて保全命令の申立てをし、その発令をえて、強制執行の申立てを要することになると思われ

---

*4　内野ほか・前掲 *3　40頁。

*5　甲良充一郎・草野克也「保全執行の一般的要件」八木一洋・関述之編著『民事保全の実務第三版増補版 下』（金融財政事情研究会、2015年）161頁。

*6　山崎潮監修・瀬木比呂志編『注釈民事保全法下』（民事法情報センター、1999年）19頁。

*7　内野ほか・前掲 *2　40頁。

る[*8*9*10]。

このような運用を前提等とすると、仮処分債権者の代理人弁護士としては、2度の申立てを要することを予定しておく必要がある。実務上の利用に当たっては、仮処分申立てに先行して、後述の弁護士会照会制度その他の執りうる調査手段がない場合に利用するという選択をすることになろう。

ただし、定期金の支払を命じる仮処分である場合には、当該定期金の支払期限から民事保全法43条2項の期間を起算すべきと解されており（最一小決平成17年1月20日裁判集民216号57頁）、その後に支払期限が到来するものについて、財産開示手続によって判明した債務者の財産に対する強制執行の申立てをすることが可能であると考えられる[*11]。

4　一般の先取特権の場合

一般の先取特権を有する債権者が申立人となる財産開示手続は、改正前と同様である（民執197条2項）。

5　財産開示事件の記録の閲覧

民事執行法197条1項柱書と同様、同法201条2号の除外文言が削除され、金銭債権について強制執行の申立てに必要とされる債務名義の種類を問わず同法17条の規定による財産開示期日に関する記録の閲覧、謄写を請求することができる。

*8　鷹取・前掲*3　14頁。

*9　執行力のある債務名義の正本及び同送達証明書は、財産開示手続申立事件が終了するまで還付されない。http://www.courts.go.jp/tokyo/saiban/minzi_section21/zaisankaizi/index.html

*10　内野編著・前掲*2　27頁においても、法制審議会の調査審議の過程を紹介するにとどまっており、現段階での弁護士実務上では、保守的にとらえて、改めて金銭の支払を命ずる仮処分命令を得た上で強制執行を申し立てるか、仮差押命令を申し立てることになるであろう。

*11　金法2118号40頁。

6　罰則の強化

旧206条で、開示義務者（債務者又はその法定代理人若しくは代表者）の手続違反に対して、過料の制裁を加えていた規定を削除し、205条1項（陳述等拒絶の罪）にあたる新213条1項に5号が新設された。

財産開示手続において、開示義務者が正当な理由なく、呼び出しを受けた財産開示手続に出頭せず、又は財産開示期日において宣誓を拒んだ場合、宣誓した開示義務者が、正当な理由なく陳述を拒み、又は虚偽の陳述をした場合には、6月以下の懲役又は50万円以下の罰金が科されることとなった。

従来、過料は、制裁としては弱いものの、裁判所に対する上申を行えば発令されていたといわれている[*12]。今後、弁護士が債権者側で関与する場合には、例えば、開示義務者が正当な理由なく財産開示期日に出頭しなかったとして、捜査機関に告発することが考えられるが、刑罰化されたことにより、起訴不起訴の判断は検察官の裁量に委ねられることになる。捜査機関には、司法制度の信頼維持に不可欠な制度として、適切な捜査と刑罰権の行使が求められる。後述のように、決定や呼出状の送達は、公示送達によって行うことができるが、その場合でも、処罰は可能である[*13]。

他方、債務者側で弁護士が関与する場合としては、開示義務等に応じられなかった正当な理由についての上申や資料収集に関する相談などが考えられる。正当な理由の有無は、個別の事件の裁判所の判断によるため、今後の事例の蓄積を待たないと具体的な基準を示すことは困難であるが、例えば、出頭できないほどの疾病に罹患していること、財産及びその内容を説明する資料が第三者の管理下にあって、物理的に調査が困難である場合や、財産状況を開示することで刑事訴追を受け又は有罪判

*12　第198回国会　法務委員会　第8号議事録三上参考人発言。http://www.shugiin.go.jp/internet/itdb_kaigiroku.nsf/html/kaigiroku/000419820190403008.htm
*13　内野編著・前掲*2　39頁。

決を受けるおそれがあると主張することが考えられる。

7　改正の影響を受けない規律

今回の改正を契機として、初めて本手続の利用を検討する場合も少なくないと思われるので、今回、改正されなかった事項の実務上の留意点にも触れておく。

197条１項は、先に実施した強制執行の不奏功、又は、知れている財産に対する強制執行を実施しても、申立人が請求債権の完全な弁済を得られないことの疎明を必要としている。

後者の完全な弁済を受けられないことの疎明については、仮差押えを申し立てる際に、対象財産が不動産以外の場合に行う疎明方法と同様の方法で債務者の住所所在地の不動産登記事項証明書の提出等[*14]により債務者名義の不動産がないことを確認する方法が用いられる[*15]。不動産が存在しても、市場価格を調査して時価を裏付け、乙区欄の担保権の存在状況から、余剰の有無や程度を疎明できるであろうから、弁護士の実務感覚としては、違和感はないであろう。

197条３項は、財産開示手続が実施された後、３年以内は、原則として再実施をすることができないと定めている[*16][*17]。この場合には、前述

---

*14　住居表示と登記上の所在表示に差異がある場合には、民事保全申立手続において要求されるのと同様に、ブルーマップ又は公図と住宅地図の提出を求められることがある。

*15　金法2118号42頁。

*16　民事執行法197条３項の「債務者が申立ての日前３年以内に財産開示期日においてその財産を開示した者でないこと」の要件は、申立ての段階においては、明示的な主張立証を要しないこととなっている。ただし、過去３年内に全部の財産を開示したことが実施決定前に裁判所に明らかになった場合には、申立人は、一部の財産の非開示（１号）、新たな財産の取得（２号）又は雇用関係の終了（３号）の要件を立証する必要があり、その立証がなければ申立ては却下される。https://www.courts.go.jp/tokyo/saiban/minzi_section21/zaisankaizi/index.html

*17　債務者が当該財産開示期日において一部の財産を開示しなかつたとき、債務者が当該財産開示期日の後に新たに財産を取得したとき、当該財産開示期日の後に債務者と使用者との雇用関係が終了したときには、３年以内であっても再度の財産開示手続を実施できるとされており、これらの事由の疎明ができれば、開示手続は可能である。

の記録の閲覧を行うことになる。

202条1項は、債権者は、財産開示手続により得られた債務者の財産又は債務に関する情報を、当該債務者に対する債権をその本旨に従って行使する以外の目的のために利用し、又は提供してはならないものとされている。これに反した場合の過料の制裁は、214条1項（改正前民執206条1項）でも維持されている。したがって、代理人として関与した弁護士としても、債権者から依頼されて取得した情報を他の依頼者その他の第三者に提供してはならないと解される。

財産開示手続の開始決定や財産開示期日の呼出状の送達を公示送達の方法によって行うことができる。この点は、改正前でも同様ではあったが、公示送達の方法によって呼び出しても、実際の出頭の見込みがないため、意味がなく、認められないという考え方もあり得た。しかし、本改正法により、債務者本人に対する財産開示手続後に、登記所及び市町村等に対する情報開示手続の利用ができるようになったため、意味があり、この点の疑義が解消されたといえる[*18]。

8　具体的利用方法[*19]

(1)　管轄裁判所

債務者の普通裁判籍の所在地を管轄する地方裁判所（民訴4条、民執196条）。この管轄は専属管轄である（民執19条）。債務者が判決等に記載の住所から移転している場合は、住民票、戸籍の附票等でそのつながりを証明する必要がある。

(2)　申立手数料（収入印紙）

*18　相澤眞木＝塚原聡編著『民事執行の実務〔第4版〕債権執行編（下）』（金融財政事情研究会、2018年）334頁、内野編著・前掲*2 39頁。

*19　https://www.courts.go.jp/tokyo/saiban/minzi_section21/zaisankaizi/index.html

1件2,000円である（民訴費用法3条別表第1の11の2イ）。

一人の債権者が、一人の債務者に対して、複数の債務名義に基づいて申立てをする場合も1個の申立てとなる。

数名の債権者が、一人の債務者に対して申し立てる場合、数個の申立てとなるため、人数分の申立手数料が必要となる。

同一の債務名義に複数の債務者が記載されている場合も、財産開示手続の性質上、債務者ごとに別事件として申立てをすることが必要となる。

(3)　予納郵便切手

6,000円（500円×8枚・100円×10枚・84円×5枚・50円×4枚・20円×10枚・10円×10枚・5円×10枚・2円×10枚・1円×10枚）

(4)　添付書類

資格証明書、委任状（※ 債務名義の記載から名称、住所等の変更がある場合には履歴事項証明書・戸籍謄本、住民票写し等）

執行力のある債務名義の正本とその送達証明書、債務名義が更正されている場合は、その決定正本とその送達証明書、債務名義が家事審判の場合は、その確定証明書（条件成就執行文又は承継執行文が付与された場合は、同執行文の謄本及び証明文書の謄本が送達されていること、請求が確定期限の到来に係る場合は、その期限が到来していること等の証明文書）

債務名義等還付申請書（受書を含む。）

上記債務名義正本等の写し（原本を提出する場合）

(5)　証拠書類

・197条1項1号申立ての場合には、強制執行又は担保権の実行における配当等の手続（申立ての日より6か月以上前に終了したものを除く。）において、申立人が金銭債権（被担保債権）の完全な弁済を得ることができなかったこと（民執197条１項１号及び２項１号）の要件を証明する文書を証拠として提出する。

すなわち、６か月以内に実施された動産、不動産若しくは債権に対する強制執行又は担保権の実行における配当若しくは弁済金の交付において、申立人が金銭債権（被担保債権）の完全な弁済を得ることができなかったことについて、配当表又は弁済金交付計算書の写しのほか、必要に応じて、開始決定正本写し又は差押命令正本写し、配当期日呼出状写し等の提出をする。債務名義に奥書がなく、配当表又は弁済金交付計算書の写しからだけでは、財産開示手続における債務者に対するものか判断できない場合、債務者の氏名、住所の記載のある開始決定正本写し又は差押命令正本写し、配当期日呼出状写し等の提出が必要になる。

・197条１項２号申立ての場合には、知れている財産に対する強制執行（担保権の実行）を実施しても、申立人が当該金銭債権（被担保債権）の完全な弁済を得られないこと（民執197条１項２号及び２項２号）の要件を疎明する文書を提出する。

すなわち、申立人が、債権者として通常行うべき調査を行った結果、知れている財産がどれだけ存在するのか、そしてそれらの財産に対する強制執行（担保権の実行）を実施しても、請求債権の完全な弁済を得られないことについて、その疎明として、「財産調査結果報告書」に記載される資料を提出する。

不動産については、居住地、所在地（本店、支店）等の不動産を調査したが、これを所有していないことあるいは所有していても無剰余であることを記載し、これを裏付ける登記事項証明書等を添付する。

債権については、債務者の属性が、法人、個人とも、預貯金口座を調査したが不明であるか、あるいは残額では完全な弁済が得られないこと、法人や個人事業者であれば、営業内容から通常予想される債権について調査したが、完全な弁済を得られる財産が判明しなかったこと、個人であれば、勤務先を調査したが不明であるか、あるいは給料等のみでは完全な弁済を得られないことを記載し、これを裏付ける文書がある場合には添付する。

動産、その他の財産については、不明であるか、あるいは価値がないことを記載し、これを裏付ける文書がある場合には添付する。

・債務者が申立ての日前３年以内に財産開示期日においてその財産を開示した者でないこと（民執197条３項）については、申立ての段階においては、明示的な主張立証を要しないと考えられている。ただし、過去３年内に全部の財産を開示したことが実施決定前に裁判所に明らかになった場合には、申立人が、一部の財産の非開示（１号）、新たな財産の取得（２号）又は雇用関係の終了（３号）の要件を立証する必要があり、その立証がなければ申立ては却下されることとなる。

9　実施決定後の手続の流れ

東京地方裁判所民事21部の取扱いでは、実施決定が確定後、１か月ほど後の日が財産開示期日として指定される。財産開示期日の約10日前の日が債務者等（開示義務者）の財産目録提出期限と指定される。提出された財産目録は、民事執行法201条に掲げられた者に限り、財産開示期日前においても閲覧、謄写することができる。

開示義務者が財産目録を提出した後は、債務者の同意がない限り、財産開示手続申立事件を取り下げることはできない（民執20条、民訴261条２項）。

申立人（申立人が法人の場合は代表者）、同代理人弁護士、同許可代理人は、財産開示期日に出頭し、執行裁判所の許可を得て、開示義務者に対し質問することができる（民執199条４項）が、根拠のない探索的な質問や債務者を困惑させる質問は許可されない。

財産開示期日の円滑な実施のため、質問がある場合は、事前に質問書の提出が求められる。

執行力のある債務名義の正本及び同送達証明書（同確定証明書も同様）は、財産開示手続の実施決定が確定又は事件が取下げ等で終局するまで還付されない。

開示義務者が財産開示期日に出頭しなかった場合、財産開示手続は終了する。その後、債権者代理人として対応している場合には、登記所又は市町村等への情報取得手続を申し立てるか否かを検討することになる。

第3　第三者からの情報取得手続の創設

本改正法は、執行裁判所が、債務名義を有する債権者の申立てにより、債務者以外の第三者に対して、債務者の財産に関する情報提供を命ずる決定をし、この決定を受けた第三者が、執行裁判所に当該情報の提供をする制度を創設した。以下に述べるとおり、登記所から不動産に関する情報を取得する手続、市町村等から債務者の給与債権（勤務先）に関する情報を取得する手続、金融機関から債務者の預貯金債権等に関する情報を取得する手続がある。強制執行開始のための一般的要件と、先に実施した強制執行等の不奏功等の要件は、３種の手続のいずれでも充たさなければならないが、財産開示手続を前置する必要があるのは、不動産及び給与債権（勤務先）に関する情報取得手続のみで、預貯金債権に関する情報取得手続では不要としている。

債権者代理人の立場からは、密行性に限界があるとはいえ、債務者の財産をある程度広く調査することが可能となり、依頼者に対して、この手続の活用により、回収を可能とする場面が増えたことを前提とした提案を行うことが可能となっている。

他方、債務者側から見ると、従前は、一部の金融機関において、弁護士会照会による開示がなされていたものを除いては、網羅的な財産開示がなされることはなかった。今般の改正により、強制執行の不奏功等の要件があるとはいえ、送達が公示送達でなされた場合には、債務者の知らないところで、網羅的な財産調査がなされる場合もあり、失うことのできない財産のある債務者から、依頼や助言を求められた弁護士の立場では、個人再生手続の申立てなど、状況に合った手続の提案が要請されることになると考えられる。

また、第三者の立場である、市町村等及び金融機関等から、本手続へのかかわりに関して、弁護士が意見を求められることも考えられる。

1　不動産に関する情報取得手続

(1)　現状の弁護士実務における情報取得手段

現状では、債務者が有する不動産の情報を得る手段としては、住所所在地にある不動産の登記事項証明書を取得することは一般に行われているが、網羅的に債務者名義の不動産を調査できる手段は見当たらない[*20]。

債務者が会社である場合には、債権者は、会社法442条の計算書類等の閲覧権を行使でき、さらに、債権者が株主であって、請求する債権が株主としての権利である場合には、株主の会計帳簿閲覧権（会社433条）を利用することも考えられ、また、基本取引契約書などで、定期的に決算書の提出を徴求できるように定めて、それを実践している例もあるが、利用できる場面は限定されていた。

(2)　改正後の情報取得手段

*20　相続事件など、依頼者以外の名義人の不動産を調査することに正当な理由がある場合には、固定資産税課税台帳（いわゆる「名寄帳」）の閲覧に変わるコピーの取得が考えられる。

205条により、手続の対象となるべき情報の具体的範囲は、民事訴訟規則189条により、債務者が所有権の登記名義人である土地等の存否及びその土地等が存在するときは、その土地等を特定するに足りる事項とされている。法制審議会の審議の過程では、土地又は建物の所有権のほか、これに準じる権利として地上権が挙げられており、これらについての債務者名義の不動産（土地・建物）の所在地や家屋番号が開示される。情報を提供する登記所が、小規模な登記所も含めたものとなるのか、一部の登記所に集中させるのかは未定であり、今後、法務省令で定められることになる。

申立権者は、債務名義の種類による限定はなく、また、一般の先取特権を有している債権者も含まれる。

205条１項ただし書により、執行開始できる状態であることが要求されていることから、債務名義の正本が債務者に送達されている必要がある。対象債権が期限付きであれば、期限が到来している必要があり、条件付きであれば、条件が成就していることが必要である。これらの場合、執行文付与を受けて送達が必要であることは通常の強制執行の場合と同様である。

205条１項１号及び２号は、197条１項及び２項の事由の疎明を要求しており、本制度を申し立てる前提として、先に実施した強制執行の不奏功の結果又は知れている財産に対する強制執行では完全な弁済が得られないことの疎明が必要である。

205条２項は、不動産情報を取得する前３年以内に、債務者に対する財産開示手続が行われていることを要求している。この前置されるべき財産開示手続の申立ては、当該債権者が行ったものに限らない。

３年以内に財産開示手続が行われているかを知るには、裁判所に、財産開示期日実施証明申請を行う。

裁判所が不動産に関する情報の提供を登記所に命ずる旨の決定をしたことに対する不服申立てに関し、弁護士が、債務者代理人として対応する場合、1週間の不変期間内に執行抗告（10条）を申し立てることができる（205条4項）。

本制度の運用は、他の制度と異なり、法律の公布の令和元年5月17日から起算して2年を超えない範囲内において政令で定める日以降となる（附則5条）。

2　給与債権に関する情報取得手続

(1)　従来の弁護士実務における取得手段

事業者でない個人の債務者の資産状況を調査する手段は極めて限られている。例えば、各種ローンや不動産賃借の申込みに際して、預貯金その他の財産の状況を記載した申出書や関係書類の提示を受けることが行われ、債権回収を要する場面で利用されている。今回の改正では、喫緊の問題として、養育費その他の扶養料や生命身体侵害の損害賠償金の未払への対応が取り上げられた。同居期間中は、預貯金、保険、有価証券の存在や残高について知りうる手段があり、また、勤務先も通常は把握できていることが多いといえるが、別居後、時間が経過すると、転職し、勤務先が把握できないこともまれではない。このような場合、従来の弁護士実務では、勤務先を調査するための汎用的な手段は存在しなかった。

(2)　扶養等債権及び生命身体侵害の損害賠償請求権の場合の新たな情報取得手段

151条の2第1項各号に掲げる債権、すなわち、夫婦間若しくは親子間等の扶養義務に係る請求権[*21]又は人の生命若しくは身体の侵害による

*21　民法752条の規定による夫婦間の協力及び扶助の義務、民法760条の規定による婚姻から生ずる費用の分担の義務、民法766条（同法749条、771条及び788条において準用する場合を含む。）の規定による子の監護に関する義務、民法877条から880条までの規定による扶養の義務。

損害賠償請求権を有する債権者から依頼を受けた弁護士は、給与債権に関する情報取得手続として、市町村（特別区を含む）又は日本年金機構及び厚生年金保険の実施機関[*22]への勤務先情報の取得が可能となった（206条）。

市町村（特別区を含む）が得ている情報は、毎年1月に提出される給与支払報告書等により得られる情報である（地方税法317条の6第1項）。したがって、必ずしも現に勤務している就業先が判明するとは限らないことに注意を要する。

厚生年金の実施機関の中には、所管事務の範囲によっては、当該債務者の勤務先情報を保有していない場合があり得るので、弁護士が申立てを行うに際しては、勤務先や所属の種別（例えば、○○市立○○中学校の会計担当職員）を特定し、関係可能性のある共済組合に問い合わせるべきと考えられる。絞り込みが困難であれば、複数の公的機関を同時に選択することも可能と考えられる[*23]。

債務名義の種類は問われないが、情報取得手続申立ての要件として、不動産に関する情報取得手続と同様に197条1項及び2項の事由の疎明を要求しており、本制度を申し立てる前提として、先に実施した強制執行の不奏功の結果又は知れている財産に対する強制執行では完全な弁済が得られないことの疎明が必要である。

また、強制執行を開始できる状態であることも要求されていること、債務者に対する3年以内の財産開示手続の前置が要求されていること、不服申立てを行う場合の規律も前述の不動産情報取得の場合と同様である。

*22 厚生年金保険の実施機関であっても、地方公務員共済組合連合会は、組合員や年金受給者に関する個人情報を有していないので、本条1項2号の対象となっていない。

*23 内野宗揮ほか「民事執行法の改正の要点⑵——金融実務に関連する項目を中心に——」金法2120号23頁。

3　預貯金債権等に関する情報取得

(1)　現状の弁護士実務における情報取得手段

従来から、いくつかの弁護士会と一部の銀行との協定に基づき、債権者が債務名義を有する場合、弁護士法23条の２第２項に基づく弁護士会照会によって債務者の同意を得ずに、債務者名義の預貯金口座の有無、支店及び残高等の回答を受けることができるようになっている[*24]。密行性がある点は利点であるが、照会可能先が限られている。

(2)　改正後の情報取得手段

207条は、この一部の銀行のみならず、各種金融機関を含めた「銀行等」が保有する預貯金の情報及び証券保管振替機構及び日本銀行並びに銀行及び証券会社といった金融商品取引業者である「振替機関等」[*25]が保有する国債や上場株式といった「振替社債等」の情報を得ることを可能にした。

207条も、205条及び206条と同様、１項及び２項により、債務名義を有する債権者であれば種類を問わず、また、一般の先取特権を有することを証する文書を提出した債権者に申立権がある。

執行力のある債務名義の正本に基づいて強制執行を開始できることが

*24　例えば、東京弁護士会では、2019年11月までに三菱UFJ銀行、三井住友銀行、みずほ銀行、みずほ信託銀行及びゆうちょ銀行と協定を締結している。各金融機関によって、執行証書での照会の可否、確定証明書の要否及び弁護士会に納付する手数料に加えて支払う手数料の要否が異なっている。

*25　ここでいう「振替機関等」とは社債、株式等振替に関する法律２条５項にいう振替機関及び口座管理機関をいう。振替機関に該当するのは、証券保管振替機構（国債以外）及び日本銀行（国債）である。口座管理機関とは、同法44条に定められた一般投資家のための口座を開設する証券会社、銀行その他の金融商品を扱う業者である。本改正法では、いずれにも情報提供を求めることは可能である。いずれの振替機関等に対して申し立てることが適切かは、それぞれに保有する情報が異なることから、実務の蓄積を待つ必要があると思われる。

必要である点、先行する強制執行の不奏功の結果又は知れている財産に対する強制執行では完全な弁済が得られないことの疎明を要する点、不服申立手続も不動産及び給与支払者情報の取得の場合と同様である。ただし、登記所や市区町村等と異なり、金融機関は、差押えがなされた場合には、裁判所書記官からの催告に対して、陳述をしなければならないことから、もともと、債務者に対する守秘義務がいつでも解除される状態にあること、また、他の資産と異なって預貯金は処分されやすく、密行性*26への配慮も必要であると考えられたことから、財産開示手続を前置する必要はないとされている。

4 具体的利用手続

⑴ 管轄裁判所

原則として、債務者の普通裁判籍の所在地を管轄する地方裁判所である。普通裁判籍がないときは情報の提供を命じられる者（第三者）の所在地を管轄する地方裁判所である。専属的管轄とされている。

⑵ 申立手数料（収入印紙）

1個の申立てにつき1,000円とされている。債務名義が複数あっても、第三者の数が複数あっても、1名の債権者が、1名の債務者に対して行うものであれば1個の申立てとされる。

債権者が2名以上の場合は、債務名義が1通であっても申立ての個数は債権者の数による（1,000円×債権者の数）。

⑶ 予納郵便切手、予納金等

郵送で申し立てる場合は、郵便切手94円分（84円1枚、10円1枚）を

*26 強制執行の不奏功が、選択的とはいえ、要件の一つとなっており、密行性は完全ではない。

同封する。予納金を納めるための保管金提出書等が返送されてくる。保管金提出書が届いたら、次の金額の予納金を納付する。

不動産情報については、まだ定まっていない。

勤務先情報については、1件6,000円であり、第三者が1名増えるごとに2,000円ずつ加算する。

預貯金に関する情報と上場株式、国債等に関する情報については、1件5,000円であり、第三者が1名増えるごとに4,000円ずつ加算する（情報を提供する金融機関（第三者）への報酬（1か所2,000円）が含まれている）。申立書に書いた金融機関（第三者）の数のレターパック（レターパック・ライト可）も提出する（※「お届け先」に申立人の住所・氏名を記入する。）。

予納金には、上記のほか、手続で使う郵便費用が含まれている。

⑷　添付書類

資格証明書、委任状（※ 債務名義の記載から名称、住所等の変更がある場合には履歴事項証明書・戸籍謄本、住民票等）

執行力のある債務名義の正本とその送達証明書、債務名義が更正されている場合は、その決定正本とその送達証明書、債務名義が家事審判の場合は、その確定証明書（条件成就執行文又は承継執行文が付与された場合は、同執行文の謄本及び証明文書の謄本が送達されていること、請求が確定期限の到来に係る場合は、その期限が到来していること等の証明文書）

債務名義等還付申請書（受書を含む。）

上記債務名義正本等の写し（原本を提出する場合）

⑸　証拠書類

・民事執行法197条1項1号の主張をする場合

〔同号の証明資料〕

6か月以内に実施された動産、不動産、債権に対する強制執行又は担保権実行における配当か弁済金交付の手続で、申立人が債務名義に表示された金銭債権（又は被担保債権）の完全な弁済を得ることができなかったことを証明する必要があるので、配当表又は弁済金交付計算書の写しのほか、必要に応じて、開始決定正本写し又は差押命令正本写し、配当期日呼出状写し等の提出をする。

〔民事執行法205条２項の証明資料〕

財産開示期日が実施されたことの証明書、財産開示期日調書写し、財産開示手続実施決定写しなどを提出する。

・民事執行法197条１項２号の主張をする場合

〔同号の証明資料〕

債務者が不動産、債権、動産、及びその他の財産を持っているかどうかを調査し、財産がある場合は、強制執行（担保権実行）を行っても、債務名義に表示された金銭債権（又は被担保債権）の完全な弁済を得られないことを疎明する必要があるので、申立人が、債権者として通常行うべき調査を行った結果、知れている財産がどれだけ存在するのか、そしてそれらの財産に対する強制執行（担保権の実行）を実施しても、請求債権の完全な弁済を得られないことについて、その疎明として、「財産調査結果報告書」に記載される資料を提出する。

不動産については、居住地、所在地（本店、支店）等の不動産を調査したが、これを所有していないことあるいは所有していても無剰余であることを記載し、これを裏付ける登記事項証明書等を添付する。

債権については、債務者の属性が、法人、個人とも、預貯金口座を調査したが不明であるか、あるいは残額では完全な弁済が得られないこと、法人や個人事業者であれば、営業内容から通常予想される債権について調査したが、完全な弁済を得られる財産が判明しなかったこと、個人であれば、勤務先を調査したが不明であるか、あるいは給料等のみでは完全な弁済を得られないことを記載し、これを裏付ける文書がある場合には添付する。

動産、その他の財産については、不明であるか、あるいは価値がないことを記載し、これを裏付ける文書がある場合には添付する。

〔民事執行法205条２項の証明資料〕

財産調査結果報告書添付の資料と重なる場合は、再度の提出は不要である。

5　情報提供決定及び決定後の手続

(1)　申立てが認容された場合

不動産情報と勤務先情報取得手続の申立ての場合には、申立書と添付書類から要件が満たされていると判断された場合、情報提供命令が発令される。債務者に対して、情報提供命令正本が送達される。債務者は１週間以内に執行抗告をすることができる。債務者への送付と同時に、申立人に対し、情報提供命令正本が送付される。情報提供命令が確定すると、第三者に対し、情報提供命令正本が送付される。情報提供命令確定後に債務名義正本等の返還を求めることができる。申立てと同時に還付申請をしていれば、原則として、債務名義正本等は最初に提出された情報提供書の写しに同封して申立人に送付され、強制執行の準備ができる。

預貯金に関する情報と上場株式、国債等に関する情報取得手続の申立ての場合には、申立書と添付書類から要件が満たされていると判断された場合、情報提供命令が発令される。第三者に対し、情報提供命令正本が送付される。第三者への送付と同時に、申立人に対し、情報提供命令正本が送付される。債務名義正本等は、申立てと同時に還付申請をしていれば、原則として、情報提供命令正本に同封して申立人に送付されるので、強制執行の準備ができる。第三者による情報提供から１か月を経過すると、順次債務者に情報提供通知が送付されるので、その前に速やかに強制執行申立てを行うことが肝要である。

(2) 申立てが却下された場合

申立書と添付書類から要件が満たされていないと判断された場合、申立てが却下され、申立人には却下決定正本が送達される。

6　第三者が行う情報提供とその通知等について

これまでの金融機関等が、第三債務者である場合に、陳述の催告を受けて回答するという場面に加え、本改正法により、金融機関のみならず、市町村等の債務者とかかわりのある第三者が、執行手続に関して裁判所に対して回答を行う場面が加わったことにより、これらの者から、相談を受け、助言を行う場面が増えると思われる。

(1) 第三者からの情報提供と守秘義務・個人情報保護

執行裁判所から情報の提供を命じられた第三者は、民事執行法205条から207条までにより回答義務を負うとともに、これらの規定が回答行為の正当化根拠となる。それゆえ、債務者との間の合意、条例等の法令により守秘義務がある場合でも、その違反とはならない。個人情報保護法23条の法令に基づく場合に該当し、回答行為が違法となることはない。

(2) 第三者への通知義務のないこと

情報提供を命じられた第三者は、執行裁判所への回答へ先立ち、債務者に対して、何らかの通知をする必要はなく、ことに、金融機関等の場合、債務者に知れてしまうと、その財産が隠匿されてしまうおそれがあり、知られること自体を避けるべきといえる。

⑶　情報提供をしないことへの制裁

情報提供を命じられた第三者による情報提供の拒絶や虚偽の情報の提供に対して、改正法は特段の罰則を設けていない。ただし、債権執行の第三者債務者の陳述催告の手続において、執行裁判所の裁判所書記官からの陳述の催告を受けた第三者が、故意又は過失により陳述をしなかったときや、不実の陳述をしたときは、これらによって生じた損害を賠償する責任を負うとされている（147条）。この規定は、不法行為上の当然の理を定めたものと解されるので、情報提供を行わないことによって債権者に損害が発生した場合には、不法行為に基づく損害賠償責任を負う場合があるので注意を要する[*27]。

⑷　情報提供の手数料

民事訴訟費用等に関する法律28条の３は、預貯金債権等に関する情報手続においては、報酬及び必要な費用を請求できるとし、民事訴訟費用等に関する規則８条の３では、預貯金債権に関する場合も、振替社債等に関する情報提供の場合もそれぞれ2,000円（同一の金融機関が両方提供した場合には、4,000円）となる。

⑸　第三者からの情報提供

第三者は、執行裁判所から情報提供命令正本の送付を受けた場合には、書面で、債務者の財産情報の提供をしなければならない。提出期限の定めはないが、東京地方裁判所民事21部執行センターでは、第三者に、情報提供命令正本が届いてから２週間以内に送付するよう協力を求めている。第三者は、情報提供書（原本）とその写しを作成し、執行裁判所に原本と写しをともに提出するか、執行裁判所に原本を提出し、写しを

*27　内野編著・前掲 *2　152頁。

申立人に直送することになる。

(6) 申立人に対する情報提供書の写しの送付等

第三者が作成した情報提供書の写しは、執行裁判所を経由するか、又は第三者が、直接、申立人に送付する。

(7) 債務者に対する情報提供がされた旨の通知

第三者から執行裁判所に情報提供書が届くと、執行裁判所は、債務者に対し、情報提供命令に基づいて財産情報が提供された旨を通知する。

通知書は、第三者から（第三者が２人以上いる場合は、最後の）情報提供書が提出された後１か月が過ぎた時点で、事件ごとに１回送付する。通知書には、情報提供命令の写しが同封される。

これを第三者が行う必要はない。

また、この通知により、情報提供がなされたことを知った債務者から、第三者に対して、問い合わせがなされることがありうるが、前述のとおり、民事執行法に基づく義務の履行である旨を回答すれば足りる。

第４　不動産競売における暴力団員の買受けの防止

71条の５号に、最高価申出人又は自己の計算において最高価買受申出人に買受けの申出をさせた者が、暴力団員等又は法人でその役員のうちに暴力団員等に該当する者があるもの（いずれも、買受けの申出がされた時に暴力団員等であった者を含む。）であるときには、売却不許可決定をしなければならないとの規定が挿入された。

不動産の買受けの申出をしようとする者は、買受申出人が暴力団員等に該当しない旨を陳述しなければ、不動産の買受けの申出をすることができない（65条の２）。

買受申出人の氏名又は名称、個人の場合には生年月日及び性別、法人の場合にはその役員の氏名、住所、生年月日及び性別と併せて、これらの者が排除対象者に該当しないことを記載し、買受申出人が記名押印した陳述書を住民票の写し等の書類を添えて提出しなければならない（民事執行規則49条、38条７項、31条の２）。これらの事項について虚偽の陳述をした場合には、６月以下の懲役又は50万円以下の罰金に処せられ（213条１項３号）、同時に詐欺罪（刑法246条１項）、強制執行関係売却妨害罪（同法96条の４）に該当することもありうる。

日本弁護士連合会の定める依頼者の本人特定事項の確認及び記録保存等に関する規程（平成24年12月７日会規第95号）の２条１項は、弁護士等[*28]が法律事務に関連して、依頼者のために金員を預かるに際しては、原則として、依頼者の本人特定事項（自然人にあっては氏名、住居及び生年月日、法人にあっては名称及び本店又は主たる事務所の所在場所をいう。）を確認しなければならないと定めている。また、同条２項１号は、弁護士等が、不動産売買について、依頼者のためにその準備又は実行をするに際しては、依頼者の本人特定事項を確認しなければならないとしている。2019年（平成31年）３月に公表された解説書[*29]では、不動産競売手続における買受申出を明示的には指摘していない。しかし、マネーロンダリングに利用されるおそれは一般の売買と異ならず、本改正法がこれを禁じることとなった背景も、競売手続が暴力団等の資産形成に利用されている実態を踏まえたものであることに照らすと、通常の売買と区別する理由はないと思われる。

当該依頼者が暴力団等の関係者あるいは金員の出所が、暴力団等であることを弁護士が調査することは必ずしも容易ではない。しかし、このような本人確認の過程や業務遂行の過程で、事実が判明したにもかかわ

*28　弁護士、弁護士法人、外国法事務弁護士及び外国法事務弁護士法人をいう。

*29　日本弁護士連合会ＦＡＴＦ第４次対日相互審査対応に関するワーキンググループ作成の「依頼者の本人特定事項の確認及び記録保存等に関する規程（平成24年12月７日会規第95号）及び依頼者の本人特定事項の確認及び記録保存等に関する規則（平成24年12月20日規則第154号）解説書（改訂版）」。

らず、代理人として買受け手続を継続することは、65条の２に反する行為を放置し、黙認することに他ならない。この場合、違法又は不正な行為の助長（日本弁護士連合会職務基本規程14条）に該当し、懲戒処分の対象となりうる。

第５　子の引渡しの強制執行に関する規律の明確化

1　国内の子の引渡し

(1)　改正後の手続の概要

子の引渡しの強制執行については、従来の民事執行法等に明文の規定がなく、間接強制のほかに、子の所在を直接的に変更するような強制執行の方法によることがそもそも許されるのか、議論があった。実務上は、間接強制のほか、動産の引渡しの強制執行に関する民事執行法169条を類推適用して、執行官が、債権者による子の監護を解いて債権者に子を引き渡す直接強制の方法によっても行われてきたところである。

本改正法成立に向けた審議においても、間接強制前置主義を採用するか否かについて議論があり、本改正法では、間接強制前置を原則としつつも、間接強制の決定が確定した日から２週間が経過したとき、間接強制を実施しても債務者が子の監護を解く見込みがあるとは認められないといった、間接強制の実効性が期待できない場合や（174条２項２号）、子に急迫な危険が及ぶ場合には直接的な強制執行の申立てが可能となり、間接強制を一律には要求しないこととなった。

174条４項により、子の引渡しの執行機関は、執行裁判所となり、直接的な強制執行には、執行官に引渡しの実施を命ずる旨を決定することになった。

同条３項により原則として債務者審尋が必要となるが、子に急迫した危険があるときその他の審尋をすることにより強制執行の目的を達することができない事情があるときは審尋を不要としている（174条3項ただし書）。この場合に該当する場面として、子の引渡しに係る審判前の保全処分の執行が考えられる[*30]。保全処分が、債権者が債務名義の送達を受けてから2週間以内に執行しなければ失効すること、保全処分が発令されたこと自体が、この利益を総合考慮して緊急性が認められたことを意味するからである。

175条5項は、債務者と子との同時存在を要件とせず、債権者の出頭を引渡実施の要件とした。債権者が執行場所に出頭できない場合には、債権者申立て、子の利益保護のための相当性を要件に、代理人（祖父母、伯（叔）父、伯（叔）母等）を債権者に代替する旨の決定を得ればできることになった。

執行場所を債務者の住居又は占有場所とする場合は、相当性の要件充足は不要で、占有者の同意又は同意に変わる許可は不要であるが、それ以外の子の住居（祖父母の住居など）で執行する場合には、あらかじめ執行裁判所に占有者の同意に代わる許可を得ておく必要がある（175条3項）。住居以外の保育園、小学校といった場所では、執行官が子の心身への影響及び周囲の状況その他の事情から相当であって、占有者の同意を得られれば執行が可能であるが、同意権限をもつ管理者が不在である場合や、意思決定手続に時間を要することも考えると、実務的には、この場合にも同意に代わる許可を得ておくべきであろう（175条2項）。

公道や公園その他の公衆に公開される場所での執行は禁じられないが、周囲から、不法に子供を拘束しようとしているように見えてしまう危険もあり、相当性が認められにくいといえ、管理者がいる場所で行うべきであろう。

---

*30　鷹取伸哉「債務者財産の開示制度の実行性の向上」ひろば72巻9号36頁。

(2) 執行官・執行裁判所の権限と弁護士の協働

債権者の出頭が引渡実施の着手の要件でもあり（175条５項)、代理人弁護士も当然、立ち会って、状況に応じて、債権者を指導するべきである。

施錠されている場所に出向く際には解錠技術者の同行が必要であり、立ち入り先に、住居主、その代理人又は同居の親族若しくは使用人その他の従業者で相当のわきまえのあるものに出会わない可能性がある場合には、立会人（７条）を同行する必要があるのは、他の執行手続と同様である。改正法上、この立会人に特段の資格や要件は要求されていない。しかし、子が安心して債権者へ引き渡されるようにするためには、弁護士が、対象となる子の年齢相応に、応対になれた者を選任するように手配できると円滑に進みやすいように思われる。

2　国際的な子の引渡し

本改正により、ハーグ条約実施法も改正された。同法の子の引渡しに関する規定は、民事執行法上の子の引渡しに関する規律に合わせて改正され、両者の規制は、基本的に同じ態様で行われることになった。

ただし、ハーグ条約実施法134条１項は、民事執行法171条の規定によるとされており、代替執行によることとなっている。これは、ハーグ条約実施法に基づく子の返還は、債務者による子の監護を解き、返還の実施が可能な状態にする「解放実施」と、子を常居所地国に連れていく「返還実施」の２態様から構成されるもので、前者は執行官により実施可能であるが、後者は不可能であり、適切な第三者を選任して債務者の代わりに行わせる（代替的作為義務を履行する）方法によることになるからである。

第6　差押禁止債権

152条1項2号と民事執行法施行令2条1項1号により、例えば、月額給与の場合33万円を超えるときは33万円（それ以下の場合には、給与の4分の3に相当する部分）は差押えをしてはならないと規定されているが、個別事情でこれを変更しうると定めている（153条1項）。

しかし、この変更制度を利用せずに困窮した状態を続けている場合が少なくないと指摘されている。そこで、145条4項は、裁判所書記官が、差押禁止債権の範囲の変更の申立てをすることができる旨を教示しなければならないこととした。これにより、弁護士は、差押禁止債権変更申立ての相談を受ける機会が増えることが予想される。

155条2項は、差押えの対象が給与をはじめとする152条1項各号の債権である場合には、原則として、取立権の発生時期を繰り下げて、債務者に対して差押命令が送達された日から4週間を経過したときと定めた。これにより、債務者の代理人となった弁護士は、この期間前に差押禁止債権の範囲の変更の申立てを準備し、次の支給日前に変更の決定を得るよう努めることができる。また、雇用者である企業等に助言をする立場であれば、第三債務者として取立てに応じるにあたり、範囲の変更決定が送達されていないかにも注意を払うよう促すべきである。なお、差押え債権者の債権に151条の2第1項各号に掲げる扶養義務等に係る金銭債権が含まれているときの取立権発生時期は、従前どおり、1週間経過したときである。

第7　債権執行事件の終了に関する規律の見直し

一般に預貯金の場合に行われる差押転付命令であれば、命令が確定すれば、事件としては終了する。また、差押命令の場合、差押債権額の一部又は全部の支払を受け、その届出とともに取下げを行えば、事件として終了する。

しかし、差押えが全く奏功しなかったり、取立費用に満たなかったりすることがありうる。155条5項は、取立可能となった日から2年を経過したときは、その旨を執行裁判所に届け出なければならないこととし、さらに4週間以内にこれらの届出がされないときは、執行裁判所が職権で、差押命令を取り消すことができることとした（同条6項）。債権者代理人としては、執行手続を維持するのであれば、かかる届出を行うこととなるが、取り立てられる見込みがなければ、取り下げるのが合理的であろう。

また、差押命令が未送達のまま放置されてしまう場合にも職権で取り消せることとなった（145条7項8項）。債権者代理人としては、速やかに新たな送達先を調査して申し出るか、公示送達の申立てを行う必要がある。

（やまざき・ゆういちろう）

第5章　民事執行法改正と家事実務に与える影響

早稲田大学大学院法務研究科教授　内田　義厚

第1　はじめに

民事執行法は、制定後数度にわたる改正を経ているが、ここ最近における特徴は、家事関係債務の履行確保や実効的実現のための改正が相次いでいるという点である。2003年の改正では、扶養義務等債権についてのいわゆる予備差押えの制度が新設され（民執151条の2）、また、差押禁止債権の範囲についても特則が設けられるなどした（同法152条3項）。そして、これらの制度は、現在もよく利用されており、改正の成果が上がっているといわれている。そして、2004年の改正においては、同じく扶養義務等債権に限定して、一定の要件の下ではあるが、間接強制による執行が認められることとなった（同法167条の15）。これらは、金銭債権の履行確保のための間接強制の肯定という点で、これまで民事執行における通念とされてきたものに対して例外を認めたものであり、注目を集めた。また、民事執行法の外ではあるが、2013年に子の奪取に関する民事上の側面に関する条約（以下「ハーグ条約」という。）を我が国が批准したことに伴い、その国内実施法（以下「ハーグ国内実施法」という。）において、子の引渡しの強制執行に関する規律が定められるなどの大きな動きがみられた。そして、このような流れの中で今回の民事執行法の改正をみると、大別して二つの大きな流れがあることを指摘できる。第一は、上記した扶養義務等債権の履行確保や実効的実現の観点から行われた改正であり、財産開示手続の見直しと債務者財産に関する第三者からの情報取得制度（両者を合わせて「債務者財産調査制度」という。）が該当する。そして第二は、子の引渡しの強制執行について、民事執行法上に明文規定が置かれるとともに、その規律内容について、上記ハーグ国内実施法の規律を大きく改め、新たな制度としてスタートしたという点である。本稿では、このような二つの流れに即して、各制度について概説した上、その実務的影響について考察する。そして、実務的影響については、その利用者及び手続の担い手の視点から、それぞれが留意すべき事項は何かという点に焦点を当てて検討していくこととする（なお以下では、今回の改正前の民事執行法を「旧法」といい、改正後の同法を「改正法」という。民事執行規則も同様に「旧規則」、「改正規則」という。また、ハーグ国内実施法は、今回の改正前のものを「旧ハーグ国内実施法」、改正後のものを「改正ハーグ国内実施法」という。）[*1]。

第2　債務者財産調査制度と家事実務

1　債務者財産開示手続

改正法は、従来、開示手続が可能な債務名義から除外されていたものについても、財産開示手続の申立てが可能な債務名義とした（改正民執197条1項本文）。例えば、仮執行宣言が付された判決、支払督促、公証人が作成する執行証書といったものである。このうち、家事債務との関係で注目すべきは、執行証書（公正証書）が加わったという点である。近時は、離婚に際して、親権等の帰属や離婚に伴う様々な給付（養育費、

*1　立法担当者による解説として、内野宗揮ほか編著『Q&A 令和元年改正民事執行法制』（金融財政事情研究会、2020 年）がある。また、同制度の実務運用について執行裁判所の立場から紹介するものとして、東京地裁民事執行センター「第三者からの情報取得手続の運用イメージ」金法 2132 号 6 頁［剱持淳子］がある。

財産分与等）を取り決めるに当たって、離婚公正証書が活用されるようになっているとのことであり、金銭給付の条項に執行受諾文言が付されれば債務名義としての効力を認められるので（改正民執22条5号）、これに基づく財産開示手続の開始申立てが可能になる。また、開示義務の不履行（期日への不出頭、虚偽陳述等）についての罰則も強化されているので（改正民執213条1項）、債務者自身による開示を促進するといった効果も期待される。

2　第三者からの債務者財産情報の取得

新設された、第三者からの債務者財産に関する情報取得制度は、債務者の不動産、給与債権及び預貯金債権等に関する情報を強制執行前の段階で取得することを可能にするものであり、権利、特に金銭債権の実効的実現の観点から活用が期待される制度である。そして、家事実務との関係で最も活用が期待されるのが、給与債権に関する情報取得制度であるが、預貯金債権等に関する情報取得制度も、家事関係債務の履行確保にとっては重要な場合もあることから、これについても言及する。

(1)　給与債権に関する情報取得制度の概要

改正法206条は、債権者からの申立てに基づき、裁判所が、地方税を扱っている市町村や、日本年金機構や各種共済組合をはじめとする厚生年金保険事務取扱者に対し、債務者の給与債権に係る情報提供を命じることができるとした。もっとも、このような情報は、債務者の個人情報として保護の必要が高いと考えられることや、上記各機関においては、このような情報の目的外利用が法令で禁止されていることなどを踏まえ、かかる申立てが認められる要件については、①不奏功要件（強制執行が不奏功又は不奏功に至る見込みがあること。改正民執197条1項）のほか、②財産開示手続の前置が必要とされている。また、執行できる債権も一定範囲のものに制限されている。すなわち、(a)扶養義務等にかかる定期金債権（夫婦間の協力扶助に関する義務にかかる定期金債権、婚姻費用分担義務にかかる定期金債権、養育費などの子の監護に関する義務にかかる定期金債権等）又は(b)人の生命もしくは身体の侵害による損害賠償請求権[*2]のいずれかが執行債権となる場合に限定されている。このように、申立てをなしうる者あるいは債権について限定を加えた趣旨は、給与債権に対する情報が第三者に開示され、債権者が給与債権を差し押さえるに至った場合には、一般に債務者の生活に与える影響が多いと考えられることから、第三者から債務者の給与債権に関する情報取得を求めることができるのは、特にその必要性が高い場合に限定するのが相当であるという考え方に基づくものである[*3]。そして、改正規則190条1項によれば、市町村が提供すべき情報の内容については、債務者に給与の支払をする者の存否並びにその者が存在するときは、その者の氏名及び住所（その者が国である場合にあっては、債務者の所属する部局の名称及び所在地）となっている。また、同条2項によれば、日本年金機構等が提供すべき情報の内容については、債務者に報酬又は賞与の支払をする者の存否並びにその者が存在するときは、その者の氏名又は名称及び住所（その者が国である場合にあっては、債務者の所属する部局の名称及び所在地）となっている。

(2) 預貯金債権等に関する情報取得制度の概要

家事事件での給付義務については、養育費等の扶養義務に係る債権のほか、離婚や相続に伴う種々の金銭債権（慰謝料、財産分与、遺産分割での代償金等）もある。そして、これらの履行確保も重要な課題になるが、その際に利用が考えられるのが、預貯金債権等に関する情報取得制

*2　債務者（加害者）の行為により債権者がPTSDを発症するなど精神的機能の障害が認められるケースにおいては、その損害賠償請求権がいわゆる慰謝料請求権である場合も含め、「身体の侵害による損害賠償請求権」に含まれると解される。内野ほか・前掲*1　102頁。

*3　内野ほか・前掲*1　98頁。

度である。これにつき、改正法207条は、金融機関に対する預貯金債権に関する情報提供制度と、振替機関等（日本銀行、証券保管振替機構、証券会社等）に対する振替社債等の情報提供制度の二つを規定した。そして、かかる情報提供申立てが認められるためには、給与債権の場合とは異なり、強制執行が不奏功又は不奏功に至る見込みがあることのみが要件とされ、財産開示手続前置等の他の要件は必要とされていない。これは、預貯金債権や振替社債等は、不動産などに比べて流動性が高く、情報提供決定の送達などで強制執行の動きを察知されると隠匿等がされる危険性が高いという点が考慮されたものである*4。また、金融機関等の情報提供義務は、従来から、差押え後においては（預貯金債権の存否及び額等に関する）陳述義務という形で法定されており（改正民執147条）、ここでの情報提供義務はその延長線上の制度と考えられることなども理由になっていると考えられる。

申立てに当たって特に留意すべき点は、債務者の特定と考えられる。この点、規則においては、できる限り、債務者の氏名又は名称の振り仮名、生年月日及び性別その他の債務者の特定に資する事項を記載する必要があるとされており（改正民執規187条２項）、特に預貯金債権の場合には、その性質上第三者において迅速に特定してもらう必要性が高いことから、債権者においても種々工夫する必要がある*5。家事実務の場面でいえば、離婚後の旧姓への復氏などから特定が困難になる場合もあると考えられるが、上記特定に資する事項を記載することで特定していくことになるものと考えられる。

次に、改正規則191条１項によれば、預貯金債権に関する情報取得手続において、銀行等が提供する情報の内容は、債務者の預貯金債権の存否並びにその預貯金債権が存在するときは、その預貯金債権を取り扱う店舗並びにその預貯金債権の種別、口座番号及び額とされている。また、

*4　内野ほか・前掲*1　134頁。
*5　具体的な記載方法については、東京地裁民事執行センター・前掲*1　15頁参照。

同条2項によれば、振替社債等に関する情報取得手続において、振替機関等が提供すべき情報の内容については、債務者の有する振替社債等（振替社債等であって、情報の提供を命じられた振替機関等の備える振替口座簿における債務者の口座に記載され、又は記録されたものに限る）の存否並びにその振替社債等が存在するときは、その振替社債等の銘柄及び額又は数とされている。このようなことからすれば、債権者は、申立てをするに当たり、情報の提供をすべき銀行等や振替機関等を具体的に選択する必要があることになり、事案によっては銀行等や振替機関等を複数選択して、同時に申立てをする必要が出てくると考えられる[*6]。

そして、情報取得の要件の立証については、上記のとおり、財産開示手続前置が不要とされたことから、債務名義を有する債権者において強制執行開始の一般的要件及び不奏功要件を満たしていることの立証が必要であり、かつそれで十分ということになる。実務的には、不奏功要件の証明がポイントということになろう。また、不服申立てについては、その申立てを却下する決定についてのみ執行抗告が可能とされ、申立てを認容した場合の債務者からの執行抗告は認められていない（改正民執207条3項）。この点は不動産や給与債権に関する情報取得手続と大きく異なる点である（債務者からの執行抗告を認めることにより、その間に預貯金が隠匿等されてしまうことを防止する必要があることが考慮されたものである[*7]。）。したがって、実務的には、情報取得命令が発令されれば、不服申立ての有無を待つことなく、情報が提供されるということになる。

3　留意点

以下では、第三者からの債務者財産情報の取得制度に絞って検討する。

*6　内野ほか・前掲*1　113頁、東京地裁民事執行センター・前掲*1　13頁。
*7　内野ほか・前掲*1　136頁。

(1)　執行力ある債務名義の正本

申立てに当たっては、給与債権の場合も預貯金債権等の場合も、執行力ある債務名義の正本が必要になる。債務者財産情報の取得も強制執行の一環といえるからである。債務名義として家事関係で想定されるものとしては、主として、判決、家事審判、和解調書、家事調停調書などであり、このうち、金銭の支払を命ずる旨の家事審判、家事事件手続法別表第二に掲げる事項に関する調停調書等（婚姻費用や養育費等）については、執行文は不要である。もっとも、これら執行文が不要とされている債務名義であっても、民事執行法27条の特殊執行文（条件成就執行文又は承継執行文）が必要な場合は、該当する執行文が必要となることに注意が必要である[*8]。

また、離婚にかかる公正証書（執行証書）においては、公正証書作成後に離婚届を提出する旨の条項が取り決められることが多いが、その際養育費の支払についての定めもある場合、かかる養育費の支払請求権が法律上の離婚の成立を条件としている場合には、単純執行文ではなく条件成就執行文が必要になると解され、この点にも留意が必要である[*9]。

(2)　請求権の種類について（給与債権に関する情報取得）

給与債権に関する情報取得の申立てについては、上記２(1)のとおり、請求権の種類が限定されていることから、債務名義上の請求権が206条１項所定の請求権に該当することが認定できない限り、情報取得命令を発令することはできない。かかる認定に当たっては、まずもって当該債務名義上の記載が基準になることは当然というべきであり、例えば、「婚姻費用（分担請求権）」、「養育費〈支払請求権〉」、「扶養料（支払請求

*8　相澤真木＝塚原聡編著『民事執行の実務債権執行編（上）第４版』91頁。

*9　奥田大助「東京地方裁判所における新たな実務運用について(1)　債権執行①：財産開示手続の拡充・第三者からの情報取得手続制度」家庭の法と裁判号外９頁。

権)」、「債務者からの暴力行為に係る人身損害の賠償請求権」といったような文言が債務名義に記載されていれば特に問題はない。問題となるのは、和解調書や調停調書、あるいは執行証書などで「解決金」、「和解金」といった記載がされている場合であるが、このような場合については、当該請求権が206条1項所定の請求権に該当するかが明確ではないとして、申立てが却下される場合もあるとの考えがある[*10]。しかし、債務名義上の記載はあくまで第一次的な判断資料であって、それ以外の資料による認定を許容しないという趣旨ではないと考えられるし、また、債務名義の記載のみに依拠してしまうことは、給与債権等に関する情報取得制度の適用範囲を狭める結果となり、これらの請求権が扶養を受ける者や人身損害の被害者の救済という趣旨からは望ましいとはいえないことなどを考えれば、債務名義上の記載以外の資料も併せ基礎にするなどして、事案の具体的内容に即した形で、ある程度柔軟な認定を心掛けるべきではないかと考える[*11]。

(3) 扶養義務等に係る債権等について

給与債権に関する情報取得のためには、不奏功要件の疎明のほか、財産開示期日を経る必要があることから（この点が預貯金債権等の場合と異なる。）、債権者としては、まずはこれらの手続を踏む必要がある。また、扶養義務等にかかる定期金債権に限定されていることから、財産分与請求権や慰謝料請求権に基づく情報提供はできないことも注意を要する。また、給与債権に関する情報取得手続の申立てに当たっては、情報提供をすべき公的機関を具体的に選択・特定する必要があるが、それぞれの機関で保有している情報には差異があるから[*12]、それを踏まえた上

*10 奥田・前掲*9 15頁。
*11 例えば、訴状をはじめとする訴訟資料を補助資料として利用することや、情報取得手続に前置される財産開示期日での債務者の陳述内容等を参考とすることも考えられよう。
*12 その詳細につき、内野ほか・前掲*1 93頁参照。

でどの機関に情報提供を求めるかを検討し、申立てを行うことが要請される[*13]。次に、債務者としては、認容決定に対して執行抗告が認められていること（改正民執206条２項、205条４項）、認容決定は確定するまでその効力を生じないとしていること（改正民執206条２項、205条５項）に留意が必要である。

(4)　不奏功要件について

不奏功要件は、給与債権及び預貯金債権等に関する情報取得手続のいずれにおいても要件とされているものである。これにつき、旧法197条１項各号においては、財産開示手続を実施するためには、強制執行の申立てをするための一般的な要件が備わっていることに加え、①強制執行又は担保権の実行における配当等の手続（申立ての日より６月以上前に終了したものを除く。）において、申立人が当該金銭債権の完全な弁済を得ることができなかったとき、②知れている財産に対する強制執行を実施しても、申立人が当該金銭債権の完全な弁済を得られないことの疎明があったときのいずれかの要件を満たす必要があるとされていた。この不奏功要件は、財産開示手続が、ともすれば債務者のプライバシーや営業秘密等の開示を強制するものであることから、これを実施する必要性が高い場合に限定する趣旨であったと考えられ、この理由は、現在においても合理性を有すると考えられる。しかし一方で、この要件に対して、これを満たすための疎明が必ずしも容易ではなく、債務者財産の調査に対する障害になっているとの指摘もされたことから、存廃について審議会では様々な意見が出された。そして、最終的には、改正前の裁判実務においては、かかる要件は必ずしも厳格・厳密に運用してきたものではなく、疎明についても必ずしも困難ではないという指摘もあって、最終的には旧法の規律がそのまま維持されたものである。このような法

*13　内野ほか・前掲*1　94頁。

改正時の議論からすれば、不奏功要件については、今回の法改正にかかわらず、従前と同様の解釈運用を継続するのが相当であろう[*14]。

第3　子の引渡しの強制執行と家事実務

法改正作業の中で、当初は、既に施行されていた旧ハーグ国内実施法の改正の議論はされず、もっぱら民事執行法での規律について議論がされた。その結果、民事執行法での規律が旧ハーグ国内実施法の規律とは異なる規律になったことから、ハーグ条約実施法についても、国内事案に関する改正民事執行法の規律と同一にすべきということとなり、最終的には国内事案及びハーグ実施法とも、以下で説明するように同一の規律となったものである。以下では改正法の概要を説明した上、今後の家事実務に対する影響、特に各当事者が果たすべき役割などについて検討することとしたい（なお、ハーグ国内実施法が適用される事案については、改正ハーグ国内実施法136条、140条により改正法と同一の規律となっているので、以下ではそれを前提に説明する。）。

1　改正法の概要

(1)　強制執行の方法

旧ハーグ国内実施法では、子の引渡し（解放実施行為）については、例外なく間接強制を前置することとし、それが奏功しない場合に、代替執行が可能であるとされていた。これは、強制執行を受ける子の心情に配慮し、当初はできる限りソフトな執行方法で引渡しの実現を図ろうとした趣旨と解される。しかし、このように例外なく間接強制を前置することに対しては、具体的状況に応じた柔軟な対応ができないなどの問題

*14　運用の具体的内容については、相澤真木＝塚原聡編著『民事執行の実務債権執行編（下）第 4 版』336 頁以下、内野ほか・前掲 *1　44 頁参照。

点も指摘されていた。そこで改正法は、以下のとおりの規律とした。すなわち、子の引渡しの強制執行は、執行裁判所が決定により執行官に子の引渡しを実施させる方法（直接的な強制執行）、又は間接強制の方法のいずれかにより行う。そして、直接的な強制執行の申立ては、①間接強制決定が確定した日から２週間を経過したとき（当該決定において定められた債務を履行すべき一定の期間の経過がこれより後である場合にあっては、その期間を経過したとき）、②間接強制を実施しても、債務者が子の監護を解く見込みがあるとは認められないとき、③子の急迫の危険を防止するため直ちに強制執行をする必要があるときのいずれかに該当するときでなければすることができないとしたものである。このことから分かるように、改正法は、間接強制前置のほか、間接強制を経ることなく直接的な強制執行ができる場合があることを認めた。

(2)　執行裁判所での手続の流れ

子の引渡しの直接的な強制執行は、旧法での直接強制のように執行官が担当するのではなく、執行裁判所が担当する。そして、管轄する執行裁判所は、債務名義の区分に応じ、地方裁判所又は家庭裁判所が管轄を有することになる（改正民執174条５項、171条２項）。実務上は、家庭裁判所における判決、審判（保全処分も含む）又は調停によって子の引渡しが命じられる場合が多いと考えられることから、このような場合は当該家庭裁判所が管轄を有することになる。

債権者からの申立てを受けた執行裁判所は、執行官に子の引渡しを実施させる旨の決定をする場合には、原則として債務者を審尋しなければならないとしている（改正民執174条３項）。例外的に、審尋をすることにより強制執行の目的を達することができない事情があるときには、審尋を行う必要はないとしている。

そして、審査の結果、執行裁判所が子の引渡しの直接的な強制執行の申立てに理由があると認めるときは、執行官に子の引渡しを実施させる旨の決定をすることになる。そして、執行裁判所は、執行官に対し、債務者による子の監護を解くために必要な行為をすべきことを命ずるとしている（改正民執174条4項）。

⑶　直接的な強制執行における執行官の権限等

執行官は、債務者による子の監護を解くために必要な行為として、債務者に対し説得を行うほか、債務者の住居その他債務者の占有する場所において、①その場所に立ち入り、子を捜索すること。この場合において、必要があるときは、閉鎖した戸を開くため必要な処分をすること、②債権者もしくはその代理人と子を面会させ、又は債権者もしくはその代理人と債務者を面会させること、③その場所に債権者又はその代理人を立ち入らせることができる（改正民執175条1項）。

⑷　執行場所

子の引渡しの直接的な強制執行は、基本的には債務者の住居等債務者の占有する場所において実施することになる（改正民執175条1項）。ただし、執行官は、子の心身に及ぼす影響、当該場所及びその周囲の状況その他の事情を考慮して相当と認めるときは、債務者の住居その他債務者の占有する場所以外の場所においても、債務者による子の監護を解くために必要な行為として、当該場所の占有者の同意を得て又は後述する執行裁判所による占有者の同意に代わる許可を受けて、上記①から③の行為をすることができる（改正民執同条2項）。そして、執行裁判所は、子の住居が債務者の住居その他債務者の占有する場所以外の場所である場合において、債務者と当該場所の占有者との関係、当該占有者の私生活又は業務に与える影響その他の事情を考慮して相当と認めるときは、債権者の申立てにより、当該占有者の同意に代わる許可をすることができる（改正民執同条3項）。なお、執行官は、執行裁判所による占有者の同意に代わる許可を受けて上記①から③の行為をするときは、職務の執行に当たり、当該許可を受けたことを証する文書を提示しなければならない（改正民執同条４項）。

⑸　同時存在原則の廃止と債権者の出頭

旧ハーグ国内実施法140条３項は、解放実施行為に当たっては、執行の場所で子が債務者とともにいる場合でなければ直接強制は実施できないとしていた（以下「同時存在原則」という。）。そして、同法施行後の国内事案の実務においても、この規律と平仄を合わせる観点から、同時存在の場合にのみ直接強制が可能とする運用をしていた。これも、強制執行を受ける子の心情に配慮したものであったが、実際には、債務者側が引渡しに激しく抵抗したり、子を他の者に預けるなどして同時存在の状況を意図的に作らないようにしたりすることで執行が不能に終わる事案も多く、執行の実効性を阻害するとの指摘もされていた[*15]。また、債務者がいることで、かえって子に過度の心理的負担を与える（子に選択を迫るなど）事態もある旨の指摘もされていた。

そこで、改正法では、以上のような実情等を考慮し、直接的な強制執行では、子が債務者とともにいること（同時存在原則）は不要とした。むしろ、債務者による子の監護を解くために必要な行為は、（債務者ではなく）債権者が執行場所に出頭した場合に限りすることができるものとした（改正民執175条５項）。なお、執行裁判所は、債権者が執行場所に出頭することができない場合であっても、その代理人が債権者に代わって当該場所に出頭することが、当該代理人と子との関係、当該代理人の知識及び経験その他の事情に照らして子の利益の保護のために相当と認めるときは、債権者の申立てにより、当該代理人が当該場所に出頭した場合においても、債務者による子の監護を解くために必要な行為を

*15　旧ハーグ国内実施法に基づき、2014年４月から2019年３月までに代替執行が行われたのは７件であるが、うち６件は執行不能により、１件は取下げにより終了したとのことであり、代替執行が奏功して引渡しに至った事案はなかった。

することができる旨の決定をすることができるものとしている（改正民執同条6項。ここでの代理人は、債権者の親（子の祖父母）や親族など、子の監護に適する者が基本的に想定されている。)。

同時存在原則については、法制審議会での調査・検討の当初においては、これを維持しつつその例外を認める案と、同時存在の要否を執行裁判所の総合的判断に委ねる案とが検討され、いったんは後者に一本化されたが、債権者の出頭があれば、同時存在原則は不要であるとする案が出され、最終的にはこの案に落ち着いたものである。理由としては、引渡しの執行の現場で子が債務者といる場合に、債務者が執行に抵抗したり、子に対して働きかけをしたりすると、かえって子が恐怖したり混乱したりするおそれがあり、また、親のどちらを選択するかなどといった高葛藤の状態におかれることを避けるため、また、執行官が引渡しの執行を終えた後に、直ちに債権者又はその代理人に引き継ぐことを可能にするためといった説明がされている[*16]。

⑹ 威力行使の禁止

執行官は、子に対して威力を用いることはできない。また、子以外の者に対して威力を用いることが子の心身に有害な影響を及ぼすおそれがある場合においては、当該子以外の者についても、同様に威力を用いることはできない（改正民執175条8項）。この点は、旧ハーグ国内実施法の規律を引き継いでいる。

⑺ 執行裁判所及び執行官の配慮義務

執行裁判所及び執行官は、直接的な強制執行の方法による子の引渡しの強制執行の手続において子の引渡しを実現するに当たっては、子の年齢及び発達の程度その他の事情を踏まえ、できる限り、当該強制執行が

*16 内野ほか・前掲*1 270頁。

子の心身に有害な影響を及ぼさないように配慮しなければならない（改正民執176条）。これまでの執行実務で行われてきた子の心身の負担に配慮した様々な工夫や、それを実現するための執行官と執行補助者等との適切な連携に向けた工夫といった運用を一層促す趣旨であり、子の引渡しの強制執行の特殊性、特に子の心情に対する影響を最小化するという観点から特に規定されたものである[*17]。

2　債権者（代理人を含む）の役割

(1)　執行方法の選択

まず、間接強制前置については、これを前置しない方法も申立段階で認められたことから、債権者としては、申立てに当たってどちらかの手続を選択する必要が出てくる。この点、事案にもよるところはあるが、仮に直接的な執行を当初から求めるのであれば、間接強制を実施しても債務者が子の監護を解く見込みがないとき、あるいは子の急迫の危険を防止するため直ちに強制執行する必要があるときといった要件に該当する具体的事実の主張立証が必要になる。特に後者の要件は、審尋が不要になる場合の要件と重なり合うと考えられるので、債権者としては的確な主張立証が求められよう。

そこで、債権者の主張立証について検討すると、間接強制を実施しても債務者が子の監護を解く見込みがないときの例としては、債務名義成立後も債務者が債権者によるこの引渡しの求めに応じず、債権者からの子に関する情報提供や子との面会その他の接触の求めにも応じないといった態度を示している場合がこれに該当すると考えられる[*18]。また、債権者が債務者に対し、子の引渡しの実現に向けた具体的なプロセスに関する協議を働きかけたにもかかわらず、債務者がこれに協力的な姿勢

*17　内野ほか・前掲*1　284頁。
*18　内野ほか・前掲*1　243頁。

を示さない場合も該当するとの見解もあるが[*19]、このレベルになると、間接強制を実施しても効果がないとまでは直ちには言い切れないようにも思われ、他の事実も総合しての判断が求められよう。なお、本案審理において債務者が強く引渡しを争った場合もこれに該当するのではないかという点については、これを否定する立場もあるが[*20]、例えば、本案審理において債務者が、「いかなる方法であっても子は絶対に引き渡さない、強制執行に来たとしても絶対に引き渡すことはない」といった形で非常に強く争っていた場合などは、間接強制が奏功する見込みはまずないといってもよいように思われるところであり、具体的事案において判断の一要素とすることは否定されないと考えるべきではなかろうか。

次に、子の急迫の危険を防止するため必要があるときという要件については、債務者等によって子の生命又は身体の安全に危険が及ぶような不適切な監護養育（虐待等）がされていた場合、債務者が、強制執行から逃れようとして、住居を定めず子を連れて転々とするなどといった場合が典型的な場面として想定される[*21]。これについても、本案の審理（あるいはそれ以前の保全処分審理）の際に判明していた場合には、それも一資料として要件該当性を判断することができると考える。

⑵　債権者の立会い

直接的な強制執行の場所に債権者の立会いが必要になったことから、旧ハーグ国内実施法や旧法下での国内事案の場合に比して、債権者の役割が大きなものになっていることに留意すべきである。特に、債務者側の状況、債務者や子の普段の性格や生活ぶりに関する情報は、直接的な強制執行を成功させる上で必要不可欠といってよい。そのようなことか

*19　谷英樹「改正民事執行法における子の引渡し――弁護士実務の対応を中心に――」家庭の法と裁判号外79頁。
*20　谷・前掲*19　79頁。
*21　内野ほか・前掲*1　244頁。

ら、改正規則161条は執行官から債権者に引渡実施に係る手続の円滑な進行のために必要な協力を求めることができるとしている。債権者は、このような要請があった場合はもちろんのこと、そうでない場合であっても、執行裁判所あるいは執行官に対し、必要な情報提供等を行い、連携に意を用いるべきである。また、執行の現場においても、執行官をサポートする場面が出てこよう。この辺りのチームワークが子の引渡しの円滑な実施につながるということをよく認識すべきである[*22]。

⑶　代理人の出頭

「債権者が執行の場所に出頭することができない場合」について、病気や事故に伴う入院等のやむを得ない事情により執行場所に出頭できない場合が典型例として想定される[*23]。また、代理人としてどのような者が適格かという点については、執行の現場における子の心情の安定を図り、円滑に引渡しを実現するという見地から債権者の出頭が求められているという趣旨に照らし、それに相応しい「知識及び経験」を有すると考えられる者が適任ということになろう（例えば、債権者の親（子の祖父母）や親族など、子の監護に適する者が基本的に想定されていると考えられる[*24]。）。債権者としては、そのような観点から、代理人の選任に意を用いるべきである。代理人の執行場所への出頭を認めた処分につい

*22　山田文「執行場所・執行官の権限」山本和彦監修『論点解説令和元年改正民事執行法』（金融財政事情研究会、2020年）228頁は、債権者・代理人のほか、児童心理等の専門家も交えて引渡実施計画を立て、また実施における立会いや援助をも検討することが相当であり、いわばチームによる準備・実施体制を組むことになろうと指摘する。

*23　内野ほか・前掲*1　276頁。調整が可能な仕事等を理由とする場合は上記要件に該当しないと考えられよう。

*24　これに対し、子の引渡しの手続一般について知識を有する専門家などは、債権者の出頭が必要とされた趣旨に照らすと、債権者の代理人としては不相当と判断されるのではないかと思われる。山田・前掲*22　238頁は、代理人許可の判断においては、代理人と子が信頼関係を有し、債権者の役割、例えば債務者に代わって事情を説明し、子が債務者を置いていくことで自責の念に駆られる等の影響が出ないようケアできるか、子の年齢に応じた心身への配慮ができるか等が問われることになろうとしている。

ては、債務者から執行異議が認められると解されており[*25]、これが認められると、この引渡しの執行の効力自体にも影響が及びかねないのであるから、慎重な対処が必要である。

3 債務者（代理人を含む）の役割

子の引渡しの強制執行における債務者は、直接的な強制執行を認容する決定に対しては執行抗告することができるが（改正民執174条6項）、権利の実現手続である民事執行手続の特質上、訴訟や審判手続のような二当事者間の対立構造をとるものではなく、債権者による能動的行為を受忍する立場にあるといえる。そして、執行においては子の心身に有害な影響を及ぼさないように配慮すべきとする改正法176条の趣旨からすれば、（実際の事案においては困難な面があることは確かであるが）、強制執行に至る前に任意の形での引渡しを実現する方向で行動することや、仮に強制執行に着手した後は、できるだけ子の心情に配慮しつつ、迅速に債権者への引渡しが実現する方向で行動することが要請される（長時間にわたる執行は、子の心身に看過しがたい傷を残す可能性があることを考慮すべきであろう。）。このようなことからすれば、直接的な執行の現場で、債権者と債務者間の話合い等の協議の場を持つということは、子を高葛藤の状態に長時間置くことに他ならないから、改正法176条の趣旨に照らしても、およそ不相当というべきである。子の引渡しに関する本案の判断に当たっては、行動科学の知見も踏まえた上で、いずれの親が監護することが子の利益になるかとの裁判所の判断がなされているものであり、債権者・債務者間に高度の葛藤状況が存するとはいえ、子の引渡しの命令の実現こそが子の利益に沿うものというべきである[*26]。改正法175条1項2号に規定する、債権者・代理人と債務者との面会も、以上のような前提で解釈・運用されるべきである。

*25 内野ほか・前掲*1 279頁。
*26 西岡清一郎「民事執行法改正後の子の引渡執行」新民事執行実務18号20頁。

もっとも、債務者の立場ないし心情としては、子の引渡しにスムーズに応じることは、通常は難しいと考えられる（債務者に代理人弁護士がいるのであれば、引渡しに応じる方向でのアドバイスが可能な場合もあると考えられるが、おのずから限界はあろう。）。将来的には、児童心理等の専門家による、債務者に対する任意の引渡しに向けての働きかけなどが考えられてよいと思われる（ドイツなどでは、そのような債務者に対する専門家関与により、強制執行に至る前に任意の引渡しが実現している例もあるようであり、今後検討されるべきであろう[*27]。）。

4　執行裁判所の役割

改正法での特徴的な点は、債務名義を作成した裁判所が子の引渡しの執行の執行裁判所になるということである。特に、子の引渡しについては、家庭裁判所が作成する債務名義（審判等の裁判あるいは調停調書）がかなりの比率を占めることが予想されるのであり、その意味では、債務名義作成裁判所と執行裁判所の分離という民事執行制度の理念について、一部ではあるが大きな変更が加えられたことを意味する。これは、一個の人格ないしその萌芽を有する子に対する強制執行は、単にその客体が物や権利とは異なるということだけに止まらず、その子の人格形成に大きな影響を与えうるものだという認識に立ち、その執行方法の選択と実行において様々な配慮が必要なこと、その前段階である債務名義の作成段階や、執行申立後執行開始までの各段階、そして執行終了後の事後措置に至るまで、家庭裁判所と執行機関が、子の利益に配慮した適切かつ実効的な解決を図るという共通の認識のもとに行動すべきであることを要求する趣旨であると解される。このような趣旨を実現する上では、執行裁判所の役割には重要なものがあるのであり、具体的には、以下のような運用を積極的に進めていくべきである。①審判時の資料等を

*27　我が国においても、審尋の場を利用しての、執行裁判所からの任意の引渡しの催告や、その場での専門家による説得などは運用において実現可能ではないかと考えている。

用いての、執行方法（間接強制前置の要否等）に関する柔軟かつ適切な選択、②実際の引渡しに当たっての事前打ち合わせの充実、③強制執行の現場での専門家関与の充実（執行補助者としての活用）、④審尋手続の要否に関する的確な判断と実施する場合の有効活用（審尋の際における任意引渡しに向けての催告等の運用）、⑤強制執行申立てから引渡しの強制執行に至るまでの標準的プログラムの策定、といった点が挙げられるが[*28]、ここでは、審尋の要否について検討することとしたい。

審尋が原則として必要とされている趣旨は、直接的な強制執行の申立ての要件（改正民執174条1項1号、2項）を充足しているかの判断を可能にし、かつ、債務者に対してかかる要件充足性について争う機会を保障する点にあると解される[*29]。しかし、子の急迫の危険があるときその他の審尋をすることにより強制執行の目的を達することができない事情があるときは、審尋を経る必要はないとされている（同条3項ただし書）。この要件のうち、「子の急迫の危険があるとき」については、当初から直接的な強制執行を申し立てることができる場合の一つである「子の急迫の危険を防止するため直ちに強制執行をする必要があるとき」（同条2項3号）と同義であり重なり合う関係に立つといえる。したがって、同条2項3号に該当する場合は、審尋を経ることなく強制執行が可能であると解してよいものと思われる。問題は、間接強制を実施しても債務者が子の監護を解く見込みがあるとは認められないとき（同条2項2号）も審尋が不要になるかという点であるが、同条2号該当性については、債務者の主張を聴取しないと判然としない点が少なからずあると考えられ、その点で同条3号の場合とは質的に異なるのではないかと考えられること、同条3項ただし書きにいう「その他の審尋をすることにより強制執行の目的を達することができない」との要件と、同条2項2

*28　これらの詳細は、拙稿「子の引渡しの強制執行と人身保護請求――民事執行法等の改正と判例を踏まえて――」加藤哲夫先生古稀祝賀論文集（成文堂、2020年）219頁参照。
*29　内野ほか・前掲*1　246頁。

号にいう、間接強制が奏功するとは認められない場合とでは、文言上必ずしも重なり合うとはいえないと考えられることからすれば、原則に立ち返り、審尋が必要と解すべきではないかと考える[*30]。

5　執行官の役割

(1)　事前準備（特に情報収集）の重要性

直接的な強制執行においては、現場での担い手である執行官の役割は重い。これまで述べてきた、子の引渡しの特質や困難性を考えれば、通常の明渡・引渡執行以上に、周到な準備が必要になるというべきである。

まず、債権者からの情報収集が重要である（改正民執規161条１項）。ここでは、債務者及び子の性格、普段の言動や生活状況といった点に加え、債務者又は子からの抵抗が予想されるか、執行場所としてはどこが適切と考えられるか（特に、債務者宅以外の場所を債権者が希望する場合、その場所が適切といえるか）などについて事実関係や意見等を聴取していくことになる。実務上は、債権者と執行官との事前協議の形式をとることが多いのではないかと考えられる。

次に、債権者からの情報収集と並行する形になると思われるが、受訴裁判所又は執行裁判所である家庭裁判所からの情報収集が重要になる（改正民執規161条２項）。ここでは、債権者からは得られなかったが、家庭裁判所が有している債務者及び子に関する情報の収集が中心になると考えられる[*31]。このような情報収集に当たっては、本案での事実の調

*30　久保野恵子「直接的な子の引渡しに関する規律の明確化」山本和彦監修『論点解説令和元年改正民事執行法』（金融財政事情研究会、2020年）215頁は、改正法174条２項２号に該当して直接的な強制執行が認められる場合にも、（審尋が不要となる）３号ただし書きの要件を充足することがあり得るとする。

*31　西岡・前掲*26　22頁は、家庭裁判所からは、事前の打ち合わせにおいて、事件記録等に表れていない情報、債権者本人が把握していない情報（例えば、債務者の住所が秘

査をした家庭裁判所調査官による意見陳述（同条３項）を積極的に利用していくことが望まれる。また、家庭裁判所も、かかる家庭裁判所調査官の関与については、基本的には積極的な方向で運用していくべきと考える。

(2)　執行場所の選定

上記のとおり、執行裁判所は、子の住居が債務者の住居その他債務者の占有する場所以外の場所である場合において、債務者と当該場所の占有者との関係、当該占有者の私生活又は業務に与える影響その他の事情を考慮して相当と認めるときは、債権者の申立てにより、当該占有者の同意に代わる許可をすることができる（改正民執175条３項）。この許可は、債権者の申立てによってされるが、実務上は、その前段階である(1)の債権者と執行官の事前協議において、かかる許可取得の方向で打ち合わせがされ、それに沿った形で債権者が執行裁判所に対し許可申立てをするという流れをとることが、円滑な手続の実現という点では望ましいと思われる。また、許可対象となる場所として想定されるのは、債務者の親族（父母等）の住居、子が通う保育園、幼稚園あるいは小学校といった場所が挙げられるが、債務者と子の同時存在の原則が廃止された改正法の下では、債務者が子の近くにいることによる、子に対する心理的圧迫を避けるという観点からも判断されるべきではないかと考える[*32]。も

匿されている場合の子の住居所や学校に関する情報等）、執行に有益と思われる情報（例えば、中立的な立場から見た債務者や子の印象、説得の材料となる情報や説得方法の助言等）などを得ることが重要であろうとする。

*32 内野・前掲*1　266頁は、他の園児や学童の目に触れる可能性や、子のプライバシーや心身への影響等の具体的事情を考慮してもなお相当と認められることが必要であるとする。実際上は、仮に相当と認められたとしても、保育所等の管理者の同意を得る必要があることから、これらの場所で強制執行が実施されることはあまり想定されないともいいうるが、事案によっては債務者の自宅等よりも子の心身にとって問題が少ないという場合もあり得るところであり、このあたりは具体的かつ柔軟に判断していくべきである。また、山田・前掲*22　233頁は、学校等を執行場所とする場合には、子がふだん利用せず友人等にも知られることのない場所を検討するなどの配慮が必要で

とより、子のプライバシーに十分配慮することが必要になることは当然である[*33]。

(3) 専門家の活用

執行官は、必要に応じて、直接的な執行の場面において、児童心理の専門家を執行補助者（執行官規則12条）として選任し、その援助を受けることができると解される[*34]。執行裁判所としては、このような専門家の確保に意を用いるべきである。また、かかる執行補助者としての専門家には、直接的な強制執行の場所だけではなく、それ以前の債権者との事前協議などでも関与してもらい、その知見を生かすことが考えられてよいであろう。そして、執行の現場において、執行官と専門家及び債権者が適宜役割分担しつつ、子の心情に十分配慮しつつ、引渡しが円滑に遂行できるように努めるべきということになる[*35]。

(4) 威力にわたらない有形力の行使

子に対する威力行使の禁止は、かかる威力行使による引渡しの強制執行は、子の心身に有害な影響を及ぼすおそれがあるため禁止されているが（改正民執175条８項）、これは、子に対するすべての有形力の行使を禁止する趣旨ではないと解されるから、その必要性、緊急性に照らし、

あると指摘する。

*33 公道は、衆人環視にさらされる可能性が高く、また、事故やアクシデントが起きやすいと考えられることからすれば、具体的事案にもよるが、慎重に判断すべきであろう。内野ほか・前掲*1 266頁、谷・前掲*19 70頁。

*34 内野ほか・前掲*1 286頁。立会人（民事執行法７条）として関与することも考えられ、実務上はそのような例もあるが、立会人は、執行官等の職務執行の適正を保障するために必要とされる者であり、執行を側面から助力するという趣旨は含まれないと解されるので、執行補助者としての関与の方が実態に即していると考えられる。

*35 西岡・前掲*26 24頁は、円滑かつ確実な執行の実現のためには、児童心理の専門家に、子への対応（例えば、執行官が債務者を説得している間に、子と会話をして緊張を解いてもらう）、債務者の説得の補助、子や債務者の状況を踏まえた助言等をしてもらうことが効果的である旨指摘する。

具体的状況の下で相当と認められる場合は許容されるものと解される[*36]。もっとも、このあたりの限界線をどのあたりとするかは、具体的事案によってかなり変わってくる可能性もある。執行官としては、以上の点を念頭に置きつつ、有形力を行使するのはあくまで最終的な場合であることは心がけつつ、執行にあたることになろう。このあたりは、今後の具体的事案の蓄積により、実務上のガイドラインが形成されていくことが期待される。

6　補論－人身保護手続との関係

旧法下においては、民事訴訟の判決や家事審判に基づく強制執行として子の引渡しがされる場合以外に、人身保護法に基づく人身保護手続によって引渡しが実現する場合が多くみられた。かかる人身保護手続については、最高裁判決によってその補充的性格が明確になり[*37]、また、旧ハーグ条約国内実施法に基づく子の引渡手続においても、人身保護手続を補充的に用いることができるという最高裁決定が出されているところであるが[*38]、このような補充性は、改正法の下でも等しく妥当するというべきであり、また、改正法において子の引渡しの強制執行手続の明確化や執行方法の充実が図られた現時点においては、その補充的性格はますます強まったというべきである[*39]。したがって、債権者も執行裁判所も、まずは改正法又は改正ハーグ条約国内実施法に基づく子の引渡手続

*36 内野ほか・前掲*1 290頁は、禁止される「威力」とは人の意思を制圧する程度の有形力の行使をいい、子が口頭で拒絶の意思を表示していても、身体的な抵抗までは示さないという場合において、執行官が子の手を引いたり肩を押したりするなどして子を誘導することは許容されるものと考えられるとしている。

*37 最判平成5年10月19日民集47巻8号5099頁。

*38 最判平成30年3月15日民集72巻1号17頁。

*39 西谷祐子「日本における子奪取条約の運用と近時の動向について」家庭の法と裁判26号56頁は、人身保護手続を用いた解決には限界があるといわざるを得ず、本来の趣旨としては、子奪取条約（ハーグ条約）の特性に応じた子の返還申立事件の手続によって子の返還を命じ、子の返還の強制執行を実効的に行うための制度を整えるのが望ましいとする。

での引渡しの実現に注力すべきであり、安易な人身保護手続への「もたれかかり」は許されないというべきである。引渡しの強制執行が奏功しなかった後に、さらに人身保護手続によることは、(権利の実現という点ではやむを得ない側面があることは否定できず、また、子を現に監護する債務者の側の違法な奪取を容認しないという価値判断も肯定しうるところではあるが、) 子の心身に二重三重の悪影響を与えかねないものであることを十分に認識する必要があろう。

第４　差押禁止債権に関する見直し

改正法は、差押禁止債権の範囲変更制度を利用しやすくするなどの趣旨から、継続的給付に係る債権（改正民執152条１項、２項）に対する差押命令に基づく取立権の発生時期を、債務者への同命令の送達から１週間を経過した後としていた旧法の規律を改め、送達から４週間を経過した後とした（改正民執155条２項)。しかし、扶養義務等に係る定期金債権を請求債権とする場合（改正民執151条の２）には、改正法155条２項は適用されないとされていることから、旧法の規律と同様に、取立権の発生時期は債務者への債権差押命令の送達後１週間を経過した時となる。子の養育費に代表される扶養義務に基づく定期金債権は、債権者の生計維持に必要不可欠なものであり、旧法の規律を維持する必要があると考えられること、同債権の金額算定に当たっては、既に債務者の資力や生活状況等も考慮されており、差押禁止範囲の変更を考慮する必要性が低いと考えられたことによる[*40]。

*40　内野ほか・前掲*1　338頁。

第5　おわりに

以上、第1で述べた二つの流れに即した形で、今回の改正について実務上の影響ないし留意点を検討した。今回の改正も、家事事件実務に対して広くまた大きな影響を与えるものとなっていることは明らかにできたのではないかと考える。養育費の履行確保が社会的課題になりつつあり、また、子の引渡しの強制執行についても、国内のみならず国際的にも関心が高まりつつある中で、今回の改正の持つ意義は大きいものがあるといえる。家事事件実務を担当する者は、改正法施行後は、その立法趣旨を十分に踏まえつつ、より実効的かつ適切なプロセスで権利実現を図るべく尽力することが求められているといえよう。

（うちだ・よしあつ）

III

改正を契機として
浮上する問題点

第 6 章　民事執行法改正の意義と民事法に対する影響

法政大学法学部教授　杉本　和士

第1　はじめに

「民事執行法及び国際的な子の奪取の民事上の側面に関する条約の実施に関する法律の一部を改正する法律」が令和元年（2019年）５月10日に成立し、同月17日に公布された（同改正法は、一部の例外を除き、令和２年〔2020年〕４月１日から施行されている）[*1]。民事執行法に関しては、平成15年（2003年）及び16年（2004年）以来の改正となる。この改正法は、民事執行制度をめぐる最近の情勢に鑑み、❶債務者の財産状況の調査に関する規定の整備、❷不動産競売における暴力団員の買受け防止に関する規定の新設、並びに❸子の引渡しの強制執行及び国際的な子の返還の強制執行に関する規定の整備を中心的な改正目的とし、併せて❹債権執行事件の終了をめぐる規律の見直し及び❺差押禁止債権をめぐる規律の見直しを行うものである。

そこで、本稿では、民事執行法に関する改正事項について紹介し、その概要を採り上げつつ[*2]、各改正事項の従来の民事法における位置づけ又

[*1] 改正の経緯等については、内野宗揮ほか「民事執行法等の改正の要点⑴―金融実務に関連する項目を中心に」金法2118号36～37頁、内野宗揮編著『Q&A 令和元年改正民事執行法制』（金融財政事情研究会、2020年）２～11頁を参照。

[*2] したがって、「国際的な子の奪取の民事上の側面に関する条約の実施に関する法律に基づく国際的な子の返還の強制執行に関する規律の見直し」の点については、本稿では扱わない。

は評価を試みる。併せて、同改正の意義、さらには民事執行法を含む民事法諸分野に与えうる影響について検討を行うこととする。

第２　債務者の財産状況の調査に関する規定の整備*3

1　改正内容の概要

財産開示手続は、債務者財産の開示制度の実効性を向上すべく、平成15年改正により導入されたものの、同改正法の施行後、その利用状況は芳しくなかった。そこで、改正民事執行法は、「第４章　財産開示」を「第４章　債務者の財産状況の調査」と改め、従前の「財産開示手続」の見直しを図るとともに（第１節　改正民執196条から203条まで）、「債務者の財産に係る情報の取得に関する手続（第三者からの情報取得手続）」（第２節　改正民執204条から211条まで）を新たに設けている。

(1)　財産開示手続の見直し*4

財産開示手続の見直しについては、従来、同手続の申立権を有する債権者は、❶仮執行宣言付判決（民執22条２号）や執行証書（民執22条５号）等を除く、執行力のある債務名義の正本を有する金銭債権の債権者（改正前民執197条１項柱書本文）又は❷債務者の財産について一般の先取特権を有することを証する文書を提出した債権者（改正前民執197条２項柱書）に限定されていたところ、❶につき、執行力のある債務名義の正本を有する金銭債権の債権者一般に申立権が認められるように改められた（改正民執197条１項柱書本文）。併せて、旧法に関して罰

*3　この点に関する、改正作業段階における実務的観点からの問題提起として、古賀政治「債務者財産情報を取得するための制度」金判 1525 号 1 頁参照。

*4　立案担当者による説明として、内野ほか・前掲 *1　37 ～ 43 頁、内野編著・前掲 *1　14 頁以下参照。

則が弱すぎるとの批判があったことを考慮して、罰則の強化が図られている。具体的には、不出頭等の義務違反に対して、「30万円以下の過料」という行政罰による制裁（改正前民執206条1項）とされていたのが、「陳述等拒絶の罪」として「6か月以下の懲役又は50万円以下の罰金」（改正民執213条1項5号、6号）という刑事罰による制裁に改められた。

なお、財産開示手続の実施要件のうち、先に実施した強制執行の不奏功等の要件（民執197条1項各号）の見直しや、財産開示手続の再実施が制限される期間（同条3項）を短縮する方向性も、中間試案段階までは注記において言及されていたが、反対論又は慎重論を踏まえて[*5]、いずれも今回の改正では見送られた。また、後で検討するように（後記2(4)）、詐害行為取消権（平成29年〔2017年〕改正民法424条以下）行使の準備として、財産開示手続において、過去に処分された財産に関する情報をも陳述義務の対象と改めることが検討課題とされていたものの[*6]、改正の実現には至らなかった。

(2)　第三者からの情報取得手続の新設[*7]

さらに、今般の改正によって新設された、第三者からの情報取得手続は、債務者自身からではなく、第三者から債務者財産に関する情報を取得することを目的とする制度である。同制度は、❶債務者の不動産に係

---

*5　「部会資料 6」、「14-1」及び「17-1」参照。

*6　「部会資料 6」及び「中間試案の補足説明」12-13頁参照。

*7　立案担当者による解説として、内野宗揮ほか「民事執行法等の改正の要点(2)—金融実務に関連する項目を中心に」金法2120号19～29頁、内野編著・前掲*1　51頁以下参照。本文における以下の内容も、概ね立案担当者による解説に依拠したものである。

　なお、改正作業段階において、第三者からの情報取得手続の創設に当たっての立法論的又は理論的課題を採り上げて検討したものとして、垣内秀介「財産開示手続の改正をめぐる論点——第三者からの情報取得制度の創設を中心として」金法2054号6頁、伊藤眞「執行債務者の金融資産に係る情報を第三者から取得する制度設計の在り方——権道と正道（ius track）」金法2074号18頁参照。

る情報の取得（改正民執205条）、❷債務者の給与債権に係る情報の取得（改正民執206条）及び❸債務者の預貯金債権等に係る情報の取得（改正民執207条）によって構成される。❶及び❷は、情報取得の対象とされる第三者が登記所や市町村等の公的機関であり、また、行政機関による個人情報保護の要請（行政個人情報保護法８条参照）を解除すべき正当化事由として、財産開示手続の前置を要する。これに対して、❸は、金融機関等からの情報取得を目的とし、また、対象となる預貯金債権等の流動性やその処分又は隠匿等の可能性を考慮し、迅速性を重視するため、財産開示手続の前置を要しない。

❶は、今回の改正に際しての中間試案の公表後、不動産に対する強制執行手続を行う際に対象不動産を特定するため、執行力のある債務名義の正本を有する金融債権者等が債務者の不動産（民執43条１項参照）に関する情報を登記所（不登６条１項）から取得することをできるようにすべきであるとの意見を踏まえて、新たに加えられた項目である[*8]。

❷は、実体法の観点から特に要保護性が高いと考えられる、扶養義務等（民執151条の２第１項各号、民752条〔夫婦間の協力扶助義務〕、760条〔婚姻費用分担義務〕、766条〔離婚後の子の監護に要する費用分担義務。749条、771条及び788条において準用される。〕、877条から880条まで〔扶養義務〕）に係る請求権又は人の生命若しくは身体の侵害による損害賠償請求権の履行を確保するため、取立て対象として確実性かつ継続性のある債務者の給与債権に関する第三債務者の情報（給与、報酬又は賞与の支払をする者の存否並びにその者が存在するときは、その者の氏名又は名称及び住所〔その者が国である場合にあっては、債務者の所属する部局の名称及び所在地〕。改正民執規190条１項２項）を、市町村又は日本年金機構等から取得することを認めるものである。

❸は、預貯金債権に関する情報（預貯金債権の存否並びにその預貯金

*8　「部会資料 18-1」参照。

債権が存在するときは、その預貯金債権を取り扱う店舗並びにその預貯金債権の種別、口座番号及び額。改正民執規191条1項）又は債務者の有する振替社債等に関する情報（債務者の有する振替社債等の存否並びにその振替社債等が存在するときは、その振替社債等の銘柄及び額又は数。同条2項）を、銀行等の金融機関又は振替機関等（振替2条5項）から取得することを認めるものである。

なお、振替社債等以外の金融商品（金商2条24項参照）や生命保険契約解約返戻金請求権に関する情報をも情報取得手続の対象に含めるべきかについて法制審議会で検討されたものの[*9]、今回の改正法においては除外されている。

2　民事法に対する影響

(1)　債務者の財産状況に関する調査制度整備の民事法体系における意義と影響

改正民事執行法による「債務者の財産状況の調査」は、強制執行、担保権実行としての競売及び形式競売と並び、「民事執行」の概念に包摂されるが（改正民執1条）、強制執行手続の準備として債務者の責任財産の調査を目的とする点で、他の手続とは異質である（この点は、改正前における財産開示手続についても同様であった）。それでは、債務者の財産状況の調査制度が整備された点は、民事法の体系においてどのような意義を有し、どのような影響をもたらしうるであろうか。

債権者は自らの有する債権につき債務者に対してその履行を請求することができ、債務者が任意に履行に応じない場合には、その財産に対する強制執行手続を通じて、強制的に満足を実現することができる。民事法の体系において、特に金銭債権の効力を強制執行手続によって貫徹する上では、その引当てとなる債務者財産（すなわち、責任財産）の状況

*9　「部会資料17-1」参照。

について、特に担保を持たない一般債権者は現実的かつ深刻な利害関係を有する。それにもかかわらず、特に保有される財の種類が多様化する今日において、債務者の管理処分の下にある財産全般の状況を具体的に把握することは、外部者たる債権者にとって困難である。とりわけ、無形財産である債権や金融資産については、不動産や動産と同様に重要な価値を有するにもかかわらず、外部から把握する術が極めて乏しい（もっとも、原則的には、このこと自体は、債務者のプライバシー及び個人情報保護の観点から望ましい状況である）。

ところが、民事執行法は、強制執行手続の申立てに際して、動産執行の場合を除き、執行対象となる各種財産の特定を専ら債権者に委ねている（民執規21条3号、133条2項参照）。その結果、たとえ金銭債権者が民事訴訟手続を通じて確定給付判決を取得し、これを債務名義として強制執行手続を利用しようにも、その執行対象となる財産の探索が困難であるために、その権利実現を事実上阻害されるという問題状況が生じてきた。

他方で、民法上、強制執行手続の準備のために、債務者の責任財産に債権者が介入し、その保全を図ることを認める制度として、債権者代位権（平成29年改正民法423条以下）と詐害行為取消権（同法424条以下）が用意されている。このうち、とりわけ債務者財産としての債権につき代位行使を認める債権者代位権の利用は、我が国において異様に肥大化してきた。その要因は、債務者の責任財産の保全という本来の目的を超えて、代位債権者が代位行使すべき債権を発見することさえできれば、債務者の無資力要件を満たす限り、債務者に対する債務名義なくして事実上の優先的満足の実現を図ることが判例によって許容されてきたこと[*10]に求めることができる。さらに、このような判例法理が形成されて

*10　平成29年改正民法により判例法理が明文化されている。すなわち、債権者は、被代位権利を行使する場合において、被代位権利が金銭の支払又は動産の引渡しを目的とするものであるときは、相手方に対し、その支払又は引渡しを自己に対してすることを

きた背景事情としては、本来の債務名義に基づく強制執行手続による権利の実現・満足が前記のように不全状態にあったため、これを回避すべき誘引が強かったのではないかと推測される。

以上のように、金銭債権の債務名義に基づく強制執行の実効性を確保かつ強化すべきかは、強制執行手続の存在意義に関わる死活問題であったともいえよう[*11]。その打開策として、平成15年改正において強制執行手続準備のための財産開示手続が導入されたものの、ほとんど功を奏することがなかったのは前述のとおりである。そこで、今般の改正法が債務者に対する財産開示手続を強化するとともに、第三者からの情報取得手続を新設したことが、以上のような債務名義に基づく強制執行手続の不全状態改善にどのように寄与するのかを注視していく必要がある。

求めることができる（同法423条の 3 前段）。その結果、代位債権者が相手方から金銭の支払を受領することで、事実上の優先弁済効を実現できると解するのが改正前からの通説の立場であった。もっとも、改正民法の下では、債権者が被代位権利を行使した場合であっても、債務者は、被代位権利について、自ら取立てその他の処分をすることを妨げられず、この場合においては、相手方も被代位権利について債務者に対して履行をすることを妨げられない（同法423条の 5）。さらに、債権者が債権者代位訴訟を提起したときには、遅滞なく、債務者に対して訴訟告知をしなければならない（同法423条の 6）。したがって、債務者が代位債権者による直接請求よりも先に権利行使を行い、相手方から弁済を受領すれば、もはや代位債権者は相手方に対して直接請求をすることができなくなり、上記の優先弁済効は実現しえなくなる。このように、改正民法の下では、事実上の優先弁済効は一定程度後退することになる。以上につき、潮見佳男『プラクティス民法 債権総論　第 5 版補訂版』（信山社、2020年）203～205頁参照。

*11　三木浩一（司会）ほか「座談会　債務名義の実効性強化に向けた展望」判タ1384号56頁〔三木浩一編『金銭執行の実務と課題』（青林書院、2013年）299～352頁所収〕参照。

(2)　債務者の給与債権に係る情報の取得手続（改正民執206条）の民事法における位置づけと影響

①　扶養義務等に係る請求権との関係

前述の民法上の扶養義務等（民執151条の２第１項各号）に係る請求権（例えば、養育費や扶養料等の債権）について、既に民事執行法は、その履行確保を図るため、一定の特則を設けてきた[*12]。具体的には、平成15年改正により、扶養義務等に係る確定期限の定めのある定期金債権につき、その一部に不履行があるときは、当該定期金債権のうち確定期限が到来していないものについても（民執30条１項参照）、債権執行を開始することができるとし（民執151条の２第１項柱書。予備差押え）、各定期金債権につき、その確定期限の到来後に弁済期が到来する給料その他の継続的給付に係る債権に限定して、これを差し押さえることが認められている（同条２項）。また、同改正により、前記扶養義務等に係る金銭債権につき、差押禁止の範囲が４分の３から２分の１に縮減されている（民執152条３項）。さらに、平成16年改正では、第２章第２節第５款「扶養義務等に係る金銭債権についての強制執行の特例」が設けられ、間接強制の方法が例外的に認められるに至っている（民執167条の15、167条の16）。

もっとも、旧法下における実情については、養育費等の支払の履行実現はなお不十分であると言わざるをえなかった。例えば、夫婦が離婚した後、子を監護すべき者（監護親。民法766条１項）から非監護親に対して子の監護に要する費用（養育費）の支払を求めたところ、資力があるにもかかわらず、非監護親がこれを支払わないままその所在や勤務先を眩ませて、監護親からの履行請求の実現が不可能となり、泣き寝入り

*12　この他、家事事件手続法においても、扶養義務等を定める内容の審判がなされた場合（同法39条、別表第１・84項、別表第２・１項から３項まで、９項及び10項）には、この審判を行った家庭裁判所による義務の履行状況の調査及び履行の勧告（同法289条）、さらに義務履行の命令の審判（同法290条）をすることができる。

せざるをえなくなる、という事例が頻繁に問題となっている。また、子から親に対する扶養料の支払請求についても、同様であった。特に未成熟子にとって、養育費や扶養料が支払われないことは、まさに死活問題であることは言うまでもない。そこで、このような事例において、給料債権に対する強制執行が最も確実に履行を実現する手段であることに鑑みて、市町村等の公的機関が給料債権に関して有する情報を提供することで、当該給料債権に対する差押えの申立てが可能となることが期待される。この点において、債務者の給与債権に係る情報の取得手続が創設されることで、養育費又は扶養料の支払を最終的に確保する実質的な手当てが図られたと評価することができよう。

②　人の生命・身体の侵害による損害賠償請求権との関係

人の生命又は身体を害する損害賠償請求権については、被害者保護の観点からその履行確保の重要性に鑑みて、平成29年改正民法において、その消滅時効期間が、不法行為による損害賠償請求権一般の場合の３年間ではなく、５年間とされている（同法724条の２）。また、破産法においても、同様の考慮に基づき、破産者が故意又は重大な過失により加えた人の生命又は身体を害する不法行為に基づく損害賠償請求権については、非免責債権とされている（破産253条１項４号）。今回の改正において、人の生命又は身体を害する損害賠償請求権も債務者の給与債権に係る情報の取得手続の利用対象として加えられたのは、他の民事法領域の考え方と平仄を合わせるものと評価することができよう。そのため、民事法領域における「人の生命又は身体を害する損害賠償請求権」に関する統一的な解釈を検討する必要があろう。

(3)　債務者の預貯金債権等に係る情報の取得手続（改正民執207条）が預貯金債権又は振替社債等の金融資産に対する強制執行の実現に与える影響

従来、債権者が、銀行等の金融機関に対する預貯金債権につき差押命令の申立てを行う場合、その特定方法が裁判例において争点とされてきた。この問題の端緒は、そもそも債権者が債務者の預貯金債権に対する差押命令の申立てを行うために当該債権を特定しようとしても、金融機関が顧客（債務者）に対する守秘義務[*13]を理由に情報を開示しない運用を採っていたため、債務者がどの店舗（支店）に預貯金口座を持っているのかが判明し難いという点にあった[*14]。そこで、実務上、金融機関の複数の（又は全部の）取扱店舗を対象に、各店舗に順序を付して列挙し（例えば、「支店番号の若い順序による」という順序付けをする）、その順位に従い執行債権金額に満つるまで順次充当する旨の債権差押命令の申立て（全店舗を対象とする場合には、「全店一括順位付け方式」と呼ばれる）が行われるようになり、この方式により預貯金債権が特定されるか否かが下級審裁判例において争われてきた。

最決平成23年９月20日民集65巻６号2710頁は、債権者が債権差押命令申立書において差押債権を表示するに当たり、大規模な金融機関である第三債務者の全ての店舗等を対象として順位付け（「支店番号の若い順序による」という順位付け）をした上、先順位の店舗の預貯金債権の額

*13　金融機関の顧客に対する守秘義務につき、最決平成19年12月11日民集61巻９号3364頁は、「金融機関は、顧客との取引内容に関する情報や顧客との取引に関して得た顧客の信用にかかわる情報などの顧客情報につき、商慣習上又は契約上、当該顧客との関係において守秘義務を負い、その顧客情報をみだりに外部に漏らすことは許されない。」と説く。これに対して、預貯金債権等に関する情報取得手続において、執行裁判所が情報提供命令を発する場面では、財産開示手続における開示義務が債務者に課されていなくても、金融機関が債務者に対し守秘義務を負う実質的な理由が失われているという評価しうると説明されている（内野編著・前掲*1　135頁、149頁）。

*14　なお、かつて金融機関は、弁護士会照会（弁護士法23条の２）に対しても一切回答に応じないのが実情であったと指摘されている。また、最判平成28年10月18日民集70巻７号1725頁が、弁護士会照会に対して報告を拒絶する行為は、「照会をした弁護士会の法律上保護される利益を侵害するものとして当該弁護士会に対する不法行為を構成することはない」と判示し、さらに、最判平成30年12月21日民集72巻６号1368頁は、「23条照会をした弁護士会が、その相手方に対し、当該照会に対する報告をする義務があることの確認を求める訴えは、確認の利益を欠くものとして不適法である」と判示する。

　ただし、近時は、弁護士会と金融機関等との間での協議に基づいて同照会制度の円滑な運用が推進されつつある、とのことである。弁護士会照会の現状の詳細については、佐藤三郎ほか編著『弁護士会照会ハンドブック』（金融財政事情研究会、2018年）参照。

が被差押債権額に満たないときは、順次予備的に後順位の店舗の預貯金債権を差押債権としたという事案につき、「民事執行規則133条２項の求める差押債権の特定とは、債権差押命令の送達を受けた第三債務者において、直ちにとはいえないまでも、差押えの効力が上記送達の時点で生ずることにそぐわない事態とならない程度に速やかに、かつ、確実に、差し押さえられた債権を識別することができるものでなければならないと解するのが相当であり、この要請を満たさない債権差押命令の申立ては、差押債権の特定を欠き不適法というべきである」との一般論を示した上で、上記のような「申立てにおける差押債権の表示は、送達を受けた第三債務者において上記の程度に速やかに確実に差し押さえられた債権を識別することができるものであるということはできない」として、「申立ては、差押債権の特定を欠き不適法というべきである」と判示した。

その後、この判例を前提としつつ、金融機関の複数店舗のうち、預金債権額合計の最も大きな店舗の預金債権を差押えの対象とする旨の表示（「預金額最大店舗指定方式」）による申立てについても、これを不適法と判示する最高裁決定が現れている（最決平成25年１月17日判時2176号29頁）。

以上のような差押債権の特定に関する問題は、たしかに一方では第三債務者である金融機関の側が行うべき作業の手間と負担すべきリスク（二重払いの危険、債務不履行責任追及のおそれ）、また預貯金債権の正確な情報を精査するまでにかかる時間を考慮しなければならないが、他方ではそもそも債権者側で債務者財産を事前に調査することの限界（情報の非対称性）が背景事情にあった[*15]。

今回の改正法による、債務者の預貯金債権等に係る情報の取得手続（改正民執207条）の創設は、前記のような問題状況を打開する積極的対

*15　谷口園恵「判解（平成 23 年決定）」最判解民事篇平成 23 年度（下）628 頁参照。

応として評価することができる。また、同手続では、振替社債等に係る情報の取得も可能となっている。これに対して、前述のように振替社債等以外の金融商品（金商２条24項参照）や生命保険契約解約返戻金請求権等に関する情報は対象外となっているため、これらに関しては財産開示手続や弁護士会照会によって対処する必要があろう。

⑷　財産開示手続と詐害行為取消権との連携の可能性

財産開示手続では、財産開示期日における開示義務者の陳述の時点で債務者が有する積極財産に関する陳述義務を負わせるに留まり、それ以前に処分された財産については陳述義務の対象としていない。これに対して、中間試案の段階までの検討課題として、財産開示手続と詐害行為取消権（平成29年改正民法424条以下）を関連付けて、過去に処分された財産に関する情報をも陳述義務の対象とする見解の是非が議論されていた[*16]。

結局、この見解の採用は見送られた。しかし、現行法の下での財産開示手続においても、現在の債務者財産に関する開示義務者による陳述の正確性を担保するために、財産開示期日において執行裁判所及び申立人は質問をすることが認められており（民執199条３項、４項）、特に申立人については、「債務者の財産の状況を明らかにするため」であれば、債務者の過去の財産処分に関する情報についても質問対象となしうるであろう[*17]。そうすると、現行法の下、過去の財産処分一般に関して探索的な質問を行うことは難しいとしても、現在の債務者財産と関連性のある過去の財産処分行為に関しては、詐害行為取消権の行使による対応を想定しつつ、財産開示手続において情報を探るという利用の在り方を模

---

*16　詳細については、「中間試案の補足説明」12-13頁。

*17　「民事執行手続に関する研究会報告書」（部会参考資料　1）10頁（注　2）において、「例えば、『○○という財産を持っていたはずだが、譲渡したのか。その対価はどうしたのか。』との質問は、財産開示期日の時点における債務者の財産状況との関連性があることから、現行法でも認められるといわれている。」と指摘されている。

索することも有意義ではないだろうか。

第3　不動産競売における暴力団員の買受け防止に関する規定の新設

平成19年（2007年）に、暴力団等の反社会的勢力による企業に対する不当要求等の被害防止のため、反社会的勢力との間において、企業が取引を含めた一切の関係を遮断することを基本原則とし、「反社会的勢力との関係遮断は、企業防衛の観点からも必要不可欠な要請である」旨を掲げる「企業が反社会的勢力による被害を防止するための指針」（平成19年6月19日犯罪対策閣僚会議幹事会申合せ）が策定・公表された。それ以降、今日に至るまで金融機関をはじめとする事業者による反社会的勢力の排除が推し進められている。このような動向を踏まえて、今般の改正において、不動産競売（不動産強制競売及び担保不動産競売）において、暴力団員等による買受けを防止する規律が新たに設けられた。

いかなる事例が改正法による規律に該当しうるのか等、この新たな規律の解釈や運用の在り方については、今後の課題となりうると思われる。併せて、民事法への影響という観点からは、契約当事者等に関する反社会的勢力該当性の認定[*18]、約款に含まれる暴力団排除条項（いわゆる暴排条項）の解釈にも影響を及ぼすものと考えられる。

*18　信用保証協会と金融機関との間で保証契約が締結されて融資が実行された後、主たる債務者が反社会的勢力であることが判明した場合において、信用保証協会の保証契約の意思表示に要素の錯誤がないとされた事例として、最判平成28年1月12日民集70巻1号1頁等参照。

第４　子の引渡しの強制執行に関する規律の整備

1　改正の背景事情

子の引渡しを求める請求権（子の引渡請求権）について、その実体法上の性質は、今日、親権者又は監護者による親権又は監護権の行使に対する妨害の排除を求める請求権であると理解されている[*19]。その上で、子の引渡しを強制執行の方法によって実現しようとする場合[*20]、従来はこれを直接規律する明文の規定が民事執行法には置かれていなかったため、いかなる方法で強制執行を行うべきか、という点が実務上問題となっていた。そこでは、一方で子の心身の負担をできるかぎり軽減するように配慮しつつ、他方において、子の引渡しを命じる裁判の実効性を確保する要請に応える必要があった。

まず、子の引渡請求権の執行につき、直接強制の方法によることは許されず、間接強制の方法のみが認められるという見解（間接強制説）があり、かつての実務運用の主流もこれに拠っていたとされる。しかし、

---

*19　最判昭和35年３月15日民集14巻３号430頁は、子の唯一の親権者が第三者に対して子の引渡しを求めた事案において、子の引渡請求は、民法821条に基づく居所指定権によりその居所を定めることを求めるものではなく、親権者の子に対する親権行使に対する妨害排除に基づくものであることを前提としている。なお、最決平成29年12月５日民集71巻10号1803頁参照。

*20　強制執行の方法以外の主なものとして、人身保護法に基づく人身保護請求として子の引渡しを請求する方法があり、迅速かつ確実な子の確保のために有用であるとして、多く利用されてきた。もっとも、権限に基づかずに子が拘束されていること（人身保護規則４条本文）が要件とされており、判例の解釈によってその適用範囲は限定されている（最判平成５年10月19日民集47巻８号5099頁、最判平成６年４月26日民集48巻３号992頁等参照）。

なお、子の監護に関する処分（民法766条２項等）について審判がなされた場合（家事事件手続法39条、別表第２・３項）、この審判を行った家庭裁判所は、義務の履行状況の調査及び履行の勧告（同法289条）をすることができるが（勧告に従わない場合も、制裁規定は設けられていない。）、履行命令（同法290条）の適用対象ではない。

これでは実効性を欠くと批判されてきたため、つぎに、直接強制として執行官による取上げが許される（民執169条１項の類推適用）という見解（直接強制説）が有力に主張されて、近時の実務も、間接強制のほか、この直接強制の方法に依拠した運用が行われてきたとされる。もっとも、実際に執行官が直接強制を実施する際の実務の現場における様々な問題点やその実効性が議論されていた[*21]。さらに、これに加えて、平成25年（2013年）にいわゆるハーグ条約（国際的な子の奪取の民事上の側面に関する条約。1980年採択、1983年発効）承認に伴い制定されたハーグ条約実施法（国際的な子の奪取の民事上の側面に関する条約の実施に関する法律）との関係で、国内における子の引渡しの強制執行にも妥当する範囲でこれを参照しつつ、かつ両者に共通する規律を設ける必要性も生じていた。

そこで、以上のような状況に鑑み、今回の改正法では、民事執行法上、国内の子の引渡しの強制執行に関する規律の明確化がなされるとともに、これと平仄を合わせる形で、ハーグ条約実施法上の国際的な子の返還の強制執行に関する規律の見直しも行われた。

2　国内の子の引渡しの強制執行に関する規律の概要と民事法に対する影響

⑴　国内の子の引渡しの強制執行に関する規律の概要

今回の改正法において「子の引渡しの強制執行」という固有の枠組が

*21　従前の実務運用の詳細と具体的な問題状況については、小津亮太「国内の子の引渡しの強制執行における専門家の関与の取組みと留意点」新民事執行実務14号３頁、加藤誠＝宮下節子「家庭裁判所における子の引渡しをめぐる紛争とその解決の実情」同10頁、稲田知江子「子の引渡しの直接強制――事例を基に――」同18頁、竹田光広〔司会〕ほか「【座談会】国内の子の引渡執行の実情――子奪取条約実施法施行以降の動向――」同29頁、下坂節男「子の引渡しの強制執行における実務の実情――FPICでの立会人等の事例を中心に――」家庭の法と裁判研究会編『改正民事執行法における新たな運用と実務――債務者財産の開示・情報取得手続と子の引渡しの強制執行を中心に――（家庭の法と裁判号外）』（日本加除出版株式会社、2020年）83頁等を参照。

新たに設けられ、この強制執行は、執行裁判所が決定により執行官に子の引渡しを実施させる方法（直接的な強制執行）又は間接強制の方法（民執172条１項）のいずれかにより行うものとして明文によって定められた（改正民執174条１項１号、２号）。

このうち、直接的な強制執行の方法（改正民執174条１項１号）による申立ては、❶間接強制決定が確定した日から２週間を経過したとき（当該決定において定められた債務を履行すべき一定の期間の経過がこれより後である場合にあっては、その期間を経過したとき）、❷間接強制の方法を実施しても、債務者が子の監護を解く見込みがあるとは認められないとき、又は❸子の急迫の危険を防止するため直ちに強制執行をする必要があるときのいずれかに該当するときでなければすることができない（同条２項１号から３号まで）。また、執行裁判所は、直接的な強制執行を実施する旨の決定をする場合には、債務者を審尋しなければならない（同条３項本文。ただし、子に急迫した危険があるときその他の審尋をすることにより強制執行の目的を達することができない事情があるときは、この限りでない。同条項ただし書）。さらに、執行裁判所は、上記決定において、執行官に対し、債務者による子の監護を解くために必要な行為をすべきことを命じなければならない（同条４項）。

なお、前記の債務者による子の監護を解くために必要な行為を行う要件として、子が債務者と共にいること（同時存在）に関する規律は設けられてはいないものの、債権者又はその代理人が執行場所に出頭した場合に限りすることができるものとされている（改正民執175条５項、６項）。

直接的な強制執行の方法によって子の引渡しを実現するに当たっては、執行裁判所及び執行官は、子の年齢及び発達の程度その他の事情を踏まえ、できる限り当該強制執行が子の心身に有害な影響を及ぼさないように配慮しなければならないとの規定が置かれている（改正民執176条。配慮義務規定）。この規定の趣旨は、個別の事案に応じて、児童心理の専門家を執行補助者等として活用する等、従来の執行実務において行われてきた子の心身の負担に配慮した様々な工夫や、それを実現するための執行官と執行補助者等との適切な連携に向けた工夫を行う運用を一層促すものであるとされている[*22]。この配慮義務そのものはあくまで訓示規定にすぎないものの、子の引渡しの強制執行が、子（児童）[*23]という、執行債権者及び執行債務者から独立した人格を有する法主体を対象としていることを考慮し（児童の権利に関する条約3条1項参照）、後述するように、不動産や動産という物の引渡し又は明渡しを目的とする非金銭執行一般とは一線を画する強制執行である点を法文上においても明らかにするものである。それゆえ、この規定は、子の引渡しの強制執行という固有の枠組を設けた今般の改正法の趣旨を示すという点において重要な意義を有するものと評価することができる。

(2)　民事法に対する影響

前述のとおり、従来、強制執行手続における非金銭執行について、民事執行法は、不動産等又は動産といった「物」の引渡し又は明渡しという枠組での規律しか設けていなかった（民執168条から170条まで）。そのため、子の引渡しの強制執行については、前述のように、間接強制の方法によるほか、動産の引渡しの強制執行に関する民事執行法169条を類推適用して直接強制の方法が採られていた。また、民法上も、子の引

*22　内野編著・前掲*1　284頁。従来の実務運用上の工夫については、前掲*21　参照。

*23　この強制執行の対象となる「子」とは、基本的には、債権者の監護権に服する者が想定され、その年齢については、民事執行法上は特に規定されておらず、個別の事案に応じた運用に委ねられるという（内野編著・前掲*1　226～227頁）。従来の運用では、動産の引渡しの強制執行の類推適用として、国内の子の引渡執行では8歳から10歳程度の児童が対象とされてきたが、これに対して、ハーグ条約実施法では、強制執行の対象となる子は16歳未満の者とされており（同法135条。ハーグ条約4条参照）、国内の子の引渡執行においても、16歳程度の子も執行対象となるとの考え方もありうると指摘されている（内野編著・前掲*1　227頁）。なお、児童の権利に関する条約においては、「児童」とは、原則として「18歳未満のすべての者」として定義されている（同条約1条）。

渡請求権は、動産に対する所有権に基づく物権的請求権とのアナロジーにおいて、親権又は監護権の行使に対する妨害の排除を求める請求権として解されてきた。

しかし、このように≪子≫を引渡し又はその強制執行の対象とする場合において、≪物≫に関する実体的・手続的規律を用いることは、たしかに、やむを得ない類推適用の局面であったものの、実体法及び手続法上の理念及び運用の双方の側面において、どうしても子の心身に対する配慮を欠く事態が生じうるという弊害があったと言わざるをえない。

今回の改正は、物の引渡しとは異なる、「子の引渡しの強制執行」という固有の枠組が設けられ、さらに前述の配慮義務規定が定められたことを前提に、子の引渡請求権に関する民法上の法的性質をはじめとして、子の関わる民事事件における従来の実体法及び手続法上の解釈の在り方を改めて検討し直す契機をもたらすのではないかと考えられる。具体的には、子の引渡しを求める請求権（子の引渡請求権）の民法上の法的性質については、親権者又は監護者による親権又は監護権を基礎とするとしても、物権的請求権のアナロジーとしての妨害排除請求権という法律構成を採るのではなく、固有の法律構成を模索することも求められるであろう。

第５　差押禁止債権をめぐる規律の見直し

その他、債権執行事件の終了をめぐる規律の見直し（改正民執155条５項から８項まで）と差押禁止債権をめぐる規律の見直しがなされたが、民事法に対する影響がありうるのは、後者の点である。すなわち、差押禁止債権に関して、今般の改正において、その範囲そのもの（民執152条１項各号、２項）の見直しは結局見送られたものの[*24]、範囲変更に

*24　中間試案の段階においては、比較的少額の給料等の債権が差し押さえられる事案等を念頭に置きつつ、「現行の規律による差押禁止範囲に加えて、支払期に受けるべき給付

関する手続（民執153条）について新たな規律が設けられた。

執行裁判所は、債務者及び債権者の生活の状況その他の事情を考慮して、差押命令の全部若しくは一部を取り消し、又は差押禁止債権部分について差押命令を発することができるとされているが、執行裁判所の職権による変更は認められず、債権者又は債務者の申立てによらなければならない（民執153条１項、２項）[*25]。しかし、債権者による差押債権の取立て又は転付命令の確定がなされれば（なお、債権者の取立権が生ずるのは、債務者に対する差押命令の送達日から１週間を経過したとき〔民執155条１項〕、転付命令の確定は、原則として債務者が裁判の告知を受けた日から１週間を経過したときである〔民執159条４項、10条２項〕）、差押禁止債権の範囲の変更を行う余地がなくなるため、特に債務者が短期間でこの変更を申し立てることは事実上困難であり、範囲変更の制度はほとんど機能していない旨が指摘されていた[*26]。そこで、今般の改正により、裁判所書記官は、差押命令を送達するに際し、債務者に対し、差押禁止債権の範囲を変更するための差押命令の取消しの申立てをすることができる旨等の事項を教示しなければならない（改正民執145条４項）という手続教示の規律が導入されるとともに、債務者による申立て準備のために、債務者に対して差押命令が送達された日から４週間を経過するまでは、配当等を実施してはならない（155条２項）との規律が設けられた（ただし、例外として、扶養義務等〔民執151条の２第１項各号〕に係る金銭債権を執行債権とする場合を除く。同条項括弧書）。

のうち一定の金額まではその全額を差押禁止とするものとする考え方について、引き続き検討するものとする。」（第５・１）と言及されていた。法制審議会・民事執行法部会「部会資料 9－2」（以下の引用においては、「部会資料」と省略する。）参照。

*25　差押禁止動産に関する規律も同様である（民執132条１項、２項）。これに対して、破産手続における自由財産の範囲拡張については、破産者の申立てのみならず、職権によっても行うことができる（破産34条４項）。

*26「部会資料 9－2」参照。

以上の改正により、差押禁止債権の範囲について、定型的な枠組みを前提としつつも、そこから生じる不都合については、債務者からの申立てを受けて、執行裁判所が個々の債務者の具体的事情に即して判断する変更手続の実効性が確保されたと評価することができる。この手続が活用されれば、もちろん債務者による申立てによって常に変更が認められるわけではないものの、民法上の一般財産及び責任財産の概念につき、個別の強制執行手続において初めてその範囲が定まるという流動性をもたらす要因となりうる。

第6　結びに代えて

今般の民事執行法改正は、従前の執行実務における問題状況を踏まえて、その解決に向けた新しい規律又は手続を創設し、また、従前の問題状況を積極的に解消しようと努めていると評価することができる。それゆえ、同改正は、民事執行法のみならず、直接的ではないとしても民事法全般に対して、手続の側面、制度の側面又は概念の側面において、少なからぬ影響を及ぼす契機を含むといえよう。ただし、その影響の程度は、施行後の運用の在り方次第であり、施行後の状況を注視していく必要がある。

本稿は、科学研究費【課題番号19H01431】の成果の一部である。

（すぎもと・かずし）

第7章　執行法と倒産法 ～今後の検討課題として～

南山大学法学部教授　小原　将照

第1　はじめに

強制執行等が開始された後、当該強制執行等が終了する前に、各種の倒産手続（破産、民事再生、会社更生、特別清算）が開始される場面は珍しいわけではない。当然、債権者個々の権利実現のための手続である強制執行等と、全債権者と債務者間の包括的な権利実現・権利調整のための手続である倒産手続が競合した場合には、倒産手続が優先されることになり、新たな強制執行等を開始することはできず（破産42条1項、民再39条1項、会更50条1項、会社515条1項）、既に開始されている強制執行等は、効力を失う（破産42条2項、会社515条2項）か、中止する（民再39条1項、会更50条1項、会社515条1項）と定められている。このように倒産手続が優先されるのは、各倒産手続が債権者の個別的権利行使を禁止しており（破産100条1項、民再85条1項、会更47条1項、会社500条1項）、また、事業又は経済生活の再生（民再1条）や株式会社の事業の維持更生（会更1条）のために、強制執行等を制約する必要があると説明される[*1]。

---

*1　伊藤眞ほか『条解破産法〔第2版〕』（弘文堂、2014年）339頁、山本克己＝小久保孝雄＝中井康之編『新基本法コンメンタール破産法』（日本評論社、2014年）102～104頁［垣内秀介］、竹下守夫編集代表『大コンメンタール破産法』（青林書院、2007年）168頁［菅家忠行］、園尾隆司＝小林秀之編『条解民事再生法〔第3版〕』（弘文堂、2013年）203～204頁［河野正憲］、才口千晴＝伊藤眞監修『新注釈民事再生法（上）〔第2版〕』（金融財政事情研究会、2010年）199頁［深山雅也］、伊藤眞『会社更生法』（有

ところで、このような各倒産手続における強制執行等に対する制約は、進行している倒産手続から見れば明確なルールではある。しかしながら、制約される強制執行等、すなわち執行手続から見るとどうであろうか。執行債権者と執行債務者は、それぞれ倒産債権者と倒産者として開始された各倒産手続に参加することになるが、債権執行における第三債務者は、当然に開始された倒産手続に参加するわけではないし、執行裁判所が倒産手続の開始によって執行手続上どのような行為を行うのかも明確に定められているわけではない。このような側面が表れたものとして、近年の東京地裁における破産手続開始決定があった場合の債権執行の取扱いに関する変更がある。

それまで破産手続開始決定があった場合には停止していた債権執行（あるいはその例による執行）の取扱いをあらため、東京地裁における現在の執行実務では、破産管財人の上申があれば職権の発動として執行処分を取り消すこととしている[*2]。その理由は、債権執行の場面においては、第三債務者の立場にも配慮して、権利関係を明確にする必要があること、不動産の強制競売の場合と比較して新たな申立てに伴う負担も少ないと考えられることを、このような執行処分を取り消す取扱いの理由として述べている[*3]。また、後述するが、このような実務上の取扱いを是認する裁判例も存在する[*4]。

このような実務の取扱いについて、次の2点に着目したい。一つは、

斐閣、2012年）320～321頁など参照。

*2　相澤眞木＝塚原聡編著『民事執行の実務〔第4版〕債権執行編（上）』（金融財政事情研究会、2018年）331頁、園部厚『民事執行の実務（下）』（新日本法規出版、2017年）339～340頁、東京地方裁判所民事執行センター「新破産法のもとにおける強制執行手続の取扱い」金法1728号54頁。このような取扱いの変更は、平成12年頃とされている（後掲の*4・東京高決判タ匿名コメント参照）。なお大阪地裁においては事件を終了させる運用がなされている。森純子ほか編『はい6民ですお答えします～倒産実務Q&A～』（大阪弁護士協同組合、2015年）96頁以下参照。

*3　相澤＝塚原編著・前掲*2　331頁、東京地方裁判所民事執行センター・前掲*2　54頁。

*4　東京高決平成21年1月8日後掲第3の3参照。

破産管財人の上申によること、もう一つは、執行裁判所の職権の発動により取り消すこと、である。前者について考えると、なぜ破産管財人の上申であって申立てではないのか、また上申がなければならないのか、という疑問がある。後者については、執行裁判所の職権の発動でしかないのか、また破産裁判所や破産手続との関係はどうなっているのか、という疑問がある。これらは、破産手続における債権執行についての取扱いから生じる疑問であるが、民事執行法と倒産法の交錯する局面における法の在り方を再検討する端緒であるともいえる。

そこで本稿では、民事執行法と倒産法の交錯する局面である強制執行等の開始後、当該強制執行等が終了する前に、各種の倒産手続が開始される場面の規律について、各倒産手続の規定の理解を確認した上で、それが強制執行等にどのような影響をもたらすのかを考察し、今後の検討課題を指摘することを目的とする。

第２　強制執行の停止及び執行処分の取消し

強制執行は、申立債権者が提出する執行力のある債務名義の正本に基づいて開始され、執行機関は、債務名義に表示された権利の存在を前提に迅速な権利実現に専念するという手続構造をとっている。それゆえ、執行力のある債務名義の正本を執行機関に提出して強制執行を申立てないと強制執行が開始されないのと同様、「反対名義」となる執行停止文書が提出された場合に限り、強制執行を停止すると定めている（民執39条１項）*5。その上で、強制執行が民事執行法39条１項１号から６号に掲

*5　上原敏夫＝長谷部由起子＝山本和彦『民事執行・保全法〔第６版〕』（有斐閣、2020年）104～105頁、伊藤眞＝園尾隆司編集代表『条解民事執行法』（弘文堂、2019年）393～409頁［青木哲］、中野貞一郎＝下村正明『民事執行法』（青林書院、2016年）317～318頁、山本和彦＝小林明彦＝浜秀樹＝白石哲編『新基本法コンメンタール民事執行法』（日本評論社、2014年）117～118頁［池田弥生］、中野貞一郎『民事執行法〔増補新訂６版〕』（青林書院、2010年）339頁、浦野雄幸編『基本法コンメンタール民事

げる文書が提出されて停止した時には、既にした執行処分の取消しも必要である旨が定められている（民執40条1項）。

では、各倒産手続の開始決定の正本などは、これら執行停止文書[*6]に該当するのであろうか。破産手続開始前の保全処分（破産24～26条）、民事再生・会社更生手続開始前の中止命令（民再26～28条、会更24～26条）などが7号文書に該当する旨を述べるもの[*7]、免責許可決定の正本についてこれらの文書に該当するか否かで議論があると指摘するもの[*8]、を見ることができたが、その他に見ることができなかった。

しかしながら、倒産手続開始決定前の保全処分として、中止した強制執行等の取消しを命じることができるとされていること（破産24条3項、民再26条3項、27条4項、会更24条5項、25条5項）、手続開始決定により強制執行等は効力を失うこと（破産42条2項、会社515条2項）、あるいは中止すること（民再39条1項、会更50条1項、会社515条1項）、また、計画認可決定の確定により、中止した手続が失効すること（民再184条、会更208条）から、これらの各種の決定等の正本が執行停止文書に当たるようにも思えるが、執行停止文書に該当するか否かを明示するものは見ることができなかった。それゆえ、倒産手続開始決定前に開始された執行手続において、各倒産手続における各種の決定等の正本がどのような役割を果たすのかという点については、詳細に議論されていないように思われる。これまでの議論は、主に強制執行等の開始後に倒産手続が開始された場合に、倒産法の規定により当該強制執行等がどのよ

執行法〔第6版〕』（日本評論社、2009年）131～136［斎藤秀夫＝斎藤和夫］など。

*6　1号ないし6号の文書は、執行手続の停止にとどまらず取消しまで求めており、7号及び8号のように執行手続の停止にとどまる文書とは異なるものであるが、本稿では一律に「執行停止文書」として扱う。

*7　山本＝小林＝浜＝白石編・前掲*5　119頁［池田弥生］。旧法下におけるものとして、近藤崇晴＝大橋寛明＝上田正俊編『民事執行の基礎と応用〔補訂増補版〕』（青林書院、2000）118～119頁［最上侃二］。

*8　伊藤＝園尾編集代表・前掲*5　397～398頁［青木哲］、浦野編・前掲*5　135頁［斎藤秀夫＝斎藤和夫］。

うな取扱いを受けるのか、という問題だけを議論していたと思われる。

第3　破産手続と執行手続

1　「破産財団に対してはその効力を失う」の意味

最初に述べたように、破産手続開始決定があった場合、破産財団に属する財産に対して破産債権に基づく強制執行等をすることは許されず（破産42条1項）、破産手続開始時に既にされていた強制執行等の続行も許されるものではなく、破産手続開始決定により「破産財団に対してはその効力を失う」と定められている（同条2項）[*9]。

この破産法42条2項にいう「破産財団に対してはその効力を失う」の意味については、古くから議論されていた。破産法42条2項の前身である旧破産法70条立法当初の学説は、主として破産手続開始決定が即時抗告によって取り消された場合に、強制執行等の効力が復活するという帰結を説明するもの（「時間的相対無効」とも呼ばれる）、という理解が示されていた[*10]。しかし、近時の学説は、むしろ強制執行等が破産財団に不利益な処分となる限度で効力を失う趣旨であり、破産管財人としては、強制執行等の効力を破産財団にとって有利とみれば、それを援用することができ、破産法42条2項ただし書が破産管財人による手続の続行を定めていることもこのことを前提としたもの（「内容的相対無効」と

*9　ただし、破産手続開始決定前に終了した強制執行等の効力は失われず、否認の対象となる（破産165条）だけと解されている。斎藤秀夫＝麻上正信＝林屋礼二編『注解破産法〔第三版〕（上巻）』（青林書院、1998年）379頁［永田誠一］、伊藤ほか・前掲*1　343頁、山本＝小久保＝中井編・前掲*1　104頁［垣内秀介］、竹下編集代表・前掲*1　171頁［菅家忠行］など。

*10　前野順一『破産法』（三省堂、1928年）141頁、加藤正治『破産法研究第7巻』（有斐閣、1927年）49頁など。

も呼ばれる）、との理解が多数になっている[*11][*12]。そして、このような多数の理解を前提として、破産法42条２項にいう相対的無効とは破産管財人の管理処分との関係において、破産管財人がその障害となる執行処分を無視して管理又は換価をなすことができるという意味での無効である、と一般的に説明されている[*13]。そして、その反対解釈として、形式上残存する係属中の強制執行等について破産管財人には取消しを求める利益はないと解されており[*14]、外形上存在する係属中の強制執行等を取り消す申立権は破産管財人にはないと解する帰結に至る[*15]。

2　執行裁判所の対応

以上のような破産法42条２項の理解を前提として、強制執行等が既に開始され、その終了までの間に破産手続が開始された場合に、執行裁判所はどのような対応をとるべきか、という点について、次の二つの見解が取り上げられる[*16]。

一つは、執行裁判所は執行手続を停止しなければならず、また停止すれば足りるとする見解である。旧破産宣告（破産手続開始決定）が既にした執行処分の効力を失わせるものであっても、それは破産財団の関係

---

*11　谷口安平『倒産処理法〔第二版〕』（筑摩書房、1980年）205頁、山木戸克己『破産法』（青林書院、1974年）132頁、斎藤秀夫編『破産法講義』（青林書院新社、1970年）152頁［高島義郎］、竹下編集代表・前掲*1　171頁［菅家忠行］など。

*12　なお、宗田親彦『破産法概説（新訂第４版）』（慶應義塾大学出版会、2008年）200頁は、執行債権者の破産財団に対する関係においてのみ無効として扱う「関係的相対無効」という理解も存在する旨指摘する。

*13　伊藤眞『破産法・民事再生法〔第四版〕』（有斐閣、2018年）448頁、伊藤ほか・前掲*1　345頁、山本＝小久保＝中井編・前掲*1　105頁［垣内秀介］など。

*14　なお、取消の利益があるとして破産管財人の執行異議、施行抗告を認めるべきであるとする見解として、斎藤＝麻上＝林屋編・前掲*9　385頁［永田誠一］がある。伊藤・前掲*13　448頁も「破産管財人はその取り消しを求められる」と述べるが、申立権まで認める趣旨であるかについては判然としない。

*15　東京高決昭和30年12月26日民集８巻10号758頁、東京高決昭和56年５月６日判時1009号70頁参照。

*16　山本＝小久保＝中井編・前掲*1　105頁［垣内秀介］、相澤＝塚原編著・前掲*2　331頁。

で相対的に効力を失わせるものであるから、既にした執行処分を取り消す必要はないと述べる[*17]（「停止説」と呼ばれる）。

もう一つは、旧破産宣告（破産手続開始決定）により破産財団に対する強制執行はその効力を失うとされている趣旨を、破産財団に対する関係で無効とされる相対的なものであるということを前提として、旧破産宣告（破産手続開始決定）により手続が当然に失効するものではないから、宣告（開始決定）がされた段階では手続を停止するにとどめておくべきであると述べる。そして、旧破産宣告（破産手続開始決定）が確定した時に手続の取消しをすべきであるが、手続の停止は旧破産宣告（破産手続開始決定）による法律上当然の効果であり、執行機関において特別の手続を要するものではないが、手続の取消しは当然には生ぜず、執行機関による取消処分を要すると説明する[*18]（「取消説」と呼ばれる）。

これら二つの見解を踏まえて、実務においては停止説に沿った運用がなされている[*19]が、最初に述べたように、債権執行についてのみ取消説に沿った運用へと修正している。

3　裁判例

「第１　はじめに」でも言及したが、債権執行について取消説に沿った形での運用へ変更された後、そのような取扱いを是認する裁判例も登場している。東京高決平成21年１月８日判タ1302号290頁[*20]である。本件は、差押命令の発令後に債務者について破産手続開始決定がなされ、破産管財人より債権差押命令につき取消しを求める上申がなされ、これを受けて執行裁判所が、破産手続開始決定がなされたことを理由として債権差押命令を取り消す決定をしたため、これを不服とする債権者から

---

*17　鈴木忠一＝三ケ月章編『注解民事執行法(1)』（第一法規、1984年）518頁［近藤崇晴］。
*18　香川保一監修『注釈民事執行法(2)』（金融財政事情研究会、1985年）567頁［田中康久］。
*19　相澤眞木＝塚原聡編著『民事執行の実務〔第４版〕不動産執行編（上）』（金融財政事情研究会、2018年）285頁参照。
*20　本決定の評釈として、新谷貴昭「判批」別冊判タ29号228頁がある。

の執行抗告事件である。本決定は、要旨❶～❻のように述べ、抗告を棄却した。

❶　破産法42条２項により差押命令は破産財団に対して効力を失うが、これは破産財団に対してのみその効力を失うに止まり、絶対的に無効となるものではない。

❷　民事執行法上、破産手続開始決定がされた場合に、強制執行等の手続を取り消し得る旨の明文の規定は存在していないため、破産手続開始決定がされたことにより、既に発令されている債権差押命令を当然に取り消すべきであるとはいえず、民事執行法40条の適用はない。

❸　破産手続開始決定がされた場合に、形式的には強制執行手続と破産手続とが併存しているため、特に、債権差押命令では第三債務者において権利関係が必ずしも簡明であるとは言い難く、破産管財人が差押債権を自由に処分することができるとはいえ、その権利行使に事実上の障害があることは容易に推測され、その執行手続の取消しに対する事実上の必要性があることは否定できない。

❹　破産管財人が、執行裁判所に対し債権差押命令について執行手続の取消しを上申するのは、当該破産手続が廃止あるいは取消しなどにより終了する可能性はなく、かつ、強制執行手続の続行も必要ではないと判断した上、差押債権につき換価あるいは取立てなどの具体的な処分をすることを予定している場合である。

❺　破産手続開始決定がされたことにより、債権差押命令を取り消すとすれば、差押債権者は破産手続が廃止されるなどして破産財団が消滅した場合に効力を回復しえたはずの強制執行手続がなくなるため、再度の強制執行の申立てをしなければならない不利益を被ることになるが、破産管財人が執行手続の取消しを上申するのは、（上述の通り）破産財団が消滅して強制執行の手続の効力が回復することがほとんど想定しえない場合に限られるから、差押債権者が不利

益を被る可能性も限りなく小さい。

❻　破産手続開始決定がされた場合に、当然に債権差押命令を取り消すべきであるとはいえないものの、破産管財人が執行手続の取消しを上申した場合に限っては、債権差押命令の取消しによる差押債権者の不利益が限りなく小さいのに比べ、その取消の必要性が事実上のものであるとはいえ存在することから、債権差押命令を取り消すことができる。

この決定は、東京地裁の実務について明文上の根拠等が明らかでなかった取扱いについて、民事執行法40条に基づくものではない、とした点に意義がある[*21]とされている。債権執行における破産管財人の上申による執行処分の取消しについて、差押債権者に及ぼす不利益も踏まえて検討している点は、他の執行処分の取消しの場面においても参考になるものと考えられる。ただし、明文の規定に拠らず執行処分を取り消すことの是非について、十分な理由付けがされているとは言い難いと考える。

第4　民事再生手続・会社更生手続と執行手続

再建型手続である民事再生法や会社更生法は、執行手続が開始され、その終了までの間に両手続の開始決定がなされた場合、その手続は中止すると定めている（民再39条１項、会更50条１項）[*22]。加えて、強制執行等の手続を中止しただけでは事業の再生・更生が困難であるような場合には、強制執行等による差押えを消滅させる必要があり得る。そこで、裁判所は、再生・更生のために必要があると認めるときは、再生債務者等・更生管財人の申立て又は職権で、再生手続開始決定・更生手続開始決定により中止した再生債権・更生債権等に基づく強制執行等の手続の

*21　新谷・前掲 *20　229頁。

*22　深山卓也ほか『一問一答民事再生法』（商事法務研究会、2000年）69頁、オロ＝伊藤監修・前掲 *1　198～199頁［深山雅也］、伊藤・前掲 *1　320～321頁など。

取消しを命じることができると定めている（民再39条２項、会更50条６項）[*23]。これら民事再生法、会社更生法の規定が、破産法とは異なり、開始決定により係属中の強制執行等を中止すると定めたことについては、清算型手続である破産手続とは異なり、再建型手続の成功が必ずしも保障されていないためであるとされている[*24]。

また、再生計画認可決定の確定したとき、あるいは更生計画認可決定がされたときには、以後、その再生計画・更生計画によって事業又は経済生活の再生が図られることになり、再生債権・更生債権等は再生計画・更生計画によって実体的に変更され、再生計画・更生計画に従って弁済を受けるべきものとされる（民再179条、会更205条）ことから、強制執行等の手続は不要となる。それゆえ、中止していた手続は失効すると定めている（民再184条本文、会更208条本文）[*25]。

これらの規定にいう「効力を失う（失効）」の意味について、旧会社更生法の時代より、単に手続の続行が禁止されるだけでなく、当該手続が遡及的になかったものになることを意味するが、手続の性質上具体的な事後処理が必要になる、と説明されている[*26]。強制執行等に関しては、その手続が中止されている間も個々の処分は維持されていると解されているが、それがこれらの規定にいう「効力を失う」との関係でどのようになるのかについては、理解が分かれている。

その意味について、当然に失効するから改めて取消決定をする必要は

*23　才口＝伊藤監修・前掲 *1　200 頁［深山雅也］、伊藤・前掲 *1　320 ～ 321 頁。

*24　兼子一監修『条解会社更生法（上）』（弘文堂、1973 年）578 頁、伊藤・前掲 *1　321 頁。なお、立法の先後からすでに存在した旧会社更生法の規定（旧会社更生法 67 条 1 項、6 項、246 条 1 項本文）に基づいて、民事再生法の規定が定められたと解すべきと考えられ、実際、民事再生法のこれらの規定の解釈については、会社更生法に関するものの引用が見られる。

*25　才口＝伊藤監修『新注釈民事再生法（下）〔第 2 版〕』（金融財政事情研究会、2010 年）154 ～ 155 頁［馬杉榮一］、伊藤・前掲 *1　650 頁。

*26　兼子一監修『条解会社更生法（下）』（弘文堂、1974 年）790 頁、才口＝伊藤監修・前掲 *25　155 頁［馬杉榮一］。

ない、という見解[*27]も存在するが、個々の処分の効力が維持されていることから、執行処分取消の申立てを受けて、執行裁判所における執行処分の取消しの裁判を必要とし、これにより形式的にも強制執行等が終了するとの見解[*28]が多数であると思われる。ただし、実務上は、執行取消の上申を受けて、執行裁判所が職権で取消決定を行い、この取消決定には抗告（民執12条）を認めるとの扱いが多いとの指摘もある[*29]。

第5　特別清算手続と執行手続

特別清算開始の命令があった場合には、清算株式会社は、協定債権者に対してその債権額の割合に応じて弁済をしなければならない（会社537条1項）。それゆえ、個別的な強制執行等を認めると協定債権者間の公平を害するため、強制執行等を開始することはできず、既に開始されているものは中止され（会社法515条1項）、特別清算開始命令の確定により、中止した強制執行等は効力を失うと定められている（同条2項）[*30]。

ここでいう「効力を失う」の理解については、様々な見解がある。平成17年改正前商法の下では、通常清算に関する旧商法382条から385条が特別清算に準用され（旧商法433条）、強制執行等の取扱いについては、旧商法383条2項開始の命令による中止を、同条3項で開始命令の確定により「効力ヲ失フ」旨を定めていた。これらの規定について、破産の

*27　山内八郎『実務会社更生法（改訂三版）』（一粒社、1971年）412頁。

*28　園尾＝小林編・前掲*1　971頁［畑宏樹］、才口＝伊藤監修・前掲*25　155頁［馬杉榮一］、兼子監修・前掲*24　790頁。

*29　相澤＝塚原編著・前掲*2　351頁、358～359頁、同・前掲*19　296頁、才口＝伊藤監修・前掲*25　156頁注※1［馬杉榮一］。

*30　開始決定の確定の効果を定めているのは、他の法的倒産手続とは異なる点である。松下淳一＝山本和彦編『会社法コンメンタール13－清算⑵』（商事法務、2014年）33頁［松下淳一］。

場合の同旨の規定に倣ったと説明されている[*31]が、通常清算に関する旧商法383条３項にいう「整理ノ関係ニ於テハ効力ヲ失フ」の意味について、学説が分かれているとされていた。多数説は、整理の関係においてはその強制執行が存在しないものとして、それに基づく効力を無視しうるという意味に解し、整理の終了によって、整理手続中、整理の関係において処分されなかった財産に対する強制執行は復活すると解している[*32]。この見解に対して、和議や会社更生より強い効力を認めることになるとして、整理会社が執行機関に対してその強制執行等の取消しを申立てうる状態を作り出したにすぎないと解するのが妥当であるとする見解が主張されている[*33]。この見解に基づくと、整理会社は整理開始決定の確定証明書を添付して執行機関に申し立てることによって強制執行等の取消しがなされるものと解し（民執39条１項１号、40条）、強制執行等はその取消しの時に確定的に効力を失い、いったん失効した以上、たとえ予定されていた処分がなされなかったとしても、また整理手続が終了しても効力を回復することはない。逆に、整理手続中、以上のようにして取消しがなされなかった手続は、整理手続の終了によって、当然に中止直前の状態に戻る、つまりその手続の取消しを申し立てうる状態が解消したことを意味し、整理手続の終了により中止が解消した後は自由に強制執行等を続行しうると説明する[*34]。

その後の下級審裁判例では、債権差押命令の効力が失われるので、当該命令に基づく取立権（民執155条１項）も消滅すると判断したものがある[*35]。

---

*31　上柳克郎＝鴻常夫＝竹内昭夫編『新版注釈会社法⒀』（有斐閣、1990年）400頁［青山善充］。

*32　松田二郎＝鈴木忠一『条解株式会社法（下）』（弘文堂、1951年）588頁、鈴木竹雄＝坂部悟『会社整理・更生』（青林書院、1955年）290頁など。

*33　柳原光蔵『会社の整理・特別清算手続の実証的研究』（法曹会、1965年）100頁、上柳＝鴻＝竹内編・前掲*31　156頁［青山善充］。

*34　上柳＝鴻＝竹内編・前掲*31　156～157頁［青山善充］。

*35　東京地判平成10年10月19日判時1697号119頁。

近時の説明は、やや様相が異なる。改正後の会社法515条2項にいう「その効力を失う」の意味について、破産法と同様、特別清算手続との関係では失効するという相対的失効を定めたものと説明するもの[*36]、特別清算が清算型処理の典型であるから、最終的に処理を免れた特定財産について民事再生の場合のように強制執行手続等が「復活」することは考え難く、文字通り強制執行等がまったく効力を失うと理解してよいとするもの[*37]、中止中の強制執行等における個々の執行処分の効力を失わせるためには、清算株式会社が個々の執行裁判所に特別清算命令が確定したことを示して、執行取消しの裁判（民執39条1項1号、40条1項）を得て、執行手続を終了させることになるとするもの[*38]があり、統一した理解が示されている状況ではない。実務においても、特別清算手続との関係でその効力を失うと説明するもの[*39]が多く、それ以上の説明を見ることはできなかった。

第6　破産手続と執行手続の交錯場面の具体的考察～モデルケースを用いて～

以上、各倒産手続と執行手続が交錯する場面において、従来の倒産法の規定の解釈と執行手続における実務の取扱いを見てきた。しかしながら、具体的にどのような問題が生じるのかについては判然としない。また、先行する研究も見ることができなかった。そこで、今後の議論の前提を考えるためにも、破産手続と執行手続が交錯する場面を取り上げ、いくつかのモデルケースを設定し、問題点をより具体化することを試みる。

---

*36 江頭憲治郎＝中村直人編『論点体系会社法 4』（第一法規、2012年）218頁［進士肇］。

*37 奥島孝康＝落合誠一＝浜田道代編『新基本法コンメンタール会社法 2〔第2版〕』（日本評論社、2016年）555頁［大塚英明］。

*38 松下＝山本・前掲*30　37頁［松下淳一］。

*39 園部厚『民事執行の実務（上）』（新日本法規、2017年）95頁、同・前掲*2　344頁、相澤＝塚本編著・前掲*2　359頁、近藤＝大橋＝上田編・前掲*7　101頁。

1　債権執行の場面

(1)　モデルケース

X（債権者）が、債務名義に基づき、Y（債務者）がZ銀行（第三債務者）に有する預金債権について、差押命令の申立てを行い、差押命令が発令されたとする。当該差押命令に基づく債権執行が終了する前に、Yについて破産手続開始決定がなされ、Aが破産管財人に選任された。破産管財人であるAは、Yの破産財団所属財産であるZ銀行に有する預金債権を換価するため、Z銀行に対して預金の支払を求めた。

(2)　手続の交錯から生じる問題

債権執行において、差押命令が発令されると、債務者は第三債務者に対する債権の取立て等の処分が禁止されるとともに、第三債務者は債務者に対する弁済が禁止される（民執145条1項）。債権執行は、取立て時、転付命令・譲渡命令等の第三債務者への送達時（民執155条3項、160条、161条7項）あるいは配当又は弁済金の交付（民執166条1項1号、2号）によって終了するため、それまでの間に、当該債務者について破産手続が開始された場合が、モデルケースにおける手続の交錯場面である。

債権差押命令は、債務者に対する破産手続開始決定により、破産手続に対してはその効力を失うため（破産42条2項）、破産管財人は差押命令を無視して、第三債務者から債権を取り立てることができる。モデルケースで見れば、AはZ銀行に対して、Xの申立てに係る差押命令を無視して、預金の支払を求めることができることになる。

ところが、第三債務者の立場から見れば、差押命令によって債務者への弁済が禁止されており、これに反して弁済をすれば二重に弁済をしなければならないリスクを負うことになる（民法481条１項）[*40]。また、破産管財人の実体法上の地位は、実体法上第三者が保護される定めが置かれている場合や、破産法上特別の定めが置かれている場合を除き、破産者たる債務者の一般承継人と見なされる[*41]ことから、第三債務者としては、破産手続開始決定があったとしても、禁止されている債務者への弁済行為に他ならず、二重に弁済をしなければならないリスクを負うことには変わりがない。

モデルケースで考えると、破産手続上、ＡはＹの一般承継人と見なされることから、Ｘの申立てに係る債権差押命令の弁済禁止の効力と、破産手続開始決定による破産法42条２項にいう「効力を失う」ことによる手続上の効果との関係が明確ではなく、Ｚ銀行が二重に弁済をしなければならないリスクがあるにもかかわらず、破産管財人のＡがＹの破産財団の管理・換価として預金債権の弁済を請求するのである。

そこで、第三債務者の立場にも配慮して、権利関係を明確にする必要があることから、近年の債権執行に関する東京地裁の取扱いの必要があると考えられる[*42]。

2　不動産執行の場面

⑴　モデルケース

Ｘ（債権者）が、債務名義に基づき、Ｙ（債務者）が所有する不動産（甲地）について競売申立てを行った。Ｘの申立てに基づいて強制競売開始

*40　伊藤＝園尾編集代表・前掲 *5　1206 頁［下村眞美］、中野・前掲 *5　673 頁、山本＝小林＝浜＝白石編・前掲 *5　360 頁［池田弥生］など。

*41　伊藤・前掲 *13　357 頁参照。

*42　なお、今回の民事執行法の改正において、債権執行事件の終了事由の見直しがなされ、長期間放置されている事件への対策が取られた（民執 155 条 5 項、6 項参照）。このような長期間放置されている事件には、本稿で検討した手続の交錯場面も含まれているのではないかと考える。

決定がなされ、甲地には差押えの登記がなされた。その後、強制競売手続が進行し手続が終了する前に、Yについて破産手続開始決定がなされ、Aが破産管財人に選任された。破産管財人であるAは、Yの破産財団所属財産として甲地について、管理を行い、換価することとなった*43。

(2)　手続の交錯から生じる問題

債務者の所有する不動産について、債務名義に基づく強制競売開始決定がなされた場合、配当等の実施によって手続が終了する（民執92条）、あるいは執行処分の取下げ、執行処分の取消し（民執39条1項1号～6号、40条1項）、不動産の滅失等による強制競売の手続の取消し（民執53条）、剰余を生ずる見込みの無い場合（民執63条2項、3項）などにより開始された強制競売手続が終了する前に、債務者について破産手続開始決定がなされた場合が、モデルケースにおける手続の交錯場面である。

強制競売開始決定がなされると、差押えの登記（民執48条）がなされる。この登記は、代金納付による抹消（民執82条1項3号）や、申立ての取下げ又は執行処分の取消しによる登記の抹消（民執54条1項）まで存続する。

さて、債務者（破産者）の所有する不動産に対する強制競売手続は、債務者に対する破産手続開始決定により、破産手続に対してはその効力を失うため（破産42条2項）、破産管財人は、当該強制競売手続に関係なく、債務者（破産者）の所有する不動産を管理し、破産配当のために換価することが可能である。モデルケースで見れば、Aは甲地を管理

*43　このようなモデルケースを設定したが、現実には不動産には担保権が不動産価値全体にわたって設定されており、無担保債権者が強制競売を行ったとしてもその実効性は低いとされている（上原＝長谷部＝山本・前掲*5　109頁、中野・前掲*5　385～386頁など参照）。したがって、モデルケースで設定したような執行法と倒産法が交錯する場面はあまり考えられず、その結果、これまで実務上、交錯場面が問題とならなかったのではないか、と考えられる。

し、換価することができることになる。ただし、ここでは次の点に留意しなければならない。破産管財人は、既にされている債務者財産に対する強制執行等について、破産財団のために続行することができる（破産42条2項ただし書）[*44]。この規定は、破産財団の換価のために破産管財人が既存の強制執行等を利用した方が効率的である場合を想定したものであり、執行債権者の地位が従来の債権者から破産管財人に交代することになる[*45]。したがって、破産管財人が、不動産に対する強制競売手続について続行した場合には、手続の交錯が生じることはない[*46]。

では、破産手続開始後、破産法42条2項に基づき既にされている債務者財産に対する強制執行等に関係なく、破産管財人が、対象不動産を管理・換価すると、具体的にどのような手順を踏むことになるのか。まず、破産管財人が既にされている強制執行等の続行を希望しない場合には、執行裁判所に強制執行停止の上申書を提出することで、執行手続を停止する取扱いがされる[*47]。その上で、一般的な破産財団所属財産としての不動産の管理・換価手続が進められることになる。破産管財人は、破産財団に属する財産を占有管理することになる（破産79条）。不動産に

---

*44　実務においては、破産管財人が、執行裁判所に手続の続行を求める上申書を提出すれば、その後、破産管財人を当事者として手続が進行することになる。鹿子木康＝島岡大雄編『破産管財の手引き〔増補版〕』（金融財政事情研究会、2012年）110～111頁［勝本禎子］。

*45　伊藤・前掲*13　449頁参照。なお、破産管財人による強制執行は、特定の執行債権実現のためのものではなく、破産手続における破産管財人による換価処分の一方法へと変容する。そのため、破産法42条3項～5項には、そのことに関する定めを置いている。伊藤ほか・前掲*1　348～350頁参照。

*46　なお、破産管財人が、当該不動産を破産財団から放棄した場合（破産78条2項12号）も、破産手続の拘束から外れるため、手続の交錯が生じない場面であるとも考えられる。しかしながら、実務上、不動産の放棄の場面は、オーバーローンの状態にある場合が念頭に置かれているため（伊藤ほか・前掲*1　636～637頁、鹿子木＝島岡編・前掲*44　154～155頁［松戸健一］参照）、無担保の不動産について強制競売手続が開始され、当該不動産が破産手続開始決定後に権利放棄の対象になる場面は、検討対象として現実的ではないと考える。

*47　鹿子木＝島岡編・前掲*44　111頁［勝本禎子］。

ついては、破産管財人の占有・管理下に置かれている旨を記載した告示書を不動産の出入口等の人目のつくところに貼るとされている[*48]。また、破産手続開始は、破産者の管理処分権剥奪や破産債権者の権利行使制限という効果を伴うので、一方で公告や通知によってその周知を図るとともに、他方で、登記簿上にこれを公示して取引の安全を図る必要があるとされる[*49]。そこで、個人である破産者については、破産財団に属する権利で登記・登録があるものは、破産手続開始の登記を嘱託することとされている（破産258条1項2号、262条）[*50]。なお、法人の破産財団に属する権利については、その必要性に乏しいとして、破産手続開始等の登記の嘱託制度は廃止された[*51]。ただし、実務上は、個人の破産財団に属する登記・登録は原則として留保しているとされる[*52]。このような管理に続いて、破産財団に属する不動産について換価が行われる。具体的な換価方法については、破産管財人が適切なものを選択するとされているが、実務においては、任意売却による方が高価で換価できることから、競売の方法を選ぶことはほとんどないとされる[*53]。

以上を踏まえて、モデルケースで考えると、Aは甲地について告示書を掲示し、執行裁判所に対して強制執行停止の上申書を提出し、Xの申立てに係る強制執行手続を停止した上で、甲地の任意売却を進めるこ

---

*48　野村剛司＝石川貴康＝新宅正人『破産管財実践マニュアル』（青林書院、2009年）96頁、鹿子木＝島岡編・前掲*44　105頁［進藤光慶］など。

*49　伊藤・前掲*13　181頁。

*50　任意売却により破産手続開始の登記を存置する必要がなくなったときは、破産法258条3項後段に準じて、破産管財人から破産裁判所に対して、「破産手続開始の登記」の抹消の申立てが行われ、裁判所書記官が「破産手続開始の登記」の抹消を嘱託することになる。伊藤ほか・前掲*1　1727～1728頁、竹下編集代表・前掲*1　1112頁［高山崇彦］。なお、野村＝石川＝新宅・前掲*48　177頁は、破産手続開始の登記の抹消を上申すると説明している。

*51　小川秀樹編『一問一答新しい破産法』（商事法務、2004年）351～352頁。ただし、法人については、当該法人の本店又は主たる事務所の所在地の登記所に嘱託しなければならない（破産257条1項）。

*52　鹿子木＝島岡編・前掲*44　107頁［進藤光慶］。

*53　伊藤・前掲*13　705～706頁、野村＝石川＝新宅・前掲*48　154頁など。

となる。

ところで、不動産の任意売却を進めると、既にされている強制競売手続の「差押えの登記」の取扱いが問題となる。前述したように、破産管財人が既にされている強制競売手続を続行すれば、代金納付によって「差押えの登記」は抹消されることになる（民執82条1項3号）。

では、破産手続において任意売却が行われた場合に、「差押えの登記」はどのように扱われることになるのか。これが、手続の交錯場面の問題である。確かに、破産管財人が既に強制競売開始決定により差押えがなされた破産財団所属の不動産について、当該強制競売手続に関係なく任意売却を進めることはできる。問題は、任意売却を進める段階で、あるいは任意売却が行われた後に、当該不動産にされた「差押えの登記」を抹消する手続が必要とされるのではないか、そして、仮に「差押えの登記」を抹消する場合には、どのような手続で行うことになるのか、という点である。前述したように、何らかの執行取消文書が存在しているわけではない。また、不動産の滅失（民執53条）、無剰余の場合（民執63条）などの場合にも当てはまるとも思えない。加えて、このような交錯の場面における「差押えの登記」の取扱いについて言及した先行研究あるいは実務解説書も見ることができなかった。唯一参考に思われるものとして、任意売却後に仮差押えが残った場合の取扱いを見ることができた。このような場合には、仮差押債権者に取下げを求めるか、破産管財人が上申し、それを受けて登記の抹消を嘱託するという取扱いであるとされている[*54]。モデルケースで考えると、破産管財人Ａが、甲地の任意売却を行う際に、執行裁判所に対して「差押えの登記」の抹消を求めて上申を行い、それを受けて抹消を嘱託する、という手続になるように思われる[*55]。少なくとも、破産手続の進行により、既にされている債務者

*54　鹿子木＝島岡編・前掲*44　111頁［勝本禎子］、野村＝石川＝新宅・前掲*48　177頁など。
*55　なお、「差押えの登記」が残ることによる弊害が、どの程度存在するのかも判然とはしない。

財産に対する強制執行等について、執行法上どのような取扱いをすべきかを定めた規定は存在していない。

3　動産執行の場面

(1)　モデルケース

X（債権者）が、債務名義に基づき、Y（債務者）がZ（第三者）の所有する倉庫に保管している動産について、動産執行の申立てを行い、執行官による差押えがなされた。差し押さえた動産について、封印をした上で換価までZに保管させた。Zが保管し、開始された動産執行が終了する前に、Yについて破産手続開始決定がなされ、Aが破産管財人に選任された。破産管財人であるAは、Yの破産財団所属財産である動産について、保管しているZに引渡しを求めた[*56]。

(2)　手続の交錯から生じる問題

債務者が所有する動産について、執行官が差し押さえることにより動産執行は開始される（民執122条1項）。差押えは、執行官が動産を占有して行う（同123条1項、124条）。差し押さえた動産は、執行官が保管するが、相当であると認めるときは、債務者、債権者又は第三者（以下「第三者等」という。）に保管させることができる[*57]。この場合には、封印その他の方法で差押えの表示をしたときに限り、差押えの効力を有する（同123条3項、124条）。差押物を第三者等に保管させるときは、こ

*56　このようなモデルケースを設定したが、動産は一般に不動産等と比較して経済的価値が低い上に、わが国においては公的な競売場や陳列販売場所がないことから、動産の売得金から多くの配当を得ることが期待できない。それゆえ、今日では、その意義は低く、間接強制的効果が期待されているにすぎないとされる。上原＝長谷部＝山本・前掲*5　166～167頁、中野・前掲*5　612頁など。

*57　実務においては、金銭、貴金属、時計、有価証券、消耗品、商品等を除き、これを第三者等に保管させている例が多いとされる。山本＝小林＝浜＝白石編・前掲*5　329頁［三宅正一］。

れらの者に対し、差押物の処分、差押えの表示の損壊その他の行為に対する法律上の制裁（刑法96条）を告げなければならない（民執規104条3項)。このように動産執行において第三者等による保管がなされ、動産執行が終了する前に債務者について破産手続が開始された場合が、モデルケースにおける手続の交錯場面である。

動産の差押えは、債務者に対する破産手続開始決定により、破産手続に対してはその効力を失うため（破産42条2項)、破産管財人は執行官による差押えを無視して、保管する第三者等に動産の引渡しを求めることができる。モデルケースで見れば、AはZに対して、執行官のした封印を無視して、保管する動産の引渡しを求めることができることになる。

ところが、第三者等の立場から見れば、差押えに際して封印がされており、封印に反して差押物を処分したと見なされた場合、刑事処分を受けるリスク（刑法96条）を負うことになる。したがって、このような第三者等の負うリスクを除去することが必要になると考えられる。

動産執行においてなされた封印を除去するためには、執行官による第三者等による保管の許可を取り消すことが考えられる（民執123条5項)。また、当然ではあるが、執行取消文書が提出されれば、執行処分を取り消すことができる（民執40条)。さらには、動産執行が差押え後に執行不能になった場合には、執行取消に準ずる面があるので、執行官規則8条及び民事執行規則15条の規定を類推適用し、執行官は債権者及び債務者にその旨を通知すべきであるとされている[*58]。

モデルケースで考えると、破産管財人AがY（債務者・破産者）の動産を保管するZに対して執行官による封印を無視して、当該動産の引渡しを求め、管理・換価できることになる[*59]。問題は、Zについて刑

*58　園部・前掲*2　136頁。

*59　ただし、破産管財人による動産の管理・換価業務においても、所有権の確認や様々な担保の有無を確認する必要があるとされる。野村＝石川＝新宅・前掲*48　100～101頁。

事処分を受けるリスクを除去するためには、執行官による許可の取消しや執行処分の取消しが必要になるが、この点については、執行機関に対する上申書の提出、債権者との交渉等をすることになると述べるもの[*60]があるが、破産財団に属する動産や債権に対する強制執行等に関して一般論を述べているにすぎない。

第7　おわりに

以上見てきたように、強制執行等の開始後に各種の倒産手続が開始された場合、執行裁判所はいったん強制執行等を停止（中止）することとし、破産管財人等の管理処分権を持つ者から上申書の提出があったときに、停止（中止）した強制執行等を職権で取り消す、という取扱いがなされていることが分かる。このような取扱いをしている各倒産手続と執行手続との交錯場面においては、いくつかの検討課題を指摘できる。第一に、「効力を失う」の理解である。この点については、各倒産手続での議論の深化が必要である。破産手続における現在の多数的理解は、相対的失効と解しているが、果たしてそれは他の倒産手続にも妥当するものであるのか。そして、各倒産手続の理解も踏まえた上で、なお執行手続との関係では「相対的失効」でよいのかについては今後検討すべき課題であると考える。

第二に、清算型手続では、開始決定等により「効力を失う」とされているのに対して、再建型手続では、開始決定によりいったん「中止」し、その後に「効力を失う」としている。このような手続構造の違いについて、統一すべきか、それとも分けたままでよいのかというのは検討すべき課題である[*61]。加えて、第一とも関連するが、最終的に「効力を失う」

*60　鹿子木＝島岡編・前掲 *44　105 ～ 106 頁［進藤光慶］。
*61　山本＝小久保＝中井編・前掲 *1　105 ～ 106 頁［垣内秀介］は、再建型手続の手続構造を破産手続にも取り入れるべきとする。

形でよいのかについては、手続構造上も検討すべき課題であると思われる。

第三に、各倒産手続における開始決定等の正本が、執行停止文書に該当すべきか否かを議論すべきである。現在の実務における上申書の提出により執行裁判所が職権で執行処分を取り消している状況は、違法であるということはできないものの、執行手続上、明確なルールとして位置づけられているわけではない。執行手続のルールに従うのであれば、各倒産手続における開始決定等の正本が、執行手続における執行停止文書に該当するか否かを明確にした上で、仮に該当しないのであれば、各倒産手続と執行手続の交錯場面において、既になされている執行処分を取り消す制度を検討する必要があると考える。

これら第一から第三の検討課題及び現在の実務対応を前提とすると、執行法と倒産法の交錯する場面の規律は、いまだ十分な議論がなされておらず、実務による対応に委ねられていると思われる。その原因は、不動産執行や動産執行において、手続の交錯から生じる問題が、ほとんど生じていなかった、あるいは何らかの対応が必要な状況が生じていなかったのではないかと考える。実際、債権執行における取扱いに着目しなければ、このような交錯場面に関する問題に気付くことはなかった。この問題に気付くきっかけは、最二小判平成30年４月18日民集72巻２号768頁 *62について研究したことによる。本事案それ自体は、株券が発行されていない株式に対する強制執行の手続において配当表記載の債権者の配当額に相当する金銭が供託され、その供託金の支払委託がされるまでに債務者が破産手続開始の決定を受けた場合における破産法42条２項

*62 本判決の評釈等として、内田義厚「判批」金法2015号58頁、林圭介「判批」民商155巻１号144頁、近藤隆司「判批」ジュリ臨増1531号129頁、山本研「判批」リマークス59号122頁、金春「判批」判時2418号148頁、木村真也「判批」新・判例解説Watch倒産法No.49、水野信次「判批」銀法834号66頁、杉本和士「判批」法教455号143頁、林史高「判解」ジュリ1530号97頁、拙稿「判批」法研92巻４号101頁などがある。また、本決定は、既に、相澤＝塚原編著・前掲 *2　332頁の「イ　債権に対する強制執行開始後の破産手続の開始」で紹介されている。

本文の適用の有無が争われた事案であり、執行手続がいまだ終了しておらず、破産法42条２項本文が適用されるとした結論にも異論はない。ただ、この事案のきっかけが、破産管財人が執行裁判所に対して執行処分の取消しを上申し、執行裁判所が職権により執行処分を取り消したことに対する執行抗告であった。その事実から、債権執行に対する上申書の提出に基づく執行裁判所による職権による執行処分の取消し、という実務上の取扱いに着目し、その法的根拠を探求することになったのである。結果として、前述したように、明確ではない、ということが明らかになっただけではあった。

しかしながら、債権者の権利を強制的に実現する執行法の領域においても、多数の利害関係人の権利関係を包括的に拘束・調整する倒産法の領域においても、適正かつ明確な手続の構築は、本来、立法上回避できない課題である。それぞれの領域においては、適正かつ明確な手続が構築されているが、それが交錯する領域においては、必ずしも明確ではない部分が存在している。そして、その部分においても適正かつ明確な手続を構築することは、やはり立法上回避できない課題であると考える。本稿が、今後の執行法改正の課題として議論の一助になれば幸いである。

（おはら・まさてる）

Ⅳ

令和元年改正民事執行規則主要事項に関する解説

令和元年改正民事執行規則
主要事項に関する解説

弁護士　林　康弘

以下では、民事執行規則の主要な条文を独自にまとめ、令和元年改正民事執行規則〈令和元年11月27日最高裁判所規則第５号〉の主要事項に関して、解説する（下線部分は改正部分）。

（民事執行の申立ての方式）

第１条　強制執行、担保権の実行及び民法（明治29年法律第89号）、商法（明治32年法律第48号）その他の法律の規定による換価のための競売並びに債務者の財産状況の調査（以下「民事執行」という。）の申立ては、書面でしなければならない。

〈解説〉

・　本条は、民事執行の申立ては書面でしなければならないことを定めている。令和元年改正法によって改正前の債務者の「財産の開示」から編成が改められた債務者の「財産状況の調査」（財産開示手続及び第三者からの情報取得手続）についても、書面による申立てを要する民事執行の一つとして位置づけられている。

（催告及び通知）

第３条　民事訴訟規則（平成８年最高裁判所規則第５号）第４条の規定は、民事執行の手続における催告及び通知について準用する。この場合において、同条第２項、第５項及び第６項中「裁判所書記官」とあるのは「裁判所書記官又は執行官」と読み替えるものとする。

２　前項の規定にかかわらず、民事訴訟規則第４条第３項の規定は、法第177条第３項の規定による催告については準用せず、同規則第４条第５項の規定は、第56条第２項又は第59条第３項（これらの規定を準用し、又はその例による場合を含む。）の規定による通知については準用しない。

第13条　執行官は、民事執行を実施したときは、次に掲げる事項を記載した調書を作成しなければならない。

一　民事執行に着手した日時及びこれを終了した日時

二　民事執行の場所及び目的物

三　民事執行に立ち会つた者の表示

四　実施した民事執行の内容

五　民事執行に着手した後これを停止したときは、その事由

六　民事執行に際し抵抗を受けたときは、その旨及びこれに対して採つた措置

七　民事執行の目的を達することができなかつたときは、その事由
八　民事執行を続行することとしたときは、その事由
2　執行官は、民事執行に立ち会つた者に、調書に署名押印させなければならない。この場合において、その者が署名押印しなかつたときは、執行官は、その事由を調書に記載しなければならない。
3　前2項の規定は、配当等（法第84条第3項に規定する配当等をいう。以下同じ。）の実施については、適用しない。
4　第1項及び第2項の規定は、次に掲げる場合について準用する。
一　執行官が法第55条第1項、法第64条の2第1項、法第68条の2第1項、法第77条第1項、法第114条第1項、法第115条第1項、法第127条第1項、法第171条第1項、法第174条第1項第1号若しくは法第187条第1項又は第81条、第89条第1項若しくは第174条第2項（これらを準用し、又はその例による場合を含む。）の規定による決定を執行した場合
二　執行官が法第168条の2第1項の規定による明渡しの催告を実施した場合
（執行費用等の額を定める手続への民事訴訟規則の準用）
第22条の3　民事訴訟規則第24条、第25条第1項及び第26条の規定は法第42条第4項（法第194条、法第203条及び法第211条において準用する場合を含む。以下この条において同じ。）の申立て及び同項の規定による裁判所書記官の処分について、同規則第28条の規定は法第42条第9項（法第194条、法第203条及び法第211条において準用する場合を含む。）において準用する民事訴訟法第74条第1項の申立てについて準用する。

（剰余を生ずる見込みのない場合等の差押債権者による買受けの申出）
第31条の2　差押債権者は、法第63条第2項第1号の申出をするときは、次に掲げる書類を執行裁判所に提出しなければならない。
一　次に掲げる事項を記載し、差押債権者（その者に法定代理人がある場合にあつては当該法定代理人、その者が法人である場合にあつてはその代表者）が記名押印した陳述書
イ　差押債権者の氏名（振り仮名を付す。）又は名称及び住所
ロ　差押債権者が個人であるときは、その生年月日及び性別
ハ　差押債権者が法人であるときは、その役員の氏名（振り仮名を付す。）、住所、生年月日及び性別
ニ　自己の計算において差押債権者に買受けの申出をさせようとする者がある場合であつて、その者が個人であるときは、その氏名（振り仮名を付す。）、住所、生年月日及び性別
ホ　自己の計算において差押債権者に買受けの申出をさせようとする者がある場合であつて、その者が法人であるときは、その名称及び住所並びにその役員の氏名（振り仮名を付す。）、住所、生年月日及び性別
ヘ　差押債権者（その者が法人である場合にあつては、その役員）及び自己の計算において差押債権者に買受けの申出をさせようとする者（その者が法人である場合にあつては、その役員）が暴力団員等（法第65条の2第1号に規定する暴力団員等をいう。以下この目において同じ。）に該当しないこと。

二　差押債権者が個人であるときは、その住民票の写しその他のその氏名、住所、生年月日及び性別を証するに足りる文書

三　自己の計算において差押債権者に買受けの申出をさせようとする者がある場合であつて、その者が個人であるときは、その住民票の写しその他のその氏名、住所、生年月日及び性別を証するに足りる文書

2　差押債権者は、次の各号に掲げる場合には、当該各号に定める文書の写しを執行裁判所に提出するものとする。

一　差押債権者が第51条の７第３項に規定する指定許認可等を受けて事業を行つている者である場合　その者が当該指定許認可等を受けていることを証する文書

二　自己の計算において差押債権者に買受けの申出をさせようとする者が第51条の７第３項に規定する指定許認可等を受けて事業を行つている者である場合　その者が当該指定許認可等を受けていることを証する文書

〈解説〉

・　本条は、差押債権者による無剰余回避のための買受けの申出（法63条２項１号）について、令和元年改正法により設けられた法65条の２に規定する陳述の方式等を定めている。

令和元年改正法は、不動産競売における暴力団員の買受け防止に関する規律を新設した（法65条の２、法68条の４、法71条５号。改正の概要については本書第３章66頁以下〔松嶋〕参照）。これらの規定のうち、法65条の２は、不動産の買受けの申出について、買受けの申出をしようとする者が、最高裁判所規則の定めるところにより、暴力団員等に該当しないこと等の陳述をしなければすることができないと規定している。本条は、法65条の２の委任を受け、差押債権者による無剰余回避のための買受けの申出について、当該陳述の方式等について定めており、他の種類の買受けの申出にも準用されている（期日入札における入札につき38条７項、期間入札における入札につき49条、競り売りにおける買受けの申出につき50条４項、特別売却における買受けの申出につき51条９項、保全処分の申立てをした差押債権者による買受けの申出〔法68条の２第２項〕につき51条の４第４項）。

・　１項１号は、差押債権者が提出すべき陳述書の方式及び内容について、１項２号及び３号は、陳述書の添付資料について、２項は、その他の添付資料について規定している。

・　「第51条の７第３項に規定する指定許認可等を受けて事業を行つている者」（２項）について

法68条の４第１項ただし書及び同条第２項ただし書は、最高価買受申出人等が暴力団員に該当しないと認めるべき事情があるものとして最高裁判所規則で定める場合には、同条所定の調査嘱託を要しない旨を規定している。その委任を受けた51条の７は、そのような場合として、最高価買受申出人等が指定許認可等を

受けて事業を行っている者である場合と規定している。

そこで、本条2項は、買受けの申出をしようとする差押債権者に対し、当該指定許認可等（その意義については51条の7の解説を参照）を受けていることを証する文書の写しを執行裁判所に提出することを求めている。

（入札期日の指定等）

第35条　裁判所書記官は、期日入札の方法により不動産を売却するときは、入札期日を定めなければならない。

2　裁判所書記官は、法第64条第4項の規定により売却決定期日を指定するときは、やむを得ない事由がある場合を除き、入札期日から3週間以内の日を指定しなければならない。

〈解説〉

・　本条2項は、裁判所書記官が、法64条4項の規定により、執行官に売却を実施させる旨の処分をすると同時に売却決定期日を指定する場合、原則として、入札期日から3週間以内の日を指定しなければならないことを規定している。

令和元年改正前の規則は、1週間以内と規定していたが、同改正により3週間以内と期間を伸張した。これは、入札期日の後、売却決定期日までの間に、最高価買受申出人が暴力団員等に該当するか否かについて、都道府県警察に対し調査嘱託をしなければならないとされたことから（令和元年改正法68条の4）、調査嘱託の回答を得るために要する期間を考慮したためである。

（期日入札における入札）

第38条　期日入札における入札は、入札書を執行官に差し出す方法により行う。

2　入札書には、次に掲げる事項を記載しなければならない。

一　入札人の氏名又は名称及び住所

二　代理人によつて入札をするときは、代理人の氏名及び住所

三　事件の表示その他の不動産を特定するために必要な事項

四　入札価額

3　法人である入札人は、代表者の資格を証する文書を執行官に提出しなければならない。

4　入札人の代理人は、代理権を証する文書を執行官に提出しなければならない。

5　共同して入札をしようとする者は、あらかじめ、これらの者の関係及び持分を明らかにして執行官の許可を受けなければならない。

6　入札は、変更し、又は取り消すことができない。

7　第31条の2の規定は、期日入札における入札について準用する。この場合において、同条中「差押債権者」とあるのは「入札人」と、「執行裁判所」とあるのは「執行官」と、同条第1項中「法第63条第2項第1号の申出をするときは、次に掲げる書類」とあるのは「次に掲げる書類」と読み替えるものとする。

〈解説〉

・　本条７項は、期日入札における入札について、これも不動産の買受けの申出に当たるため、法65条の２の陳述（暴力団員等に該当しないことの陳述）が必要であることから、31条の２の規定を準用し、入札人が入札書を提出する際に執行官に陳述書を提出しなければならないこと等を定めるものである。

（入札期間及び開札期日の指定等）

第46条　裁判所書記官は、期間入札の方法により不動産を売却するときは、入札期間及び開札期日を定めなければならない。この場合において、入札期間は、１週間以上１月以内の範囲内で定め、開札期日は、入札期間の満了後１週間以内の日としなければならない。

２　裁判所書記官は、法第64条第４項の規定により売却決定期日を指定するときは、やむを得ない事由がある場合を除き、開札期日から３週間以内の日を指定しなければならない。

〈解説〉

・　本条２項は、裁判所書記官が、法64条４項の規定により、執行官に売却を実施させる旨の処分をすると同時に売却決定期日を指定する場合、原則として、開札期日から３週間以内の日を指定しなければならないことを規定している。

令和元年改正前の規則は、１週間以内と規定していたが、同改正により３週間以内と期間を伸張した。これは、期日入札の場合（35条２項）と同様に、開札期日の後、売却決定期日までの間に、最高価買受申出人が暴力団員等に該当するか否かについて、都道府県警察に対し調査嘱託をしなければならないとされたことから（令和元年改正法68条の４）、調査嘱託の回答を得るために要する期間を考慮したためである。

（競り売り）

第50条　不動産を売却するための競り売りは、競り売り期日に買受けの申出の額を競り上げさせる方法により行う。

２　買受けの申出をした者は、より高額の買受けの申出があるまで、申出の額に拘束される。

３　執行官は、買受けの申出の額のうち最高のものを３回呼び上げた後、その申出をした者を最高価買受申出人と定め、その氏名又は名称及び買受けの申出の額を告げなければならない。

４　第31条の２、第35条から第37条まで、第38条第３項から第５項まで、第39条、第40条、第41条第３項、第43条、第44条第１項（第２号、第６号及び第７号を除く。）及び第２項並びに第45条の規定は、競り売りについて準用する。この場合において、第31条の２中「差押債権者」とあり、並びに第38条第３項及び第４項中「入札人」とあるのは「買受けの申出をしようとする者」と、第31条の２中「執行裁判所」とあるのは「執行官」と、同条第１項中「法第63条第２項第１号の申出をするときは、次に掲げる書類」とあるのは「次に掲げる書類」と、第38条第５項中「入札」とあるのは「買受けの申出」と、第41条第３項中「開札が終わつたときは、執行官は、最高価買受申出人を定め、その氏名又は名称及び入札価額を告げ、かつ」とあるのは、「執行官は」と読み替えるものとする。

〈解説〉

・　本条4項は、不動産の売却のため競り売りの方法がとられる場合について、期日入札の規定を準用する旨を規定している。

・　準用される規定のうち、38条5項の共同入札の許可の申立ては、競り売りの性質上、買受けの申出の催告前にすべきであり、競りが始まってしまった以上、自己が買受けの申出をする前に申し立てても、「あらかじめ」(38条5項) したものとは認められない。また、31条の2の暴力団員等に該当しない旨の陳述書等の提出も、競りを始める前にすることとなる。(『条解民事執行規則(第4版) 上』〔法曹会、2020年〕281頁)

(入札又は競り売り以外の方法による売却)

第51条　裁判所書記官は、入札又は競り売りの方法により売却を実施させても適法な買受けの申出がなかつたとき(買受人が代金を納付しなかつたときを含む。)は、執行官に対し、やむを得ない事由がある場合を除き、3月以内の期間を定め、他の方法により不動産の売却を実施すべき旨を命ずることができる。この場合においては、売却の実施の方法その他の条件を付することができる。

2　裁判所書記官は、前項の規定により売却の実施を命じようとするときは、あらかじめ、差押債権者の意見を聴かなければならない。ただし、その者が、強制競売の申立てに際し、当該売却の実施について意見を述べたときは、この限りでない。

3　前項本文に規定する場合には、執行裁判所は、買受けの申出の保証の額を定めなければならない。

4　前項の買受けの申出の保証は、買受けの申出の際に金銭又は執行裁判所が相当と認める有価証券を執行官に提出する方法により提供しなければならない。

5　裁判所書記官は、第1項の規定により売却の実施を命じたときは、各債権者及び債務者に対し、その旨を通知しなければならない。

6　執行官は、第1項の規定による裁判所書記官の処分に基づいて不動産の売却を実施した場合において、買受けの申出があつたときは、速やかに、不動産の表示、買受けの申出をした者の氏名又は名称及び住所並びに買受けの申出の額及び年月日を記載した調書を作成し、保証として提出された金銭又は有価証券と共にこれを執行裁判所に提出しなければならない。

7　前項の調書が提出されたときは、執行裁判所は、遅滞なく、売却決定期日を定めなければならない。

8　前項の規定により売却決定期日が定められたときは、裁判所書記官は、第37条各号に掲げる者及び買受けの申出をした者に対し、その期日を開く日時及び場所を通知しなければならない。

9　第31条の2の規定は執行官が第1項の規定による裁判所書記官の処分に基づいて不動産の売却を実施した場合について、第44条第2項の規定は第6項の調書について準用する。この場合において、第31条の２中「差押債権者」とあるのは「買受けの申出をしようとする者」と、「執行裁判所」とあるのは「執行官」と、同条第１項中「法第63条第２項第１号の申出をするときは、次に掲げる書類」とあるのは「次に掲げる書類」と読み替えるものとする。

〈解説〉

・　本条９項は、特別売却（入札又は競り売り以外の売却方法）における買受けの申出についても、法65条の２の陳述（暴力団員等に該当しないことの陳述）が必要であることから、31条の２の規定を準用し、買受申出人が買受けの申出をする際に執行官に陳述書を提出しなければならないこと等を定めるものである。

（買受けの申出をした差押債権者のための保全処分等の申立ての方式等）

第51条の４　法第68条の２第１項の申立ては、次に掲げる事項を記載した書面でしなければならない。

一　第27条の２第１項各号に掲げる事項

二　法第68条の２第２項の申出額

三　次の入札又は競り売りの方法による売却の実施において前号の申出額に達する買受けの申出がないときは自ら当該申出額で不動産を買い受ける旨の申出

２　執行裁判所は、法第68条の２第１項の規定により申立人に不動産を保管させるべきことを命じた場合において、必要があると認めるときは、当該申立人に対し、不動産の保管の状況について報告を求め、又は執行官に対し、その保管の状況の点検を命ずることができる。

３　執行官は、前項の点検をしたときは、不動産の損傷の有無及び程度その他の申立人の保管の状況を記載した点検調書を作成し、執行裁判所に提出しなければならない。

４　第27条の２第２項の規定は第１項の書面について、第27条の３の規定は法第68条の２第１項に規定する公示保全処分の執行について、第31条の２の規定は法第68条の２第２項の申出について、第32条の規定は法第68条の２第２項の保証の提供について準用する。この場合において、第31条の２第１項中「差押債権者は、法第63条第２項第１号」とあるのは、「差押債権者（配当要求の終期後に強制競売又は競売の申立てをした差押債権者を除く。以下この条において同じ。）は、法第68条の２第２項」と読み替えるものとする。

〈解説〉

・　本条４項は、保全処分の申立てをした差押債権者による買受けの申出（法68条の２第２項）についても、法65条の２の陳述（暴力団員等に該当しないことの陳述）が必要であることから、31条の２の規定を準用し、差押債権者が買受けの申出をする際に執行裁判所に陳述書を提出しなければならないこと等を定めるものである。

（最高価買受申出人が暴力団員等に該当しないと認めるべき事情がある場合）

第51条の７　法第68条の４第１項ただし書の最高裁判所規則で定める場合は、最高価買受申出人が、指定許認可等を受けて事業を行つている者である場合とする。

２　法第68条の４第２項ただし書の最高裁判所規則で定める場合は、自己の計算において最高価買受申出人に買受けの申出をさせた者が、指定許認可等を受けて事業を行つている者である場合とする。

３　前２項の「指定許認可等」とは、許認可等（行政手続法（平成５年法律第88号）第２条第３号に規定する許認可等をいう。）であつて、当該許認可等を受けようとする者（その者が法人である場合にあつては、その役員）が暴力団員等に該当しないことが法令（同条第１号に規定する法令をいう。）において当該許認可等の要件とされているもののうち最高裁判所が指定するものをいう。

４　前項の規定による指定がされたときは、最高裁判所長官は、これを官報で告示しなければならない。

〈解説〉

・　本条は、法68条の４第１項ただし書及び第２項ただし書の委任に基づき、最高価買受申出人等が暴力団員に該当するか否かについての同条所定の調査嘱託を要しない場合を定めるものである。

・　１項及び２項は、上記の調査嘱託を要しない場合として、最高価買受申出人又は自己の計算において最高価買受申出人に買受けの申出をさせた者が、指定許認可等を受けて事業を行っている者である場合と規定している。法令の規定により許認可等を受けて事業を営んでいる者については、当該法令において暴力団員等でないことが当該許認可等の基準として定められている場合があるため、既に暴力団員等でないことが担保されており、警察に対する調査嘱託は不要と考えられるからである。

・　具体的に何が「指定許認可等」に当たるかについては、最高裁判所が指定することとなっており（３項）、令和２年11月時点では、宅地建物取引業法３条１項の宅地建物取引業の免許と、債権管理回収業に関する特別措置法（いわゆるサービサー法）３条の債権管理回収業の許可が指定されている。

（不動産執行の規定の準用等）

第83条　前款第１目（第23条から第24条まで、第29条、第30条第１項第４号及び第５号並びに第２項、第31条の２（第38条第７項（第49条において準用する場合を含む。）、第50条第４項、第51条第９項及び第51条の４第４項において準用する場合を含む。）、第36条第１項第７号及び第２項（第49条及び第50条第４項において準用する場合を含む。）、第51条の２、第51条の３並びに第51条の７を除く。）の規定は船舶執行について、第57条の規定は法第117条第５項において準用する法第78条第３項の規定による有価証券の換価について、第65条第２項及び第３項並びに第66条の規定は船舶執行の保管人について準用する。

２　前項において準用する第36条第１項の規定による公告には、船舶の所在する場所をも掲げなければならない。

３　第１項において準用する第34条に規定する入札における入札人及び同項において準用する第

50条第１項に規定する競り売りにおいて買受けの申出をしようとする者は、住民票の写しその他のその住所を証するに足りる文書を執行官に提出するものとする。

〈解説〉

・　船舶執行については、法121条が、令和元年改正法で設けられた不動産競売における暴力団員の買受け防止に関する規定（法65条の２、法68条の４、法71条５号）の準用を除外しているため、本条１項において、買受申出人による暴力団員等に該当しないことの陳述（31条の２）及び最高価買受申出人が暴力団員等に該当するか否かについての都道府県警察に対する調査嘱託（51条の７）に関する規定も準用されないことが定められている。

令和元年改正法により暴力団員の買受け防止の規定が設けられた趣旨には、暴力団事務所等として使用されている建物等の中に不動産競売の経歴を有しているものがあるという実態に対処するという点が含まれているため（内野宗揮ほか「民事執行法等の改正の要点(3)」金法2122号36頁)、船舶執行、航空機執行、自動車執行並びに建設機械及び小型船舶執行には、同規定は準用されていない。また、動産執行にも、同様の理由から同規定は準用されていない。

（入札又は競り売り以外の方法による売却）

第96条　裁判所書記官は、相当と認めるときは、執行官に対し、入札又は競り売り以外の方法により自動車の売却を実施すべき旨を命ずることができる。この場合においては、第51条（第１項前段及び第９項（第31条の２の規定を準用する部分に限る。）を除く。）の規定を準用する。

２　第97条において準用する法第64条又は前項の規定にかかわらず、執行裁判所は、相当と認めるときは、買受けの申出をした差押債権者の申立てにより、その者に対する自動車の売却の許可をすることができる。

３　前項の規定による売却許可決定は、差押債権者以外の債権者にも告知しなければならない。

〈解説〉

・　本条１項は、自動車の売却について、入札又は競り売り以外の方法による売却（特別売却）を行う場合、暴力団員の買受け防止に関する規定（51条９項が31条の２の規定を準用する部分）が準用されないことを定めている。自動車執行には暴力団員の買受け防止に関する規定は準用されないため、特別売却の場合にも準用されないことを規定するものである（83条の解説参照)。

（不動産の強制競売等の規定の準用）

第97条　法第２章第２節第１款第２目（法第45条第１項、法第46条第２項、法第55条から法第57条まで、法第59条第４項、法第61条、法第62条、法第64条の２、法第65条の２、法第66条（第96条第２項の買受けの申出に係る場合に限る。)、法第68条の２、法第68条の４、法第69条（第96条第２項の規定による売却許可決定に係る場合に限る。)、法第71条第５号、法第77条、法第81条、法第83条、法第83条の２及び法第86条第２項を除く。)、法第115条（第１項後段を除く。)、法第120条及び法第127条並びにこの節第１款第１目（第23条から第24条まで、第27条の２から第29条まで、第30条第１項第４号及び第５号並びに第２項、第30条の２、第30条の４、第31条、第31条の２（第38条第７項及び第50条第４項において準用する場合を含む。）、第33条、第34条中期間入札に係る部分、第36条第１項第５号から第７号まで及び第２項（第50条第４項において準用する場合を含む。）、第46条から第49条まで、第51条から第51条の４まで、第51条の７、第54条（第96条第２項の規定による売却許可決定に係る場合に限る。）、第55条（第96条第２項の規定による売却許可決定に係る場合に限る。）、第55条の２並びに第58条の３を除く。）、第85条及び第109条の規定は、自動車執行について準用する。この場合において、法第49条第１項中「物件明細書の作成までの手続」とあるのは「評価書の提出」と、法第78条第４項中「売却許可決定が確定するまで」とあるのは「売却許可決定が確定するまで、又は民事執行規則第96条第２項の買受けの申出の際」と、法第115条第１項及び第４項中「船舶国籍証書等」とあり、及び「船舶の船籍」とあるのは「自動車」と、同項中「５日以内」とあるのは「10日以内」と、法第120条中「２週間以内に船舶国籍証書等」とあるのは「１月以内に自動車」と、法第127条第１項及び第２項中「差押物」とあるのは「差押えの効力が生じた時に債務者が占有していた自動車」と、第36条第１項第８号中「物件明細書、現況調査報告書及び評価書」とあるのは「評価書」と、第109条中「差押物が差押えをした」とあるのは「執行官が占有を取得した自動車が」と読み替えるものとする。

2　前項において準用する第34条（期間入札に係る部分を除く。）に規定する入札における入札人及び同項において準用する第50条第１項に規定する競り売りにおいて買受けの申出をしようとする者は、住民票の写しその他のその住所を証するに足りる文書を執行官に提出するものとする。

〈解説〉

・　本条１項は、自動車執行について、暴力団員の買受け防止の規定が準用されないため（83条の解説参照）、これに関する法65条の２、法68条の４、法71条５号、規則31条の２、規則51条の７の各規定を準用しないことを定めている。

・　本条２項は、自動車執行における買受けの申出について、令和元年改正前の規則38条６項（同改正により削除された。）と同様に、住民票の写し等の提出を義務づけるものである。

　令和元年改正規則は、38条７項によって31条の２第１項２号の規定を準用しており、これによって、入札者が個人であるときは住民票の写し等の提出が義務づけられることとなった。そのため、同改正前の38条６項は削除された。

（入札）

第120条　動産を売却するための入札は、入札期日に入札をさせた後開札を行う方法による。

2　開札が終わつたときは、執行官は、最高の価額で買受けの申出をした入札人の氏名又は名称、入札価額及びその者に買受けを許す旨を告げなければならない。

3　第38条（第７項を除く。）、第41条第１項及び第２項、第42条第１項及び第２項、第43条中身分に関する証明に係る部分、第114条、第115条、第116条第１項ただし書及び第２項並びに前３条の規定は動産の入札について、第43条中援助の求めに係る部分の規定は執行官がその所属する地方裁判所内において入札を実施する場合について準用する。

〈解説〉

・　本条３項は、動産執行における入札について、動産執行には暴力団員の買受け防止の規定が準用されないことから（83条の解説参照）、不動産競売の期日入札の規定（38条）を準用する際、暴力団員等に該当しないこと等の陳述に関する同条７項を除外することを規定している。

（債務者に対する教示の方式等）

第133条の２　法第145条第４項の規定による教示は、書面でしなければならない。

２　法第145条第４項の最高裁判所規則で定める事項は、法第153条第１項又は第２項の規定による差押命令の取消しの申立てに係る手続の内容とする。

〈解説〉

・　令和元年改正後の法145条４項は、裁判所書記官が、差押命令を送達するに際し、債務者に対し、最高裁判所規則で定めるところにより、法153条１項又は２項の規定による当該差押命令の取消し（差押禁止債権の範囲変更）の申立てをすることができる旨その他最高裁判所規則で定める事項を教示しなければならないと定めている（その趣旨については、本書第１章34－35頁〔中島〕及び第６章154頁〔杉本〕参照）。本条は、法145条４項の委任を受け、債務者に対する教示の方式等を規定するものである。

なお、差押えの効力は、差押命令が第三債務者に送達された時に生じるから（法145条５項）、債務者に対する教示を欠いた場合であっても、差押え自体は有効である。

（差押債権者の取立届の方式）

第137条　法第155条第４項の規定による届出は、次に掲げる事項を記載した書面でしなければならない。

一　事件の表示

二　債務者及び第三債務者の氏名又は名称

三　第三債務者から支払を受けた額及び年月日

〈解説〉

・　本条は、金銭債権に対する強制執行について、令和元年改正法により、差押債権者が第三債務者から支払を受けたときは、その旨を直ちに執行裁判所に届け出なければならない旨の規定（法155条４項）が設けられたことから（その趣旨については、本書第１章36－37頁〔中島〕参照)、その取立届の方式について規定したものである。

（支払を受けていない旨の届出の方式）

第137条の２　法第155条第５項の規定による届出は、次に掲げる事項を記載した書面でしなければならない。

一　事件の表示

二　債務者及び第三債務者の氏名又は名称

三　第三債務者から支払を受けていない旨

２　前項の書面には、第三債務者から支払を受けていない理由を記載するものとする。

〈解説〉

・　本条は、金銭債権に対する強制執行について、令和元年改正法により、差押債権者が金銭債権を取り立てることができることとなった日等から支払を受けることなく２年を経過したときは、支払を受けていない旨の届出をしなければならない旨の規定（法155条５項）が設けられたことから（本書第１章37頁〔中島〕参照)、その届出の方式について規定したものである。

（差押命令の取消しの予告）

第137条の３　執行裁判所が法第155条第６項の規定により差押命令を取り消すに当たつては、裁判所書記官は、あらかじめ、差押債権者に対し、同条第４項又は第５項の規定による届出をしないときは差押命令が取り消されることとなる旨を通知するものとする。

〈解説〉

・　令和元年改正法は、金銭債権を取り立てることができることとなった日等から２年を経過した後４週間以内に取立届（差押債権の全部の支払を受けた旨の届出を除く。）又は支払を受けていない旨の届出をしないときは、執行裁判所が差押命令を取り消すことができることとした（法155条６項)。本条は、これを受けて、裁判所書記官が、差押債権者に対し、注意喚起を行ってこれらの届出をするよう促すため、差押命令の取消しの前に通知することとしたものである。

ただし、法においては、このような事前の通知制度を設けていないから、本条の通知を欠いた場合であっても、差押命令の取消決定の効力には影響を及ぼさない。

（売却命令に基づく売却）

第141条　執行裁判所は、差し押さえた債権の売得金の額が手続費用及び差押債権者の債権に優先する債権の額の合計額以上となる見込みがないと認めるときは、売却命令を発してはならない。

2　執行官は、手続費用及び差押債権者の債権に優先する債権の額の合計額以上の価額でなければ、債権を売却してはならない。

3　執行官は、代金の支払を受けた後でなければ、買受人に債権証書を引き渡し、及び法第161条第6項の通知をしてはならない。

4　執行官は、売却の手続を終了したときは、速やかに、売得金及び売却に係る調書を執行裁判所に提出しなければならない。

（移転登記等の嘱託の申立てについて提出すべき文書）

第144条　転付命令又は譲渡命令が効力を生じた場合において、法第164条第1項の申立てをするときは、記録上明らかな場合を除き、差し押さえられた債権に関し、これらの命令が第3債務者に送達された時までに他の差押え及び仮差押えの執行がないことを証する文書を提出しなければならない。

（不動産執行等の規定の準用）

第145条　第26条及び第27条の規定は債権執行について、第63条及び第65条から第72条までの規定は管理命令について、第141条第4項中調書に係る部分の規定は執行官が法第163条第2項の規定により動産を売却した場合について、第59条から第62条までの規定は債権執行につき執行裁判所が実施する配当等の手続について準用する。この場合において、第27条中「及び債務者」とあるのは、管理命令が発せられている場合にあつては、「、債務者及び管理人」と、第59条第1項中「不動産の代金が納付された」とあるのは「配当等を実施すべきこととなつた」と、同条第2項中「代金が納付された日から、同項後段」とあるのは「配当等を実施すべきこととなつた日（差し押さえられた債権が法第152条第1項各号に掲げる債権又は同条第2項に規定する債権である場合（差押債権者（数人あるときは、そのうち少なくとも1人以上）の債権に法第151条の2第1項各号に掲げる義務に係る金銭債権が含まれているときを除く。）には、配当等を実施すべきこととなつた日又は債務者に対して差押命令が送達された日から4週間を経過した日のいずれか遅い日）から、前項後段」と読み替えるものとする。

〈解説〉

・　令和元年改正法は、債権執行において執行裁判所が配当等を実施すべき場合（法166条1項）において、差押債権が給与等の債権（法152条1項各号に掲げる債権又は同条2項に規定する債権）であるときは、差押債権者の請求債権に扶養等の義務に係る金銭債権（法151条の2第1項）が含まれているときを除き、債務者に対して差押命令が送達された日から4週間を経過するまでは、配当等を実施してはならないという規定（法166条3項）を設けた。

これに伴い、本条は、配当期日等の指定に関する59条1項の「不動産の代金が納付された」とあるのを「配当等を実施すべきこととなった」と読み替えるという改正前と同一の読替えに加え、同条2項の「代金が納付された日」とあるのを「配当等を実施すべきこととなった日（差し押さえられた債権が法152条1項各号に掲げる債権又は同条２項に規定する債権である場合〔差押債権者（数人あるときは、そのうち少なくとも１人以上）の債権に法151条の２第１項各号に掲げる義務に係る金銭債権が含まれているときを除く。〕には、配当等を実施すべきこととなった日又は債務者に対して差押命令が送達された日から４週間を経過した日のいずれか遅い日）」と読み替えることを定めたものである。

（配当期日等の指定）

第59条　不動産の代金が納付されたときは、執行裁判所は、配当期日又は弁済金の交付の日（以下「配当期日等」という。）を定めなければならない。法第78条第４項本文の規定による申出があつた場合において、売却許可決定が確定したときも、同様とする。

2　配当期日等は、特別の事情がある場合を除き、前項前段の場合にあつては代金が納付された日から、同項後段の場合にあつては売却許可決定が確定した日から１月以内の日としなければならない。

3　弁済金の交付の日が定められたときは、裁判所書記官は、各債権者及び債務者に対し、その日時及び場所を通知しなければならない。

（電話加入権の売却についての嘱託）

第149条　電話加入権について法第167条第１項によりその例によることとされる法第161条第１項に規定する命令が効力を生じた場合において、執行裁判所と電話取扱局の所在地を管轄する地方裁判所とが異なるときは、執行裁判所は、その地方裁判所に対し、執行官その他の者に電話加入権を売却させるよう嘱託することができる。

（弁済金の交付の手続）

第149条の６　裁判所書記官は、法第167条の11第３項の規定により弁済金及び剰余金を交付するときは、弁済金の交付の日を定めなければならない。

2　弁済金の交付の日は、特別の事情がある場合を除き、弁済金及び剰余金を交付すべきこととなつた日（差し押さえられた債権が法第167条の14第１項において準用する法第152条第１項各号に掲げる債権又は同条第２項に規定する債権である場合（差押債権者（数人あるときは、そのうち少なくとも１人以上）の債権に法第167条の14第１項において準用する法第151条の２第１項各号に掲げる義務に係る金銭債権が含まれているときを除く。）には、弁済金及び剰余金を交付すべきこととなつた日又は債務者に対して差押処分が送達された日から４週間を経過した日のいずれか遅い日）から１月以内の日としなければならない。

3　第59条第３項及び第60条から第62条までの規定は、法第167条の11第３項の規定により裁判所書記官が弁済金及び剰余金を交付する場合について準用する。この場合において、第60条中「配当期日等が定められたときは、裁判所書記官」とあるのは「裁判所書記官は、弁済金の交付の日を定めたとき」と、「配当期日等まで」とあるのは「弁済金の交付の日まで」と、「執行裁判所に提出する」とあるのは「提出する」と、第62条中「配当等」とあるのは「弁済金の交付」と読み替えるものとする。

〈解説〉

・　本条２項は、少額訴訟債権執行について、弁済金の交付日の期間制限を定めるものであり、債権執行における配当等の期日の指定に関する145条において読み替えて準用される59条２項と同趣旨の規定である（145条の解説参照）。

（不動産執行及び債権執行の規定の準用）

第150条　第26条、第27条及び第133条から第138条までの規定は、少額訴訟債権執行について準用する。この場合において、第133条第１項、第133条の２第２項、第134条、第136条及び第137条の３中「差押命令」とあるのは「差押処分」と、第133条の２中「法第145条第４項」とあるのは「法第167条の５第２項において準用する法第145条第４項」と、同条第２項中「法第153条第１項又は第２項」とあるのは「法第167条の８第１項又は第２項」と、第135条中「法第147条第１項」とあるのは「法第167条の14第１項において準用する法第147条第１項」と、同条第１項第１号中「差押えに係る債権」とあるのは「差押えに係る金銭債権」と、「その債権」とあるのは「その金銭債権」と、「その種類及び額（金銭債権以外の債権にあつては、その内容）」とあるのは「その種類及び額」と、同項第３号から第５号まで中「当該債権」とあるのは「当該金銭債権」と、第136条第３項中「債権執行の手続を取り消す旨の決定がされたとき」とあるのは「少額訴訟債権執行の手続を取り消す旨の決定がされたとき、又は少額訴訟債権執行の手続を取り消す旨の処分をしたとき」と、第137条中「法第155条第４項」とあるのは「法第167条の14第１項において準用する法第155条第４項」と、第137条の２第１項中「法第155条第５項」とあるのは「法第167条の14第１項において準用する法第155条第５項」と、第137条の３中「執行裁判所が法第155条第６項」とあるのは「法第167条の14第１項において準用する法第155条第６項」と、「同条第４項又は第５項」とあるのは「法第167条の14第１項において準用する法第155条第４項又は第５項」と、第138条第１項中「法第156条第３項」とあるのは「法第167条の14第１項において準用する法第156条第３項」と読み替えるものとする。

〈解説〉

・　本条は、少額訴訟債権執行について、不動産執行における配当要求の規定（26条、27条）及び債権執行に関する規定のうち133条から138条までを準用し、必要な読替えをした規定である。

・　令和元年改正法との関係において、債権執行の規定のうち準用されるものは、次のとおりである。それぞれの趣旨等については、各規定の解説を参照。

　債務者に対する教示の方式等（133条の２）
　差押債権者の取立届の方式（137条）
　支払を受けていない旨の届出の方式（137条の２）
　差押命令の取消しの予告（137条の３）

（配当要求の方式）

第26条　配当要求は、債権（利息その他の附帯の債権を含む。）の原因及び額を記載した書面でしなければならない。

（配当要求の通知）

第27条　配当要求があつたときは、裁判所書記官は、差押債権者及び債務者に対し、その旨を通知しなければならない。

（振替社債等執行の開始）

第150条の2　社債、株式等の振替に関する法律（平成13年法律第75号）第2条第1項に規定する社債等であつて振替機関（同条第2項に規定する振替機関をいう。以下同じ。）が取り扱うもの（以下この款及び第180条の2において「振替社債等」という。）に関する強制執行（以下「振替社債等執行」という。）は、執行裁判所の差押命令により開始する。

（差押命令）

第150条の3　執行裁判所は、差押命令において、振替社債等に関し、債務者に対し振替若しくは抹消の申請又は取立てその他の処分を禁止し、並びに振替機関等（社債、株式等の振替に関する法律第2条第5項に規定する振替機関等であつて債務者が口座の開設を受けているものをいう。以下この款において同じ。）に対し振替及び抹消を禁止しなければならない。

2　次の各号に掲げる請求に係る振替社債等（以下「買取請求株式等」という。）について当該各号に定める買取口座に記載又は記録がされている場合において、買取請求株式等を差し押さえるときにおける前項の規定の適用については、同項中「振替若しくは抹消の申請又は取立てその他の処分」とあるのは「取立てその他の処分」と、「並びに振替機関等」とあるのは「買取口座開設振替機関等」と、「債務者が口座の開設を受けているもの」とあるのは「振替社債等の発行者（以下「発行者」という。）が当該買取口座の開設を受けているもの」と、「振替及び抹消を禁止しなければならない」とあるのは「振替を禁止し、及び発行者に対し振替の申請その他の処分を禁止しなければならない」とする。

一　社債、株式等の振替に関する法律第155条第1項（同法第228条第1項及び第239条第1項において読み替えて準用する場合を含む。以下この号において同じ。）に規定する株式買取請求、投資口買取請求又は優先出資買取請求　同法第155条第1項に規定する買取口座

二　社債、株式等の振替に関する法律第183条第1項（同法第247条の3第1項において読み替えて準用する場合を含む。以下この号において同じ。）に規定する新株予約権買取請求又は新投資口予約権買取請求　同法第183条第1項に規定する買取口座

三　社債、株式等の振替に関する法律第215条第1項に規定する新株予約権付社債買取請求　同項に規定する買取口座

四　社債、株式等の振替に関する法律第259条第1項に規定する株式買取請求　同項に規定する買取口座

五　社債、株式等の振替に関する法律第260条第1項に規定する新株予約権買取請求　同項に規定する買取口座

六　社債、株式等の振替に関する法律第266条第1項に規定する株式買取請求　同項に規定す

る買取口座
七　社債、株式等の振替に関する法律第267条第１項に規定する新株予約権買取請求　同項に規定する買取口座
八　社債、株式等の振替に関する法律第273条第１項に規定する株式買取請求　同項に規定する買取口座
九　社債、株式等の振替に関する法律第274条第１項に規定する新株予約権買取請求　同項に規定する買取口座

3　差押命令は、債務者、振替機関等（買取請求株式等に関する強制執行にあつては、買取口座開設振替機関等をいう。次項、第150条の７第６項及び第150条の８を除き、以下同じ。）及び発行者を審尋しないで発する。

4　差押命令は、債務者及び振替機関等（買取請求株式等に関する差押命令にあつては、債務者、買取口座開設振替機関等及び発行者）に送達しなければならない。

5　差押えの効力は、差押命令が振替機関等に送達された時に生ずる。

6　振替債（社債、株式等の振替に関する法律第278条第１項に規定する振替債をいう。以下同じ。）、振替新株予約権付社債（同法第192条第１項に規定する振替新株予約権付社債をいう。以下同じ。）であつて社債の償還済みのものでないもの、振替転換特定社債（同法第250条に規定する振替転換特定社債をいう。以下同じ。）又は振替新優先出資引受権付特定社債（同法第253条に規定する振替新優先出資引受権付特定社債をいう。以下同じ。）であつて社債の償還済みのものでないものに対する差押命令の送達を受けた振替機関等は、直ちに、発行者に対し、次に掲げる事項を通知しなければならない。
一　事件の表示
二　差押債権者及び債務者の氏名又は名称及び住所
三　差し押さえられた振替社債等の銘柄（社債、株式等の振替に関する法律第68条第３項第２号（同法第113条、第115条、第117条、第118条、第120条、第121条、第122条、第124条及び第127条において準用する場合を含む。）、第91条第３項第２号又は第194条第３項第２号（同法第251条第１項及び第254条第１項において準用する場合を含む。）に規定する銘柄をいう。以下同じ。）及び額又は数
四　差押命令が送達された旨及び送達の年月日

7　差押命令の申立てについての裁判に対しては、執行抗告をすることができる。

8　法第145条第７項及び第８項の規定は、振替社債等執行について準用する。

〈解説〉

・　令和元年改正法は、債権執行に関し、債務者に対し差押命令を送達することができない場合、執行裁判所が、差押債権者に対し、相当の期間を定め、その期間内に送達をすべき場所の申出（又は公示送達の申立て）をすべきことを命じることができること（法145条７項）、及び、上記相当の期間内に、差押債権者が上記申出等をしないときは、執行裁判所が職権で差押命令を取り消すことができるこ

と（同条８項）を定めている。
　これらの規定は、差押命令が未送達で換価・満足の手続を進行することができないまま事件が放置されるのを防止する趣旨で設けられたものである。この趣旨は、振替社債等執行にも当てはまることから、本条８項において、法145条７項及び８項の規定を準用している。

（差押債権者の振替債等の取立て等）

第150条の５　振替債、振替新株予約権付社債、振替転換特定社債又は振替新優先出資引受権付特定社債を差し押さえた債権者は、債務者に対して差押命令が送達された日から１週間を経過したときは、当該振替債、第２号に掲げる振替転換特定社債若しくは第３号に掲げる振替新優先出資引受権付特定社債（以下「振替債等」という。）又は第１号に掲げる振替新株予約権付社債についての社債を取り立てることができる。ただし、差押債権者の債権及び執行費用の額を超えて支払を受けることができない。

一　当該振替新株予約権付社債（新株予約権の行使により社債が消滅するものその他の新株の取得により社債を失うものについては、新株予約権が消滅したものに限る。）

二　当該振替転換特定社債（転換を請求することができなくなつたものに限る。）

三　当該振替新優先出資引受権付特定社債（新優先出資の引受権が消滅したものに限る。）

２　前項の場合において、差押債権者は、差押命令に基づいて、債務者に属する権利であつて、取立てのために必要なものを行使することができる。

３　第１項の規定による取立ては、発行者が取立訴訟（法第157条第１項に規定する取立訴訟をいう。以下同じ。）の訴状の送達を受ける時までに、振替機関等に対して、差押えに係る第１項第１号に掲げる振替新株予約権付社債（次条第２項第１号に規定する新株予約権が消滅した振替新株予約権付社債を除く。）について、その社債の額から差押債権者の債権及び執行費用の額を控除した額を超えて発せられた差押命令若しくは仮差押命令又は配当要求があつた旨を記載した文書の送達があつたときは、することができない。

４　法第155条（第１項及び第２項を除く。）及び法第157条並びに第137条から第137条の３までの規定は、第１項の場合について準用する。この場合において、法第155条第３項並びに法第157条第１項及び第４項並びに第137条第２号及び第３号並びに第137条の２第１項第２号及び第３号並びに第２項中「第三債務者」とあるのは「発行者」と、法第155条第５項及び第６項中「第１項」とあるのは「民事執行規則第150条の５第１項」と、同条第５項中「金銭債権」とあるのは「振替債等（同項に規定する振替債等をいう。以下同じ。）又は同項第１号に掲げる振替新株予約権付社債」と、同条第６項中「金銭債権」とあるのは「振替債等又は同項第１号に掲げる振替新株予約権付社債」と、同条第７項中「金銭債権」とあるのは「振替債等又は民事執行規則第150条の５第１項第１号に掲げる振替新株予約権付社債」と、法第157条第４項中「前条第２項」とあるのは「民事執行規則第150条の６第２項」と、第137条中「法第155条第４項」とあるのは「第150条の５第４項において準用する法第155条第４項」と、第137条の２第１項中「法第155条第５項」とあるのは「第150条の５第４項において準用する法第155条第5項」と、第137条の3中「法第155条第6項」とあるのは「第150条の5第4項において準用する法第155条第6項」と、「同条第4項又は第5項」とあるのは「第150条の5第4項において準用する法第155条第4項又は第5項」と読み替えるものとする。

〈解説〉
・　本条4項は、取り立てることのできる振替社債等について、債権執行の規定を準用し、準用された規定中「第三債務者」とあるのを「発行者」と読み替えること等を定めている。
・　令和元年改正法との関係では、本条4項は、差押命令の取消しに関する法155条5項以下の規定を準用し、支払を受けていない旨の届出の方式等については137条の2を、差押命令の取消しの予告については137条の3を、それぞれ準用している。これらの各規定の趣旨等については、各解説を参照。

（振替社債等譲渡命令等）
第150条の7　執行裁判所は、差押債権者の申立てにより、差押えに係る振替社債等について、次に掲げる命令を発することができる。ただし、当該振替社債等が振替債等又は新株予約権が消滅した振替新株予約権付社債である場合には、元本の償還期限前であるとき又は当該振替社債等の取立てが困難であるときに限る。
一　当該振替社債等を執行裁判所が定めた価額で支払に代えて差押債権者に譲渡する命令（以下「振替社債等譲渡命令」という。）
二　執行官その他の執行裁判所が相当と認める者に対して、当該振替社債等を執行裁判所の定める方法により売却することを命ずる命令（以下「振替社債等売却命令」という。）
2　前項の申立てについての決定に対しては、執行抗告をすることができる。
3　第1項の規定による決定は、確定しなければその効力を生じない。
4　裁判所書記官は、振替社債等譲渡命令が効力を生じたときは、社債、株式等の振替に関する法律第70条第1項（同法第113条、第115条、第117条、第118条、第120条、第121条、第122条、第124条及び第127条において準用する場合を含む。）、第95条第1項、第127条の7第1項、第132条第1項（同法第228条第1項、第235条第1項及び第239条第1項において準用する場合を含む。）、第168条第1項（同法第247条の3第1項及び第249条第1項において準用する場合を含む。）又は第197条第1項（同法第251条第1項及び第254条第1項において準用する場合を含む。）の申請をしなければならない。
5　第1項第2号に規定する者は、振替社債等売却命令による売却をし、代金の支払を受けたときは、前項の申請をしなければならない。
6　第139条の規定は振替社債等譲渡命令及び振替社債等売却命令について、法第159条第2項及び第3項並びに法第160条並びに第140条の規定は振替社債等譲渡命令について、法第159条第7項の規定は振替社債等譲渡命令に対する執行抗告について、法第68条並びに第141条第1項及び第4項の規定は振替社債等売却命令について、法第65条の規定は振替社債等売却命令に基づく執行官の売却について準用する。この場合において、第139条第1項中「法第161条第1項」

とあるのは「第150条の7第1項」と、法第159条第2項中「債務者及び第三債務者」とあるのは「債務者及び振替機関等（買取請求株式等に関する強制執行にあつては、債務者、買取口座開設振替機関等及び発行者）」と、同条第3項及び法第160条中「第三債務者」とあるのは「振替機関等」と、第141条第4項中「執行官」とあるのは「執行官その他の執行裁判所が相当と認める者」と、「調書」とあるのは「調書又は報告書」と読み替えるものとする。

（債権執行等の規定の準用）

第150条の8　法第144条（第2項ただし書を除く。）、法第146条、法第147条、法第149条、法第154条、法第158条及び法第166条第1項（第3号を除く。）並びに第26条、第27条、第133条、第134条から第136条まで及び第147条第2項の規定は振替社債等執行について、第150条の3第6項の規定は振替機関等（買取請求株式等に関する強制執行にあつては、買取口座開設振替機関等）が配当要求があつた旨を記載した文書の送達を受けた場合について、法第84条、法第85条、法第88条から法第92条まで及び法第165条（第4号を除く。）並びに第59条から第62条までの規定は振替社債等執行につき執行裁判所が実施する配当等の手続について準用する。この場合において、法第144条第2項中「その債権の債務者（以下「第三債務者」という。）」とあり、並びに法第147条及び法第154条第2項並びに第134条及び第135条中「第三債務者」とあるのは「振替機関等（買取請求株式等に関する強制執行にあつては、買取口座開設振替機関等）」と、法第147条第1項中「差押債権者の申立てがあるときは、裁判所書記官は」とあるのは「裁判所書記官は」と、法第166条第1項第1号及び法第165条第1号中「第156条第1項」とあるのは「民事執行規則第150条の6第1項」と、法第166条第1項第1号中「第157条第5項」とあるのは「同規則第150条の5第4項において準用する第157条第5項」と、第133条第1項及び第136条中「第三債務者」とあるのは「振替機関等（買取請求株式等に関する強制執行にあつては、買取口座開設振替機関等及び発行者）」と、第135条中「法第147条第1項」とあるのは「第150条の8において準用する法第147条第1項」と、同条第1項第2号中「弁済の意思」とあるのは「振替又は抹消の申請（買取請求株式等に関する強制執行にあつては、振替の申請）等」と、「弁済する」とあるのは「振替若しくは抹消（買取請求株式等に関する強制執行にあつては、振替）を行う」と、「弁済しない」とあるのは「振替若しくは抹消（買取請求株式等に関する強制執行にあつては、振替）を行わない」と、同項第4号中「仮差押え」とあるのは「仮差押え若しくは仮処分」と、「差押命令、差押処分又は仮差押命令」とあるのは「差押命令又は仮差押命令若しくは仮処分命令」と、第147条第2項中「前項」とあるのは「第150条の8において準用する法第147条第1項」と、法第84条第1項中「代金の納付があつた」とあり、第59条第1項中「不動産の代金が納付された」とあり、及び同条第2項中「代金が納付された」とあるのは「配当等を実施すべきこととなつた」と、法第85条第1項中「第87条第1項各号に掲げる各債権者」とあるのは「民事執行規則第150条の8において準用する第165条に規定する債権者」と、法第165条第1号及び第2号中「第三債務者」とあるのは「発行者」と、同条第3号中「執行官」とあるのは「執行官その他の執行裁判所が相当と認める者」と読み替えるものとする。

〈解説〉

・　本条は、振替社債等執行について、債権執行等の規定を準用し、必要な読替えを定めている。

・　振替社債等執行においては、差押禁止債権の範囲の変更に関する法153条は準用されていない。したがって、裁判所書記官が、差押命令を送達するに際し、債務者に対し、法153条１項又は２項の規定による当該差押命令の取消し（差押範囲変更）の申立てをすることができる旨等を教示しなければならないとする法145条４項の規定は準用されず、これに関する規則133条の２の規定も準用されない。

・　また、取立権の発生等が差押命令の債務者に対する送達から４週間を経過したときとなる法155条２項及び法161条５項の規定（差押債権が給与等の債権である場合の規定）も、振替社債等執行においては準用されない。

（差押命令）

第150条の10　執行裁判所は、差押命令において、電子記録債権に関し、債務者に対し取立てその他の処分又は電子記録（電子記録債権法第２条第１項に規定する電子記録をいう。以下同じ。）の請求を禁止し、当該電子記録債権の債務者（以下この款において「第三債務者」という。）に対し債務者への弁済を禁止し、及び当該電子記録債権の電子記録をしている電子債権記録機関（同条第２項に規定する電子債権記録機関をいう。以下同じ。）に対し電子記録を禁止しなければならない。

2　差押命令は、債務者、第三債務者及び電子債権記録機関を審尋しないで発する。

3　差押命令は、債務者、第三債務者及び電子債権記録機関に送達しなければならない。

4　差押えの効力は、差押命令が電子債権記録機関に送達された時に生ずる。ただし、第三債務者に対する差押えの効力は、差押命令が第三債務者に送達された時に生ずる。

5　債務者は、前項の規定により差押えの効力が生じた場合であつても、次に掲げる電子記録の請求をすることができる。

一　支払等記録（電子記録債権法第24条第１号に規定する支払等であつて差押債権者に対抗することができるものに係るものに限る。）

二　変更記録

三　根質権の担保すべき元本の確定の電子記録

四　差押えに係る電子記録債権のうち差し押さえられていない部分の分割（電子記録債権法第43条第１項に規定する分割をいう。）をする分割記録

五　前各号に掲げるもののほか、差押えに係る電子記録債権のうち差し押さえられていない部分についての電子記録

6　電子債権記録機関は、第４項の規定により差押えの効力が生じた場合であつても、次に掲げる電子記録をすることができる。

一　差押債権者が第150条の15第１項において準用する法第155条第３項の支払を受けたことによる支払等記録

二　質権の順位の変更の電子記録

三　転質の電子記録

四　前項第１号から第４号までに掲げる電子記録

五　前各号に掲げるもののほか、差押えに係る電子記録債権のうち差し押さえられていない部分についての電子記録

7　電子債権記録機関は、差押命令に抵触する電子記録がされているときは、当該電子記録の訂正をしなければならない。ただし、電子記録上の利害関係を有する第三者がある場合にあつては、当該第三者の承諾があるときに限る。

8　電子記録債権法第10条第３項から第５項までの規定は、前項の規定による電子記録の訂正について準用する。

9　電子債権記録機関は、第７項の規定により電子記録の訂正をするときは、当該訂正の年月日をも記録しなければならない。

10　差押命令の申立てについての裁判に対しては、執行抗告をすることができる。

11　法第145条第７項及び第８項の規定は差押命令について、同条第４項及び第133条の２の規定は差押命令を送達する場合について準用する。この場合において、法第145条第４項中「第153条第１項又は第２項」とあるのは「民事執行規則第150条の15第１項において準用する第153条第１項又は第２項」と、第133条の２中「法第145条第４項」とあるのは「第150条の10第11項において準用する法第145条第４項」と、同条第２項中「法第153条第１項又は第２項」とあるのは「第150条の15第１項において準用する法第153条第１項又は第２項」と読み替えるものとする。

〈解説〉

・　本条は、電子記録債権執行について、前条（150条の９）が電子記録債権執行は執行裁判所の差押命令により開始する旨を規定しているのを受けて、執行裁判所が発令する差押命令の内容や発令手続等について規定したものである。

（電子記録債権執行の開始）

第150条の９　電子記録債権（電子記録債権法（平成19年法律第102号）第２条第１項に規定する電子記録債権をいう。以下同じ。）に関する強制執行（以下「電子記録債権執行」という。）は、執行裁判所の差押命令により開始する。

・　差押命令が債務者に送達されない場合の補正命令及び差押命令の取消し

令和元年改正法は、債権執行に関し、債務者に対し差押命令を送達することができない場合、執行裁判所が、差押債権者に対し、相当の期間を定め、その期間内に送達をすべき場所の申出（又は公示送達の申立て）をすべきことを命じることができること（法145条７項）、及び、上記相当の期間内に、差押債権者が上記申出等をしないときは、執行裁判所が職権で差押命令を取り消すことができること（同条８項）を定めている。これらの規定は、差押命令が未送達で換価・満足

の手続を進行することができないまま事件が放置されるのを防止する趣旨で設けられたものである。この趣旨は、電子記録債権執行にも当てはまることから、本条11項において、法145条7項及び8項の規定を準用している。

・　債務者に対する差押禁止債権の範囲変更の申立てをすることができる旨の教示

令和元年改正法145条4項は、法153条1項又は2項の規定による差押範囲変更の申立てをすることができる旨等を教示しなければならない旨を定め、これを受けて規則133条の2が新設されている。本条11項は、電子記録債権執行について、差押範囲変更の申立てをすることが可能であることから（150条の15の規定で準用される法153条）、法145条4項及び規則133条の2を準用することを定めている。133条の2の趣旨等については、同条の解説参照。

（支払等記録の届出等）

第150条の11　電子債権記録機関は、前条第6項第1号の支払等記録をしたときは、直ちに、その旨を執行裁判所に届け出なければならない。

2　前項の規定による届出は、次に掲げる事項を記載した書面でしなければならない。

一　事件の表示

二　差押債権者、債務者及び第三債務者の氏名又は名称

三　当該支払等記録において記録されている事項

3　第1項の規定による届出又は第150条の15第1項において準用する法第155条第4項の規定による届出により差押債権者の債権及び執行費用の総額に相当する金銭の支払があつたことが明らかになつたときは、裁判所書記官は、電子債権記録機関に対し、当該支払があつた旨を通知しなければならない。

（電子記録債権譲渡命令等）

第150条の14　差押えに係る電子記録債権の元本が支払期日前であるとき、又は当該電子記録債権の取立てが困難であるときは、執行裁判所は、差押債権者の申立てにより、次に掲げる命令を発することができる。

一　当該電子記録債権を執行裁判所が定めた価額で支払に代えて差押債権者に譲渡する命令（以下「電子記録債権譲渡命令」という。）

二　執行官その他の執行裁判所が相当と認める者に対して、当該電子記録債権を執行裁判所の定める方法により売却することを命ずる命令（以下「電子記録債権売却命令」という。）

2　執行裁判所は、前項の規定による決定をする場合には、債務者を審尋しなければならない。ただし、債務者が外国にあるとき、又はその住所が知れないときは、この限りでない。

3　第1項の申立てについての決定に対しては、執行抗告をすることができる。

4　第1項の規定による決定は、確定しなければその効力を生じない。

5　裁判所書記官は、電子記録債権譲渡命令が効力を生じたときは、当該電子記録債権譲渡命令に係る電子記録債権が記録されている債権記録（電子記録債権法第2条第4項に規定する債権記録をいう。以下同じ。）に債権者として記録されている者の変更（当該電子記録債権譲渡命

令による変更に係る部分に限る。）を内容とする変更記録を嘱託しなければならない。

6　第1項第2号に規定する者は、電子記録債権売却命令による売却をし、代金の支払を受けたときは、当該電子記録債権売却命令に係る電子記録債権が記録されている債権記録に債権者として記録されている者の変更（当該売却による変更に係る部分に限る。）を内容とする変更記録を嘱託しなければならない。

7　第139条の規定は電子記録債権譲渡命令及び電子記録債権売却命令について、法第159条第2項及び第3項並びに法第160条並びに第140条の規定は電子記録債権譲渡命令について、法第159条第7項の規定は電子記録債権譲渡命令に対する執行抗告について、法第68条並びに第141条第1項、第2項及び第4項の規定は電子記録債権売却命令について、法第65条の規定は電子記録債権売却命令に基づく執行官の売却について準用する。この場合において、第139条第1項中「法第161条第1項」とあるのは「第150条の14第1項」と、第141条第2項及び第4項中「執行官」とあるのは「執行官その他の執行裁判所が相当と認める者」と、同項中「調書」とあるのは「調書又は報告書」と読み替えるものとする。

（債権執行等の規定の準用等）

第150条の15　法第144条（第2項ただし書を除く。）、法第146条、法第147条、法第149条、法第150条、法第153条から法第155条まで（同条第2項を除く。）、法第157条から法第160条まで（法第159条第6項を除く。）、法第164条及び法第166条第1項（第3号を除く。）並びに第26条、第27条、第133条、第134条から第137条の3まで、第144条及び第147条第2項の規定は電子記録債権執行について、前条第5項の規定は転付命令が効力を生じた場合について、法第84条、法第85条、法第88条から法第92条まで及び法第165条（第4号を除く。）並びに第59条から第62条までの規定は電子記録債権執行につき執行裁判所が実施する配当等の手続について準用する。この場合において、法第144条第2項中「その債権の債務者（以下「第三債務者」という。）」とあるのは「当該電子記録債権の電子記録をしている電子債権記録機関」と、法第147条並びに第133条第1項、第135条並びに第136条第1項及び第3項中「第三債務者」とあるのは「第三債務者及び電子債権記録機関」と、法第147条第1項中「差押債権者の申立てがあるときは、裁判所書記官は」とあるのは「裁判所書記官は」と、法第157条第4項中「前条第2項」とあるのは「民事執行規則第150条の12第2項」と、法第164条第1項及び第5項中「第150条」とあるのは「民事執行規則第150条の15第1項において準用する第150条」と、同条第2項及び第3項並びに法第165条第3号中「執行官」とあるのは「執行官その他の執行裁判所が相当と認める者」と、法第166条第1項第1号及び法第165条第1号中「第156条第1項」とあるのは「民事執行規則第150条の12第1項」と、法第166条第1項第1号中「第157条第5項」とあるのは「同規則第150条の15第1項において準用する第157条第5項」と、第27条中「差押債権者及び債務者」とあるのは「差押債権者、債務者及び電子債権記録機関」と、第134条中「債務者及び第三債務者」とあるのは「債務者、第三債務者及び電子債権記録機関」と、「差押債権者」とあるのは「差押債権者及び電子債権記録機関」と、第135条中「法第147条第1項」とあるのは「第150条の15第1項において準用する法第147条第1項」と、同条第1項中「次に掲げる事項」とあるのは「次に掲げる事項（電子債権記録機関にあつては、第2号に掲げる事項を除く。)」と、同項第１号中「その種類及び額（金銭債権以外の債権にあつては、その内容）」とあるのは「その金額、支払期日及び記録番号（電子記録債権法第16条第１項第７号に規定する記録番号をいう。）その他当該電子記録債権を特定するために必要な事項」と、同項第４号中「仮差押え」とあるのは「仮差押え若しくは仮処分」と、「差押命令、差押処分又は仮差押命令」とあるのは「差押命令又は仮差押命令若しくは仮処分命令」と、第136条第２項中「第三債務者に送達された場合」とあるのは「第三債務者及び電子債権記録機関に送達された場合」と、「差押債権者及び第三債務者」とあるのは「差押債権者、第三債務者及び電子債権記録機関」と、「第三債務者は差し押さえられた債権について支払又は引渡しをしてはならない」とあるのは「第三債務者は差し押さえられた電子記録債権について支払をしてはならず、電子債権記録機関は差し押さえられた電子記録債権について電子記録をしてはならない」と、第137条中「法第155条第４項」とあるのは「第150条の15第１項において準用する法第155条第４項」と、第137条の２第１項中「法第155条第５項」とあるのは「第150条の15第１項において準用する法第155条第５項」と、第137条の３中「法第155条第６項」とあるのは「第150条の15第１項において準用する法第155条第６項」と、「同条第４項又は第５項」とあるのは「第150条の15第１項において準用する法第155条第４項又は第５項」と、第144条中「法第164条第１項」とあるのは「第150条の15第１項において準用する法第164条第１項」と、第147条第２項中「前項」とあるのは「第150条の15第１項において準用する法第147条第１項」と、前条第５項中「電子記録債権譲渡命令」とあるのは「第150条の15第１項において準用する法第159条第１項に規定する転付命令」と、法第84条第１項中「代金の納付があつた」とあり、同条第３項及び第４項中「代金の納付」とあり、第59条第１項中「不動産の代金が納付された」とあり、並びに同条第２項中「代金が納付された」とあるのは「配当等を実施すべきこととなつた」と、法第85条第１項中「第87条第１項各号に掲げる各債権者」とあるのは「民事執行規則第150条の15第１項において準用する第165条に規定する債権者」と読み替えるものとする。

2　前項において準用する法第153条第１項又は第２項の規定による差押命令の一部を取り消す決定が効力を生じたときは、裁判所書記官は、その旨の変更記録を嘱託しなければならない。

〈解説〉

・　本条は、電子記録債権執行について、債権執行等の規定を準用し、必要な読替えを定めたものである。

・　取立て

本条１項は、法155条１項を準用しており、差押債権者は、債務者に対して差押命令が送達された日から１週間を経過したときは、差し押さえた電子記録債権を取り立てることができる。

法155条２項の期間伸張の規定は準用されていない。電子記録債権は、その発生原因となった原因債権とは別個の債権であり、法152条１項各号又は同条２項に規定する債権である場合は存在しないからである。

・　差押命令の取消し

令和元年改正法は、金銭債権の差押命令の取消しに関する規定（155条５項以下）を新設した（本書第１章36－37頁〔中島〕参照）。電子記録債権は、金銭債権であるから、本条１項により上記規定が準用されている。

また、法155条５項に規定する支払を受けていない旨の届出の方式等については、137条の２が、法155条６項に規定する差押命令の取消しについては、その予告に関する137条の３が、それぞれ準用される（137条の２及び137条の３の解説参照）。

（目的物を第三者が占有する場合の引渡しの強制執行）

第156条　第133条、第134条及び第135条の規定は、第三者が強制執行の目的物を占有している場合における物の引渡しの強制執行について準用する。

（子の引渡しの強制執行の申立書の記載事項及び添付書類）

第157条　子の引渡しの強制執行（法第174条第１項に規定する子の引渡しの強制執行をいう。以下同じ。）の申立書には、第21条第１号、第２号及び第５号に掲げる事項のほか、次に掲げる事項を記載しなければならない。

一　子の氏名

二　法第174条第１項第１号に掲げる方法による子の引渡しの強制執行を求めるときは、その理由及び子の住所

三　法第174条第２項第２号又は第３号に該当することを理由として同条第１項第１号に掲げる方法による子の引渡しの強制執行を求めるときは、同条第２項第２号又は第３号に掲げる事由に該当する具体的な事実

２　前項の申立書には、次に掲げる書類を添付しなければならない。

一　執行力のある債務名義の正本

二　法第174条第２項第１号に該当することを理由として同条第１項第１号に掲げる方法による子の引渡しの強制執行を求めるときは、法第172条第１項の規定による決定の謄本及び当該決定の確定についての証明書

〈解説〉

・　令和元年改正法により、子の引渡しの強制執行に関する明文規定（法174条から法176条まで）が設けられたこと（本書第５章118頁以下〔内田〕参照）を受け、規則においては、本条ないし164条に、これに関する規定が設けられた。

・　本条は、強制執行の申立書の記載事項及び添付書類に関する通則規定である規則21条所定の事項に加えて、子の引渡しの強制執行の申立書に特有の記載事項及び添付書類について規定するものである。

・　本条１項の規定により、子の引渡しの強制執行の申立書には、規則21条１号、

２号及び５号に掲げる事項のほか、①子の氏名、②直接的な強制執行を求めるときは、その理由及び子の住所、③法174条２項２号（間接強制を実施しても、債務者が子の監護を解く見込みがあるとは認められないとき）又は３号（子の急迫の危険を防止するため直ちに強制執行をする必要があるとき）に該当することを理由として直接的な強制執行を求めるときは、その事由に該当する具体的な事実、を記載しなければならない。

（強制執行の申立書の記載事項及び添付書類）
第21条　強制執行の申立書には、次に掲げる事項を記載し、執行力のある債務名義の正本を添付しなければならない。
一　債権者及び債務者の氏名又は名称及び住所並びに代理人の氏名及び住所
二　債務名義の表示
三　第５号に規定する場合を除き、強制執行の目的とする財産の表示及び求める強制執行の方法
四　金銭の支払を命ずる債務名義に係る請求権の一部について強制執行を求めるときは、その旨及びその範囲
五　民法第414条第２項本文又は第３項に規定する請求に係る強制執行を求めるときは、求める裁判

・　本条２項は、申立書の添付書類として、①執行力ある債務名義の正本のほか、②法174条２項１号（間接強制の決定が確定した日から２週間を経過したとき〔当該決定において定められた債務を履行すべき一定の期間の経過がこれより後である場合はその期間を経過したとき〕）に該当することを理由として、直接的な強制執行を求める場合、間接強制の決定の謄本及び当該決定の確定証明書の提出を求めるものである。

（引渡実施の申立書の記載事項及び添付書類）
第158条　法第175条第１項又は第２項に規定する子の監護を解くために必要な行為（以下「引渡実施」という。）を求める旨の申立書には、次に掲げる事項を記載しなければならない。
一　債権者及び債務者の氏名又は名称及び住所、代理人の氏名及び住所並びに債権者の生年月日
二　債権者又はその代理人の郵便番号及び電話番号（ファクシミリの番号を含む。）
三　子の氏名、生年月日、性別及び住所
四　債務者の住居その他債務者の占有する場所において引渡実施を求めるときは、当該場所
五　前号に規定する場所以外の場所において引渡実施を求めるときは、当該場所、当該場所の占有者の氏名又は名称及び当該場所において引渡実施を行うことを相当とする理由並びに法第175条第３項の許可があるときは、その旨
六　法第175条第６項の決定があるときは、その旨並びに同項の代理人の氏名及び生年月日

七　引渡実施を希望する期間

2　前項の申立書には、法第174条第１項第１号の規定による決定の正本のほか、次に掲げる書類を添付しなければならない。

一　債務者及び子の写真その他の執行官が引渡実施を行うべき場所においてこれらの者を識別することができる資料

二　債務者及び子の生活状況に関する資料

三　法第175条第３項の許可があるときは、当該許可を受けたことを証する文書

四　法第175条第６項の決定があるときは、当該決定の謄本

〈解説〉

・　本条は、法174条１項１号の規定による子の引渡しの実施決定に基づき、執行官に対して引渡実施の申立て（法175条１項又は２項に規定する子の監護を解くために必要な行為を求める旨の申立て）をする際の申立書に記載すべき事項及び添付書類について規定するものである。

引渡実施においては、執行官としては、まずは債務者及び子を間違いなく特定できることが第一であるので、これらの者を識別するための資料の提出が重要であること、また、事案を十分に把握した上で執行計画を立案する必要があり、債務者や子の生活状況、実施場所等の情報が円滑な実施のために不可欠であることが指摘されている（『改正民事執行法における新たな運用と実務—債務者財産の開示・情報取得手続と子の引渡しの強制執行を中心に—（家庭の法と裁判号外）』（日本加除出版、2020年）71頁〔渡邉隆浩、片山真一〕）。

・　１項５号は、債務者の住居その他債務者の占有する場所以外の場所において引渡実施を求める場合、当該場所の占有者の同意に代わる許可（法175条３項）があるときには、その旨を記載すべきこととし、２項３号において、当該許可を受けたことを証する文書の提出を求めている。この文書は、執行官が当該場所において引渡実施を行うに当たり提示される（法175条４項）。

・　１項６号は、.債権者の代理人が執行場所（法175条１項又は２項に規定する場所）に出頭した場合においても引渡実施をすることができる旨の決定（法175条６項）がある場合、その旨並びに当該代理人の氏名及び生年月日を記載すべきこととし、２項４号において、当該決定の謄本の提出を求めている。

（法第175条第１項に規定する場所以外の場所の占有者の同意に代わる許可の申立ての方式等）

第159条　法第175条第３項の申立ては、次に掲げる事項を記載した書面でしなければならない。

一　子の住居及びその占有者の氏名又は名称

二　申立ての理由

2　第27条の２第２項の規定は、前項の書面について準用する。

〈解説〉

・　本条は、債務者の占有する場所以外で引渡実施を求める場合の占有者の同意に代わる許可（法175条３項）の申立ての方式について規定するものである。

・　申立ての理由（１項２号）としては、債務者と占有者との関係、占有者の私生活又は業務に与える影響その他の事情を考慮して相当と認められる事情（法175条３項）を記載する必要がある。

（法第175条第６項の申立ての方式等）

第160条　法第175条第６項の申立ては、次に掲げる事項を記載した書面でしなければならない。

一　法第175条第６項の代理人となるべき者の氏名及び住所

二　申立ての理由

2　第27条の２第２項の規定は、前項の書面について準用する。

〈解説〉

・　本条は、債権者の代理人が執行場所に出頭した場合においても引渡実施をすることができる旨の決定を求める申立て（法175条６項）の方式について規定するものである。

・　申立ての理由（１項２号）としては、代理人が債権者に代わって執行場所に出頭することが、代理人と子との関係、代理人の知識及び経験その他の事情に照らして子の利益の保護のために相当と認められる事情（法175条６項）を記載する必要がある。

（引渡実施に関する債権者等の協力等）

第161条　執行官は、引渡実施を求める申立てをした債権者に対し、引渡実施を行うべき期日の前後を問わず、債務者及び子の生活状況、引渡実施を行うべき場所の状況並びに引渡実施の実現の見込みについての情報並びに債権者及び法第175条第６項の代理人を識別することができる情報の提供その他の引渡実施に係る手続の円滑な進行のために必要な協力を求めることができる。

2　子の引渡しの申立てに係る事件の係属した裁判所又は子の引渡しの強制執行をした裁判所は、引渡実施に関し、執行官に対し、当該事件又は子の引渡しの強制執行に係る事件に関する情報の提供その他の必要な協力をすることができる。

3　子の引渡しの申立てに係る事件の係属した家庭裁判所又は高等裁判所は、前項の規定による協力をするに際し、必要があると認めるときは、人事訴訟法（平成15年法律第109号）第34条第１項若しくは第２項又は家事事件手続法（平成23年法律第52号）第58条第１項若しくは第２項（同法第93条第１項及び第258条第１項において準用する場合を含む。）の事実の調査をした家庭裁判所調査官及び同法第60条第１項（同法第93条第１項及び第258条第１項において準用する場合を含む。）の診断をした裁判所技官に意見を述べさせることができる。

4　前２項の規定による協力に際して執行官が作成し、又は取得した書類については、その閲覧又はその謄本若しくは抄本の交付の請求をすることができない。

〈解説〉

・　本条は、子の引渡実施を円滑に実施するため、申立人である債権者の執行官に対する協力（１項）、子の引渡しに係る事件の係属した裁判所又は子の引渡しの強制執行をした裁判所の執行官に対する協力（２項）、２項の協力をするに際しての家庭裁判所調査官及び裁判所技官の裁判所に対する協力（３項）について定めるとともに、２項及び３項の裁判所及び調査官等の協力に際して執行官が作成・取得した書類の閲覧・謄写請求の禁止（４項）について定めている。

（引渡実施の終了の通知）

第162条　引渡実施が終了したとき（執行官が次条の規定により引渡実施に係る事件を終了させた場合を除く。）は、執行官は、債務者（債務者の住居その他債務者が占有する場所以外の場所において引渡実施を行つたときは、債務者及び当該場所の占有者）に対し、その旨を通知しなければならない。

〈解説〉

・　本条は、子の引渡実施が終了した場合の債務者等に対する通知について規定している。

令和元年改正法においては、引渡実施に当たり、改正前のハーグ条約実施法140条３項のような子と債務者の同時存在の要件が設けられていないことから、債務者が不在のときでも引渡実施が行われる場合がある。また、占有者の同意に代わる許可を得て、債務者の占有する場所以外の場所で引渡実施を行う場合（法175条３項）には、引渡実施時に必ずしも当該場所の占有者が存在するとは限らない。そこで、これらの債務者や占有者が不在の場合に引渡実施を行ったときに、これらの者が子が、いなくなったことについて混乱することがないようにするため、154条（不動産等の引渡し又は明渡しの強制執行が終了したときの通知）の規定と同様に通知することとした。

（不動産の引渡し等の執行終了の通知）

第154条　前条の強制執行が終了したときは、執行官は、債務者に対し、その旨を通知しなければならない。

（引渡実施の目的を達することができない場合の引渡実施に係る事件の終了）

第163条　次に掲げる場合において、引渡実施の目的を達することができないときは、執行官は、引渡実施に係る事件を終了させることができる。

一　引渡実施を行うべき場所において子に出会わないとき。

二　引渡実施を行うべき場所において子に出会つたにもかかわらず、子の監護を解くことができないとき。

三　債権者又はその代理人が法第175条第９項の指示に従わないことその他の事情により、執行官が円滑に引渡実施を行うことができないおそれがあるとき。

〈解説〉

・　本条は、引渡実施の目的を達することができない場合（執行不能の場合）における引渡実施に係る事件の終了について規定している。

　民事執行において、執行官は、執行不能の事由を調書に記載しなければならないところ（13条１項７号）、引渡実施の手続を円滑に遂行するため、本条が具体的な不能事由を定めている。

（引渡実施に係る調書の記載事項）

第164条　引渡実施を行つたときに作成すべき調書には、第13条第４項第１号において準用する同条第１項第１号及び第３号から第８号までに掲げる事項のほか、次に掲げる事項を記載しなければならない。

一　引渡実施を行つた場所

二　引渡実施を行つた場所が債務者の住居その他債務者の占有する場所以外の場所であり、当該場所における引渡実施を相当と認めた場合には、その事由

三　子の表示

〈解説〉

・　本条は、執行官が子の引渡実施を行った場合に作成すべき調書の記載事項について、13条４項が準用する同条１項の通則規定に定められた事項のほか、引渡実施に特有の記載事項を定めるものである。

（執行文付与の申立書の記載事項）

第165条　法第177条第２項又は第３項の規定による執行文の付与の申立書には、第16条第１項各号に掲げる事項のほか、これらの規定による執行文の付与を求める旨及びその事由を記載しなければならない。

第166条から第169条まで　削除

（振替社債等に関する担保権の実行）

第180条の２　振替社債等に関する質権の実行の申立書には、社債、株式等の振替に関する法律第277条の規定により交付を受けた当該質権に関する事項を証明した書面を添付しなければならない。

２　法第182条から法第184条まで、法第193条第１項前段及び法第194条並びに前章第２節第８款（第150条の８において準用する法第146条第２項並びに第62条及び第133条第１項を除く。）及び第179条第１項の規定は振替社債等に関する担保権の実行について、法第146条第２項の規定

は振替社債等に関する一般の先取特権の実行について準用する。この場合において、第179条第１項中「第３債務者」とあるのは、「第150条の３第１項に規定する振替機関等」と読み替えるものとする。

（遺産の分割のための競売における換価代金の交付）

第181条　家事事件手続法第194条第１項の規定による裁判に基づいて競売が申し立てられた場合において、換価の手続が終了したときは、執行裁判所又は執行官は、換価代金から競売の費用で必要なものを控除した金銭を、同条第６項又は同法第200条第１項の規定により選任された財産の管理者に交付しなければならない。

第４章　債務者の財産状況の調査

第１節　財産開示手続

〈解説〉

・　令和元年改正法の編成が改められたのと同様に、第４章は、「財産開示手続」から、「債務者の財産状況の調査」と改められた。その上で、第４章の第１節として財産開示手続に関する規定が、第４章の第２節として第三者からの情報取得手続に関する規定が、それぞれ置かれることとなった。「債務者の財産状況の調査」制度の手続創設の意義については、本書第１章８－９頁〔中島〕及び第６章140－142頁〔杉本〕参照。財産開示手続の具体的利用方法については、本書第４章86頁以下〔山﨑〕参照。

（開示義務者の宣誓）

第185条　執行裁判所が法第199条第７項において準用する民事訴訟法第201条第１項の規定により開示義務者に宣誓をさせる場合には、裁判長は、宣誓の前に、開示義務者に対して、宣誓の趣旨及び法第213条第１項第６号の規定の内容を説明しなければならない。

２　民事訴訟規則第112条第１項から第４項までの規定は、開示義務者の宣誓について準用する。

〈解説〉

・　本条１項は、裁判長が、財産開示期日に開示義務者に宣誓をさせる前に、宣誓の趣旨及び法律上の制裁（正当な理由なく法199条１項から４項までの規定により陳述すべき事項について陳述をせず、又は虚偽の陳述をしたときは、６月以下の懲役又は50万円以下の罰金に処せられること〔法213条１項６号〕）を警告することにより、開示義務者から正確な陳述が得られるようにすることを目的とする規定である。

第２節　第三者からの情報取得手続

（第三者からの情報取得手続の申立書の記載事項及び添付書類）

第187条　法第205条第１項、法第206条第１項又は法第207条第１項若しくは第２項の規定による第三者からの情報取得手続の申立書には、次に掲げる事項を記載しなければならない。

一　申立人、債務者及び情報の提供を命じられるべき者の氏名又は名称及び住所並びに代理人の氏名及び住所

二　申立ての理由

三　法第205条第１項の申立てをするときは、情報の提供を命じられた登記所が検索すべき債務者が所有権の登記名義人である土地等（同項に規定する土地又は建物その他これらに準ずるものとして法務省令で定めるものをいう。第189条において同じ。）の所在地の範囲

2　前項の申立書には、できる限り、債務者の氏名又は名称の振り仮名、生年月日及び性別その他の債務者の特定に資する事項を記載しなければならない。

3　第１項の申立書（法第205条第１項又は法第206条第１項の規定による第三者からの情報取得手続の申立書に限る。）には、申立ての日前３年以内に財産開示期日における手続が実施されたことを証する書面を添付しなければならない。

4　第27条の２第２項の規定は、第１項の申立書について準用する。

〈解説〉

・　本条は、令和元年改正法により新設された「第三者からの情報取得手続」（法第４章第２節）の申立書の記載事項と添付書類について規定している。同手続の具体的利用方法については、本書第４章96頁以下〔山﨑〕参照。

・「情報の提供を命じられるべき者」（１項１号）

不動産に係る情報取得手続（法205条１項）については法務省令で定める登記所であるが、令和２年11月現在、未だ法務省令の定めはない。同手続は、令和元年改正民事執行法附則５条に基づき、令和３年５月16日までに開始される予定である。

> 附則（令和元年５月17日法律第２号）
> （第三者からの情報取得手続に関する経過措置）
> 第５条　新民事執行法第205条の規定は、この法律の公布の日から起算して２年を超えない範囲内において政令で定める日までの間は、適用しない。

給与債権に係る情報取得手続については法206条１項各号に掲げる者（市区町村等）の中から申立人が選択した者、預貯金債権に係る情報取得手続については法207条１項１号に掲げる銀行等の中から申立人が選択した者、振替社債等に係る情報取得手続については法207条１項２号に掲げる振替機関等の中から申立人が選択した者である。

本条１項１号の規定により、申立書に具体的な第三者の名称及び住所を記載する必要があるため、「○○市」や「○○銀行」というように具体的な第三者を記載せずに、単に「市町村」や「銀行」に対して情報提供すべき旨を命じる決定を求める申立ては、不適法である（『条解民事執行規則（第４版）下』〔法曹会、

2020年〕835頁)。

・　申立ての理由（１項２号）

不動産に係る情報取得手続においては法205条の要件、給与債権に係る情報取得手続においては法206条の要件、預貯金債権に係る情報取得手続においては法207条の要件を、それぞれ充足することを記載する必要がある。

具体的には、第一に、上記のいずれの手続についても、法197条１項又は同条２項の要件（財産開示の実施要件）を充足することを記載することとなる。

第二に、不動産と給与債権に係る情報取得手続については、申立ての日の前３年以内に財産開示期日が実施されたこと（法205条２項、法206条２項）が要件である。これを証明するための資料としては、財産開示手続の実施決定の写し、財産開示期日調書の写しがあるほか、東京地方裁判所民事執行センターにおいては、申請により財産開示期日実施証明書の発行を受けることも可能である。なお、財産開示手続の申立てにおいて法197条１項２号の主張を行い、その疎明資料として同センターの財産調査結果報告書書式を利用し、その添付資料として上記証明書等を提出する場合には、法205条２項又は法206条２項の証明資料として重ねて提出する必要はない（『改正民事執行法における新たな運用と実務―債務者財産の開示・情報取得手続と子の引渡しの強制執行を中心に―（家庭の法と裁判号外)』（日本加除出版、2020年）17頁〔奥田大助〕)。不動産と給与債権に係る情報取得手続については、本条３項の規定により、これらのいずれかの証明資料を申立書に添付する必要がある。

第三に、給与債権に係る情報取得手続については、債務名義が扶養等の義務に係る請求権（法151条の２第１項各号）又は人の生命若しくは身体の侵害による損害賠償請求権についてのものであること（法206条１項柱書）も要件となる。

・　土地等の所在地の範囲（１項３号）

不動産に係る情報取得手続の申立てにおいて、債権者に登記所が検索対象とすべき地域をある程度限定させることにより、情報提供までの時間を短縮し、債権者が適切な時期に回答を得ることができるようにするため、土地等の所在地の範囲を申立書の記載事項としたものである。具体的には、都道府県名により限定することが考えられる。

（裁判を告知すべき者の範囲）

第188条　第２条の規定にかかわらず、法第208条第１項に規定する決定は、申立人及び当該決定により情報の提供を命じられた者に対して告知しなければならない。

〈解説〉

・　本条は、第三者からの情報取得手続の申立てを認容する決定を告知すべき者の範囲を、申立人及び情報提供を命じられた第三者と規定するものである。

不動産と給与債権に係る情報取得手続については、認容決定は債務者に送達される（法205条３項、法206条２項)。これに対し、預貯金債権等の情報取得手続については、債務者による財産の隠匿を防止するため、認容決定は債務者に送達されず、第三者から執行裁判所に対し情報提供がされて初めて、その旨が債務者に通知される（法208条２項)。

一方、第三者からの情報取得手続の申立てを却下する決定は、２条２項により、申立人に告知しなければならず、かつ、それで足りる。

（情報の提供を命じられた者が提供すべき情報）

第189条　法第205条第１項の最高裁判所規則で定める事項は、債務者が所有権の登記名義人である土地等の存否及びその土地等が存在するときは、その土地等を特定するに足りる事項とする。

〈解説〉

・　本条は、不動産に係る情報取得手続について、法205条１項の委任に基づき、登記所が提供すべき情報について規定している。同手続は、令和元年改正民事執行法附則５条に基づき、令和３年５月16日までに開始される予定である（187条の解説参照)。

第190条　法第206条第１項第１号の最高裁判所規則で定める事項は、同号の給与の支払をする者の存否並びにその者が存在するときは、その者の氏名又は名称及び住所（その者が国である場合にあつては、債務者の所属する部局の名称及び所在地）とする。

2　法第206条第１項第２号の最高裁判所規則で定める事項は、同号の報酬又は賞与の支払をする者の存否並びにその者が存在するときは、その者の氏名又は名称及び住所（その者が国である場合にあつては、債務者の所属する部局の名称及び所在地）とする。

〈解説〉

・　本条は、給与債権に係る情報取得手続について、法206条１項１号及び２号の委任に基づき、市区町村及び日本年金機構等が提供すべき情報について規定している（本書第５章112頁〔内田〕参照)。

第191条　法第207条第１項第１号の最高裁判所規則で定める事項は、同号の預貯金債権の存否並びにその預貯金債権が存在するときは、その預貯金債権を取り扱う店舗並びにその預貯金債権の種別、口座番号及び額とする。

2　法第207条第１項第２号の最高裁判所規則で定める事項は、債務者の有する振替社債等（社債、株式等の振替に関する法律第279条に規定する振替社債等であつて、情報の提供を命じられた振替機関等（法第207条第１項第２号に規定する振替機関等をいう。）の備える振替口座簿における債務者の口座に記載され、又は記録されたものに限る。以下この項において同じ。）の存否並びにその振替社債等が存在するときは、その振替社債等の銘柄及び額又は数とする。

〈解説〉

・　本条は、預貯金債権等に係る情報取得手続について、法207条１項１号及び２号の委任に基づき、銀行等及び振替機関等が提供すべき情報について規定している（本書第５章113－114頁〔内田〕参照）。

（情報の提供の方法等）

第192条　法第208条第１項の情報の提供をするときは、同時に、同項の書面の写しを提出しなければならない。ただし、申立人にその書面の写しを発送したときは、この限りでない。

２　申立人が法第208条第１項に規定する決定により情報の提供を命じられた者から同項の書面の写しを受領したときは、執行裁判所は、同条第２項の規定による送付をすることを要しない。

〈解説〉

・　本条は、情報提供を命じられた第三者が執行裁判所に情報を提供する方法について規定している。

・　１項本文は、第三者が情報提供をするときは、書面（情報提供書）及びその写しを提出しなければならないことを規定している。

・　１項ただし書は、第三者が申立人に対し情報提供書の写しを直送した場合には、執行裁判所に当該書面の写しを提出する必要はないことを規定している。

・　２項は、第三者が申立人に対し情報提供書の写しを直送し、申立人がこれを受領したときは、執行裁判所から重ねて申立人に当該書面の写しを送付する必要はないため、その旨を規定している。

（申立ての取下げの通知等）

第193条　法第205条第１項、法第206条第１項又は法第207条第１項若しくは第２項の申立てが取り下げられたときは、裁判所書記官は、法第208条第１項に規定する決定の告知を受けた情報の提供を命じられた者及び法第205条第１項又は法第206条第１項の申立てを認容する決定の送達を受けた債務者に対して、その旨を通知しなければならない。

２　法第208条第１項に規定する決定が情報の提供を命じられた者に告知された場合において、法第211条において準用する法第39条第１項第７号若しくは第８号又は法第183条第１項第６号若しくは第７号に掲げる文書が提出されたときは、裁判所書記官は、申立人及び当該情報の提供を命じられた者に対し、これらの文書が提出された旨及びその要旨並びにこれらの文書の提出による執行停止が効力を失うまで、当該情報の提供を命じられた者は債務者の財産に係る情報を提供してはならない旨を通知しなければならない。

３　第２条第１項の規定にかかわらず、法第208条第１項に規定する決定を取り消す旨の決定は、申立人、同項に規定する決定の告知を受けた情報の提供を命じられた者及び法第205条第１項又は法第206条第１項の申立てを認容する決定の送達を受けた債務者に告知しなければならない。

〈解説〉

・　本条は、第三者からの情報取得手続の申立ての取下げ等の通知について、債権執行の申立ての取下げ等の通知に関する136条と同趣旨の規定を設けるものである。

・　１項は、取下げの通知について、申立ての認容決定の送達を受けた債務者（預貯金債権等の情報取得手続については債務者に認容決定の送達がされないことにつき、188条の解説参照。）及び同決定の告知を受けた第三者に対し通知しなければならないことを規定している。

・　２項は、執行停止の通知について、執行停止文書が提出されたこと（手続の停止）及び第三者からの情報提供を禁止する旨を、申立人及び第三者に通知しなければならないことを規定している。

・　３項は、取消決定の告知について、申立人、申立ての認容決定の送達を受けた債務者及び同決定の告知を受けた第三者に対し告知しなければならないことを規定している。民事執行の手続を取り消す旨の決定に対しては執行抗告をすることができるから（法12条１項）、２条１項２号により、申立人及び相手方に告知しなければならない。本項は、同号の特則として、上記のとおり、申立人、債務者及び第三者に告知することを定めている。

（裁判を告知すべき者の範囲）

第２条　次に掲げる裁判は、当該裁判が申立てに係る場合にあつてはその裁判の申立人及び相手方に対して、その他の場合にあつては民事執行の申立人及び相手方に対して告知しなければならない。

一　移送の裁判

二　執行抗告をすることができる裁判（申立てを却下する裁判を除く。）

〔以下省略〕

（申立ての取下げ等の通知）

第136条　債権執行の申立てが取り下げられたときは、裁判所書記官は、差押命令の送達を受けた第三債務者に対しても、その旨を通知しなければならない。

2　差押命令が第三債務者に送達された場合において、法第39条第１項第７号又は第８号に掲げる文書が提出されたときは、裁判所書記官は、差押債権者及び第三債務者に対し、これらの文書が提出された旨及びその要旨並びにこれらの文書の提出による執行停止が効力を失うまで、差押債権者は差し押さえた債権について取立て又は引渡しの請求をしてはならず、第三債務者は差し押さえられた債権について支払又は引渡しをしてはならない旨を通知しなければならない。

3　債権執行の手続を取り消す旨の決定がされたときは、裁判所書記官は、差押命令の送達を受けた第三債務者に対し、その旨を通知しなければならない。

参考資料　書式集

書式１　給与債権の情報取得手続の申立てに必要な書類等一覧

東京地方裁判所民事第21部

<table>
<tr><td colspan="2">申立ての別</td><td>民事執行法197条１項１号に基づく申立ての場合</td><td>民事執行法197条１項２号に基づく申立ての場合</td></tr>
<tr><td colspan="2" rowspan="3">申立ての要件</td><td>強制執行又は担保権の実行における配当等（※）の手続（本件申立ての日より６か月以上前に終了したものを除く。）において、債務名義に表示された金銭債権の完全な弁済を受けることができなかったこと。
※「配当等」とは配当及び弁済金交付の手続を指します。したがって、執行手続が配当や弁済金交付の手続に至らずに終了した場合には、民執法197条１項１号に基づく申立てはできません。この場合は民執法197条１項２号に基づく申立てとなります。</td><td>知れている財産に対する強制執行を実施しても、債務名義に表示された金銭債権の完全な弁済を得られないことの疎明があった場合で、左記の民執法197条１項１号の要件以外の場合。</td></tr>
<tr><td colspan="2">民事執行法205条２項
申立ての日前３年内に財産開示期日が実施されたこと（財産開示期日において開示義務者が不出頭の場合、陳述をしなかった場合も含みます。）。</td></tr>
<tr><td colspan="2">民事執行法206条１項
次のいずれかの請求権について執行力のある債務名義の正本を有すること。
①　民事執行法151条の２第１項各号に掲げる義務に係る請求権（養育費等）
②　人の生命・身体の侵害による損害賠償請求権</td></tr>
<tr><td rowspan="9">申立てに必要な書類

＊これらはいずれも最低限必要な書類で、事案によっては、さらに追加の書面が必要な場合があります。</td><td>申立て別</td><td>・配当表写し又は弁済金交付計算書写し
・不動産競売開始決定写し
・債権差押命令写し
・配当期日呼出状写し
※配当等の状況によって提出書類が異なりますので、窓口にお問い合わせください。</td><td>・財産調査結果報告書及び疎明資料</td></tr>
<tr><td rowspan="8">共通のもの</td><td colspan="2">・財産調査結果報告書及び疎明資料（財産開示実施証明書等を含む）</td></tr>
<tr><td colspan="2">・申立手数料（収入印紙）　1,000円
・民事執行予納金　6,000円　※第三者が１名増えるごとに　＋2,000円
・（郵送で申し立てる場合）切手　94円分（84円＋10円など）</td></tr>
<tr><td colspan="2">・情報取得手続申立書（表書き＋当事者目録＋請求債権目録）
※情報取得手続の申立ては、債務者ごと・取得しようとする情報の種類ごとに申立書を作成していただくようお願いします。</td></tr>
<tr><td colspan="2">・執行力のある債務名義の正本及び写し１部
・送達証明書（必要な場合は、確定証明書）及び写し１部
債務名義に更正決定等がある場合には、更正決定正本及び同決定書の送達証明書等も必要になります。また、債務名義正本に承継執行文が付されているような場合には、債務名義正本の送達証明書に加え承継を証する書面の謄本及び承継執行文謄本の送達証明書も必要となります。</td></tr>
<tr><td colspan="2">・資格証明書等
債務者が法人の場合：申立ての日前１か月以内に取得した代表者事項証明書
第三者（国や市区町村、法人登記のない共済組合の場合は不要）
：申立ての日前１か月以内に取得した代表者事項証明書
申立人が法人の場合：申立ての日前２か月以内に取得した代表者事項証明書
※代表者事項証明書の代わりに商業事項証明書を提出しても問題ありません。</td></tr>
<tr><td colspan="2">【債務名義の当事者の表示（住所・氏名又は名称）と現在の住所・氏名又は名称と異なっているとき】
【債務者の特定に資する事項において、生年月日、旧姓、旧住所を記載するとき】
・住民票、戸籍謄本または戸籍の附票等（申立ての日前１か月以内に取得したもの）
氏名・住所のつながりや生年月日、旧姓、旧住所の証明のため、必要です。
法人の場合は、つながりの記載がある全部事項証明書や閉鎖事項証明書等が必要です。</td></tr>
<tr><td colspan="2">・当事者目録及び請求債権目録の写し（各１部ずつ）</td></tr>
<tr><td colspan="2">・債務名義等還付申請書（同受領書）（あらかじめ、申立時に提出してください。情報提供命令が確定した後、返還することができます。書式等はホームページに掲載しています。）</td></tr>
</table>

出典：裁判所ホームページ

書式2 差押禁止債権の差押範囲変更申立書（札幌地裁の例）

（生活保護費、年金等が振り込まれた預貯金口座用）

□　差押禁止債権の差押範囲変更申立書

□　差押命令取消申立書

（□にレを付したもの）

札幌地方裁判所民事第4部債権執行係　御中

令和　　　　年　　　　月　　　　日

申立人 ＿＿＿＿＿＿＿＿＿＿＿＿＿＿ 印

連絡先(TEL) ＿＿＿＿＿＿＿＿＿＿＿＿＿＿

申立人（債務者） ＿＿＿＿＿＿＿＿＿＿＿＿＿＿

相手方（債権者） ＿＿＿＿＿＿＿＿＿＿＿＿＿＿

申立ての趣旨

上記当事者間の御庁令和　　　　年（ル）第　　　号債権差押命令申立事件につき、第三債務者　　　　　　　（　　　　　　扱い）に対する

□　債権差押命令は、これを取り消す。

□　金　　　　　　　　円を超える部分はこれを取り消す。

との裁判を求める。

□　また、上記裁判が効力を生ずるまでの間、第三債務者は、債権者に対し、支払その他の給付をしてはならない旨の決定を求める。

（添付書類）

□　生活保護等受給決定通知書写し	1通
□　年金等の振込通知書写し	1通
□　預貯金通帳写し（1年分）	1通
□　申立書副本、上記添付書類のコピー	1通
□	
□	

申 立 て の 理 由

1　御庁令和　　　　年（ル）第　　号債権差押命令申立事件で差し押さえられた第三債務者　　　　　　　に対する預金（貯金）債権の口座は、□生活保護費□年金□　　　　　　が振り込まれる口座です。

2　上記口座に入ってくるお金は、次のとおりです。

□　生活保護費（月額　　　　　　　円）
□　年金（２か月毎に　　　　　　　円）
□　　　　　　（月額　　　　　　　円）
□　親族（続柄）からの援助（月額約　　　　　　　円）
□

3　本件差押えが続行されることによって生ずる支障は、次のとおりである。

□　別紙のとおり

4　よって、本申立てに及ぶ。

出典：裁判所ホームページ

書式３　差押範囲変更（減縮）の申立て説明文

差押範囲変更（減縮）の申立てをする方へ

東京地方裁判所民事第21部

裁判所は、提出いただいた資料をもとに、あなた及び債権者の生活の状況その他の事情を考慮して、差押命令の全部若しくは一部を取り消す必要があるかを判断します。

提出を求める主な書類等は以下のとおりですが、提出された資料の内容や事情によっては追加提出を求める場合もあります。

また、裁判所から債権者に対して、申立書副本及び添付資料のコピーを送付して意見を求める場合もありますので、その場合には判断に時間を要することをご承知置き下さい。

なお、申立てがあれば必ず範囲変更や第三債務者への給付の禁止が認められるわけではありませんし、範囲変更が認められても、あなたの債務が減るわけではありません。

１　申立ての際に必要な書類

差押範囲の変更を申し立てる場合には、次の書類が必要になります。

①　申立書正本（裁判所提出用）

②　郵便切手5010円分（内訳：500円×８枚、100円×４枚、84円×５枚、20円×５枚、10円×５枚、５円×５枚、２円×５枚、１円×５枚）

③　申立人及び同居者の生活に必要な費用、それらの者の収入、資産等、生活状況が分かる書類（通帳以外は原本を提出してください。陳述書・家計表以外の原本は、コピーとの照合後に返還します。）

【例：陳述書、家計表〔申立前２か月分〕、源泉徴収票、課税証明書（又は非課税証明書）、確定申告書〔税務署の受領印が押されたもの〕、公的扶助の受給証明書、給与明細書〔申立前２か月分〕、預貯金口座の通帳のコピー〔過去１年分〕、その他資産及び家計表に記載した収入・支出が分かる資料など】

④　世帯全員及び同居者全員が記載された住民票〔申立前３か月以内に取得したもの〕（原本を提出してください。）

※住民票はマイナンバー（個人番号）の記載のないものをお願いします。

⑤　申立書副本及び③・④のコピー（各２通）

２　申立書の記載について

⑴　申立人（債務者）の欄にあなたの名前を記載した上で、あなたの印鑑を押してください（申立書副本、陳述書も同様です。）。

連絡先の欄には、あなたと日中連絡の取れる連絡先（電話番号、ＦＡＸ番号）を必ず記載してください。今後連絡する際には、その連絡先にさせていただきます。

また、取消しを求める差押命令の債権者名を記入してください。

(2) 申立ての趣旨の欄には、取消しを求める差押命令の事件番号・第三債務者名を記入し、差押命令の取消しを求める範囲について、該当する□にレ印を記入してください。

また、この申立てに対する結果が出るまでの間、第三債務者に対して、支払その他の給付の禁止（債権者に支払を行わず、第三債務者がその分を取り置いておくこと）を希望する場合には、該当する□にレ印を記入してください。

(3) 申立書の理由の欄には、後記３の記載例を参考に、差押命令の取消しを求める理由を記載してください。

(4) 添付書類の欄には、あなたが本申立てのために提出した資料について、該当する□にレ印を記入してください。

３　申立ての理由の記載例

(1) 生活保護受給者の場合

「申立人は、生活保護法の被保護者であるが、同居者も含めた１か月の収入は、申立人の生活保護費と〇〇との合計〇万〇〇〇〇円であり、申立人及び同居者に不動産や預貯金等の資産もない。本件差押えによって、申立人らの生活に著しい支障が生じている。よって、本件差押命令の取消しを求めるため、本申立てに及ぶ。」

(2) 給与所得者の場合

「申立人は給与所得者であるが、１か月の収入及び支出は家計の状況に記載したとおりであり、他にめぼしい資産等はない。本件差押えは給料、賞与及び退職金から所得税、住民税及び社会保険料を控除した残額の〇分の〇を対象とするものであるが、申立人の生活に著しい支障が生じている。よって、本件差押えの範囲を上記給料、賞与及び退職金の〇分の〇に変更することを求めるため、本申立てに及ぶ。」

以　上

出典：裁判所ホームページ

書式4 財産開示期日が実施されたことの証明申請書

（正本用）

収入印紙××円
（1期日につき
150円）

財産開示期日が実施されたことの証明申請書

【※財産開示期日（ただし、複数回期日が開かれた場合は、最後の期日）が証明日から3年以内に実施されたものに限る。】

東京地方裁判所民事第21部　御中

令和　　　年　　　月　　　日

申請者（住所）

（氏名）　　　　　　　　　　　　　印

債　務　者（現住所）

（債務名義上の住所）　□　現住所と同じ

□

（氏名又は名称）

（財産開示事件　事件番号　御庁　平成・令和　　　年（財チ）第　　　号）

上記財産開示事件の財産開示期日における手続が、下記のとおり実施されたことを証明してください。

記

1　平成・令和　年　月　日実施（開示義務者　出頭・不出頭）

2　平成・令和　年　月　日実施（開示義務者　出頭・不出頭）

3　平成・令和　年　月　日実施（開示義務者　出頭・不出頭）

〔いずれかに○を付す〕

（添付書類）

1　執行力のある金銭債権の債務名義正本及びそのコピー

2　資格証明書（申請人及び債務者が法人である場合は必須。債務名義上の記載と名称や所在地が異なる場合には、そのつながりがわかる商業登記簿謄本等）

3　住民票（債務名義上の記載と当事者の住所が異なる場合）

4　戸籍謄本（債務名義上の記載と当事者の氏名が異なる場合）

5　訴訟委任状（弁護士に委任する場合）

受　　書

同日、上記証明書　通の交付を受けました。

申請者（氏名）　　　　　　　　　　　　　印

（副本用）

財産開示期日が実施されたことの証明申請書

【※財産開示期日（ただし、複数回期日が開かれた場合は、最後の期日）が証明日から３年以内に実施されたものに限る。】

東京地方裁判所民事第21部　御中

令和　　　年　　　月　　　日

申請者（住所）

（氏名）　　　　　　　　　　　　　　印

債　務　者（現住所）

（債務名義上の住所）　□　現住所と同じ

□

（氏名）

（財産開示事件　事件番号　御庁　平成・令和　　　年（財チ）第　　　号）

上記財産開示事件の財産開示期日における手続が、下記のとおり実施されたことを証明してください。

記

1　平成・令和　年　月　日実施（開示義務者　出頭・不出頭）

2　平成・令和　年　月　日実施（開示義務者　出頭・不出頭）

3　平成・令和　年　月　日実施（開示義務者　出頭・不出頭）

〔いずれかに○を付す〕

出典：裁判所ホームページ

書式5 財産開示手続申立書書式例

財産開示手続申立書

東京地方裁判所民事第21部御中

令和　　　年　　　月　　　日

申立人

印

電　話　　　－　　　－

ＦＡＸ　　　－　　　－

（担当　　　　）

当 事 者　　別紙目録記載のとおり

請求債権　　別紙目録記載のとおり

申立人は、債務者に対し、別紙請求債権目録記載の執行力のある債務名義の正本に記載された請求債権を有しているが、債務者がその支払をせず、下記の要件に該当するので、債務者について財産開示手続の実施を求める。

記

1　民事執行法197条１項の要件（該当する□に✔を記入してください。）

□　強制執行又は担保権の実行における配当等の手続（本件申立ての日より６月以上前に終了したものを除く。）において、金銭債権の完全な弁済を得ることができなかった（１号）。

□　知れている財産に対する強制執行を実施しても、金銭債権の完全な弁済を得られない（２号）。

2　民事執行法197条３項の要件（該当する□に✔を記入してください。）

債務者が、本件申立ての日前３年以内に財産開示期日においてその財産について陳述したことを

□　知らない。

□　知っている。

（「知っている。」にチェックした場合は、次のいずれかにチェックする。）

□　債務者が当該財産開示期日において、一部の財産を開示しなかった（１号）。

□　債務者が当該財産開示期日の後に新たに財産を取得した（２号）。

（取得した財産　　　　　　　　　　　　　　　　　）

□　当該財産開示期日の後に債務者と使用者との雇用関係が終了した（３号）。

（添付書類）（該当する□に✔を記入してください。）

□　執行力のある債務名義の正本　　　通

□　同送達証明書　　　通

□　同確定証明書　通

□　資格証明書　通

□　住民票　通

□　通

□　通

（証拠書類）（該当する□に✔を記入してください。）

1　民事執行法197条1項1号の主張をする場合

□　配当表写し　甲第　号証

□　弁済金交付計算書写し　甲第　号証

□　不動産競売開始決定写し　甲第　号証

□　債権差押命令写し　甲第　号証

□　配当期日呼出状写し　甲第　号証

□　甲第　号証

□　甲第　号証

2　民事執行法197条1項2号の主張をする場合

□財産調査結果報告書及び添付資料　甲第　号証～甲第　号証

□

3　民事執行法197条3項の要件立証資料

□財産開示期日調書写し　甲第　号証

□財産調査結果報告書及び添付資料　甲第　号証

□退職証明書　甲第　号証

□　甲第　号証

□　甲第　号証

出典：裁判所ホームページ

書式６　財産調査結果報告書（個人用）

【記載事項】
「１－１　過去３年以内の手続の確認」（１頁目）から「７　その他の財産」及び「住居表示に関する説明書」（６頁目）まであります。文中の指示に従って、必要なものを記入・提出してください。
※不明な点は、別途、説明書面や裏付資料の提出（補正など）を求めることがあります。

【記載上の注意事項】
１　該当する欄の□にレ点を付け、必要な事項を記入してください。
２　欄が足りないときは、適宜の用紙（Ａ４版）を追加してください（その場合には、該当する欄に「別紙のとおり」と記載してください）。

東京地方裁判所民事第21部　御中
令和　　　年　　　月　　　日
申立人（□代理人）＿＿＿＿＿＿＿＿＿＿＿＿＿＿＿＿＿＿印

債務者＿＿＿＿＿＿の財産を調査した結果（調査方法を含む）は、次のとおりです。
したがって、私の知っている債務者の財産に対して強制執行を実施しても、請求債権の完全な弁済を得られません。

１－１　過去３年以内の手続の確認 過去３年以内に財産開示又は情報取得が実施されましたか。 該当するものを選択し（□にレ点）を記入してください。	
□	はい　→１－２へ
□	いいえ→２ページ以下に進みすべて記入してください。

<table>
<tr><td colspan="2"></td><td>提出する疎明資料
（右記一覧の番号）</td><td colspan="2">疎明資料一覧</td></tr>
<tr><td colspan="2">１－２　過去３年以内の財産開示または情報取得の結果
次のア、イ、ウ、エのうちから該当するものを選択し（□にレ点）、必要事項を記入してください。</td><td></td><td rowspan="10">A

B１

B２

B３

B４

B５</td><td rowspan="10">【過去の手続関係】
財産開示期日が実施されたことの証明書
財産開示期日調書（写し）
財産開示手続実施決定（写し）
情報提供命令（写し）
全ての情報提供書（写し）
情報取得手続時に提出した財産調査結果報告書（写し）</td></tr>
<tr><td>ア□</td><td>財産開示手続が行われたが、債務者が期日に出頭せず、財産が判明しなかった。
※疎明資料として＿＿＿＿＿を提出する。
〔疎明資料一覧からアルファベットを選択〕
→１－３へ</td><td>A（B１＋B２も可）</td></tr>
<tr><td>イ□</td><td>財産開示手続が行われ、債務者が期日に出頭したが、十分な財産は判明しなかった。
※疎明資料として＿＿＿＿＿を提出する。
〔疎明資料一覧からアルファベットを選択〕
→１－３へ</td><td>B１</td></tr>
<tr><td>ウ□</td><td>情報取得手続が行われ、その中で、２ページ以下を記入した財産調査結果報告書を提出した。
※疎明資料として＿＿＿＿＿を提出する。
〔疎明資料一覧からアルファベットを選択〕
→１－３へ</td><td>B３＋B４＋B５</td></tr>
<tr><td>エ□</td><td>ア、イ、ウのいずれにも該当しない。
※疎明資料として＿＿＿＿＿を提出する。
〔疎明資料一覧からアルファベットを選択〕
→２ページ以下に進みすべて記入してください。</td><td>B３＋B４＋B５
※B５は提出した場合のみ</td></tr>
<tr><td colspan="2">１－３　その後の事情</td><td></td></tr>
<tr><td colspan="2">以下に該当する場合は、□にレ点を記入してください。</td><td></td></tr>
<tr><td>□</td><td>上記財産開示・情報取得後、債務者は転居していません。</td><td></td></tr>
<tr><td>□</td><td>上記財産開示・情報取得後、債務者の新たな財産は判明していません。</td><td></td></tr>
<tr><td colspan="3">上記のうちいずれかに該当しないものがある場合
→２ページ以下に進みすべて記入してください。
上記両方に該当した場合　→記入は終了です。
※ただし、追加資料が必要になる場合があります。</td></tr>
</table>

<table>
<tr><th colspan="2"></th><th>提出する疎明資料
（右記一覧の番号）</th><th>疎明資料一覧</th></tr>
<tr><td colspan="2">2　債務者の住所地の不動産
次のア、イのうちから該当するものを選択し（□にレ点）、必要事項を記入してください。</td><td></td><td rowspan="8">【所有権確認関係】

C　不動産登記事項証明書（3か月以内のもの）

D　住居表示に関する説明書（末尾に書式あり）

E　賃貸借契約書（写し）

F　その他、債務者の所有不動産ではないことを疎明する文書

【評価額確認関係】

G　不動産業者の評価書・査定書（1年以内のもの）

H　固定資産評価証明書・公課証明書

I　その他、債務者所有の不動産に競売手続をしても無剰余（※）であることを疎明する文書（※強制執行をしても申立人に配当金が回らない見込みのこと）</td></tr>
<tr><td>ア□</td><td>債務者住所地の不動産（□土地・□建物）は、債務者の所有ではない。

※疎明資料として____________を提出する。
〔疎明資料一覧からアルファベットを選択〕</td><td>C（原本）
及びD（ただし、住居表示が異なる場合のみ）
〔Cが取得できないときは、EかFのいずれか〕</td></tr>
<tr><td>イ□</td><td>債務者住所地の不動産（□土地・□建物）は、債務者の所有であるが、この不動産では完全な弁済を得られない。

評価額______________________円
被担保債権額__________________円

※疎明資料として____________を提出する。
〔疎明資料一覧からアルファベットを選択〕</td><td>C（原本）
及びD（ただし、住居表示が異なる場合のみ）

G～Iのいずれか</td></tr>
<tr><td colspan="2">3　その他の場所の不動産
次のア、イ、ウのうちから該当するものを選択し（□にレ点）、必要事項を記入してください。
〔※6か月以内の転居がある場合は、ア又はイを選択したうえ、旧住所について必ず記載してください。〕</td><td></td></tr>
<tr><td>ア□</td><td>次の（□土地・□建物）を調査した結果、債務者の所有でないことが判明した。
調査した住所（　　　　　　　　　　）
この場所は債務者の（□旧住所・□事業所、店舗・□　　　　　　　）である。

※疎明資料として____________を提出する。
〔疎明資料一覧からアルファベットを選択〕</td><td rowspan="2">C（写し可）
及びD（ただし、住居表示が異なる場合のみ）</td></tr>
<tr><td rowspan="2">イ□</td><td>次の（□土地・□建物）を調査した結果、債務者の所有であることが判明したが、この不動産では完全な弁済を得られない。
調査した住所（　　　　　　　　　　）
この場所は債務者の（□旧住所・□事業所、店舗・□　　　　　　　）である。

※疎明資料として____________を提出する。
〔疎明資料一覧からアルファベットを選択〕</td></tr>
<tr><td>評価額______________________円
被担保債権額__________________円

※疎明資料として____________を提出する。
〔疎明資料一覧からアルファベットを選択〕</td><td>G～Iのいずれか</td></tr>
<tr><td>ウ□</td><td colspan="2">次の理由により調査が困難である。
（理由記入欄）</td></tr>
</table>

<table>
<tr><td colspan="2"></td><td>提出する疎明資料
（右記一覧の番号）</td><td>疎明資料一覧</td></tr>
<tr><td colspan="2">4　債務者の給与（報酬・賃金等）
次のア、イ、ウのうちから一つを選択し（□にレ点）、必要事項を記入してください。</td><td></td><td rowspan="4">【給与（報酬・賃金等）関係】

J　給与の債権差押命令正本（写し）、第三債務者からの陳述書（写し）

K　債権配当事件の直近の配当表（写し）

L　弁護士法照会による勤務先等からの回答書（写し）

M　債務者の勤務先等に関する調査報告書その他の疎明資料</td></tr>
<tr><td>ア□</td><td>債務者の給与（報酬・賃金等）は次のとおりである。

就業場所（所在地）→

雇用者（会社名）→

給与形態→　年・月・週・日・不明
〔※年収なら「年」に○を付すなど、該当するものに○を付してください。〕
約　　　　　　　　　　円　・　不明
〔※知っている金額を記載してください。不明の場合は「不明」に○を付してください。〕

※疎明資料として＿＿＿＿＿＿を提出する。
〔疎明資料一覧からアルファベットを選択〕</td><td>→ J～Mのいずれか</td></tr>
<tr><td>イ□</td><td>次の調査を行ったが、在職していなかった。

※疎明資料として＿＿＿＿＿＿を提出する。
〔疎明資料一覧からアルファベットを選択〕

（調査方法記入欄）</td><td>→ J、L、Mのいずれか</td></tr>
<tr><td>ウ□</td><td colspan="2">次の理由により調査が困難である。

（理由記入欄）</td></tr>
</table>

<table>
<tr><th colspan="2"></th><th>提出する疎明資料
（右記一覧の番号）</th><th>疎明資料一覧</th></tr>
<tr><td colspan="2">5　債務者の預貯金
次のア、イ、ウのうちから一つを選択し（□にレ点）、必要事項を記入してください。</td><td></td><td rowspan="4">【預貯金関係】

N　預貯金の債権差押命令正本（写し）、第三債務者からの陳述書（写し）

O　債権配当事件の直近の配当表（写し）

P　弁護士法照会による金融機関からの回答書（写し）

Q　債務者の預貯金に関する調査報告書その他の疎明資料</td></tr>
<tr><td>ア□</td><td>債務者の預貯金は次のとおりである。
〔※欄が足りないときは適宜追加してください。〕

銀行・信用金庫　　　　支店
（　　年　　月　　日現在の残高　　　　円）

銀行・信用金庫　　　　支店
（　　年　　月　　日現在の残高　　　　円）

銀行・信用金庫　　　　支店
（　　年　　月　　日現在の残高　　　　円）

※疎明資料として＿＿＿＿＿＿を提出する。
〔疎明資料一覧からアルファベットを選択〕</td><td>N～Qのいずれか</td></tr>
<tr><td>イ□</td><td>次の調査を行ったが、預貯金がなかった。

※疎明資料として＿＿＿＿＿＿を提出する。
〔疎明資料一覧からアルファベットを選択〕

（調査方法記入欄）</td><td>N、P、Qのいずれか</td></tr>
<tr><td>ウ□</td><td colspan="2">次の理由により調査が困難である。

（理由記入欄）</td></tr>
</table>

		提出する疎明資料 （右記一覧の番号）	疎明資料一覧
6　債務者の動産（生活必需品を除く） 次のア、イのうちから、一つを選択し（□にレ点）、必要事項を記入してください。			【動産関係】 R　動産執行の執行調書謄本（写し） S　動産に対する強制執行手続の配当表写し T　債務者の動産に関する調査報告書その他の疎明資料
ア□	債務者の動産については知らない。		
イ□	私の知っている債務者の動産は次のとおりである。 ※疎明資料として____を提出する。 〔疎明資料一覧からアルファベットを選択〕 （動産の品名・数量等）	R～Tのいずれか（あれば）	

		提出する疎明資料 （右記一覧の番号）	疎明資料一覧
7　債務者のその他の財産（保険金、株式、売掛金、貸付金、暗号資産（仮想通貨）等） 次のア、イのうちから一つを選択し（□にレ点）、必要事項を記入してください。			【その他の財産関係】 U　債務者のその他の財産に関する調査報告書その他の疎明資料
ア□	債務者のその他の財産（保険金、株式、売掛金、貸付金、暗号資産（仮想通貨）等）については知らない。		
イ□	私の知っている債務者のその他の財産（保険金、株式、売掛金、貸付金、暗号資産（仮想通貨）等）は次のとおりである。 ※疎明資料として____を提出する。 〔疎明資料一覧からアルファベットを選択〕 （財産の種類、額等）	U	

（別紙）

（疎明資料として提出した「不動産登記事項証明書」の表示と住居表示が異なる場合に作成してください。
次の１～３のうち、該当する項目の□にレ点を入れて、同欄に必要事項を記載してください。
物件ごとに１通作成してください。）

住居表示に関する説明書

債務者＿＿＿＿＿＿の【□住所地・□旧住所・□事業所、店舗・□　　　　】について

□１　債務者の住所が、住居表示では、 「東京都　　　　　　　　　　　　　　」となっていますが、 □　東京法務局　□　地方法務局　□　支局・出張所において、 前記住所地の不動産登記事項証明書の交付申請をするべく問い合わせたところ、登記表示の住所では、以下に該当するとの回答があり、以下の所在地の不動産登記事項証明書の交付を受けました。 土地「地番：東京都　　　　　　　　　　　　」 建物「所在：東京都　　　　　、家屋番号：　　　　　」
□２　別添のブルーマップ（　　　　　住宅地図）の該当ページによると、 住居表示の住所が赤色でマーキングした部分であり、 登記表示の住所が青色でマーキングした部分になります。
□３　以下の方法で、住居表示の「東京都　　　　　　　　」は、 登記表示の「東京都　　　　　　　　」に 該当することを確認しました。 （　　　　　　　　　　　　　　　　　　　　）

出典：裁判所ホームページ

書式７　財産調査結果報告書（法人用）

【記載事項】
「１－１　過去３年以内の手続の確認」（１頁目）から「７　その他の財産」及び「住居表示に関する説明書」（５頁目）まであります。文中の指示に従って、必要なものを記入・提出してください。
※不明な点は、別途、説明書面や裏付資料の提出（補正など）を求めることがあります。

【記載上の注意事項】
１　該当する欄の□にレ点を付け、必要な事項を記入してください。
２　欄が足りないときは、適宜の用紙（Ａ４版）を追加してください（その場合には、該当する欄に「別紙のとおり」と記載してください）。

東京地方裁判所民事第21部　御中
令和　　　　年　　　　月　　　　日
申立人（□代理人）＿＿＿＿＿＿＿＿＿＿＿＿＿＿＿＿印

債務者（法人）＿＿＿＿＿＿の財産を調査した結果（調査方法を含む）は、次のとおりです。
したがって、私の知っている債務者の財産に対して強制執行を実施しても、請求債権の完全な弁済を得られません。

<table>
<tr><td colspan="2">１－１　過去３年以内の手続の確認
過去３年以内に財産開示又は情報取得が実施されましたか。
該当するものを選択し（□にレ点）を記入してください。</td></tr>
<tr><td>□</td><td>はい　→１－２へ</td></tr>
<tr><td>□</td><td>いいえ→２ページ以下に進みすべて記入してください。</td></tr>
</table>

<table>
<tr><td colspan="2"></td><td>提出する疎明資料
（右記一覧の番号）</td><td colspan="2">疎明資料一覧</td></tr>
<tr><td colspan="2">１－２　過去３年以内の財産開示または情報取得の結果
次のア、イ、ウ、エのうちから該当するものを選択し（□にレ点）、必要事項を記入してください。</td><td></td><td rowspan="8">
A

B１

B２

B３

B４

B５</td><td rowspan="8">【過去の手続関係】
財産開示期日が実施されたことの証明書
財産開示期日調書（写し）
財産開示手続実施決定（写し）
情報提供命令（写し）
全ての情報提供書（写し）
情報取得手続時に提出した財産調査結果報告書（写し）</td></tr>
<tr><td>ア□</td><td>財産開示手続が行われたが、債務者が期日に出頭せず、財産が判明しなかった。
※疎明資料として＿＿＿＿＿＿を提出する。
→１－３へ
〔疎明資料一覧からアルファベットを選択〕</td><td>A（B１＋B２も可）</td></tr>
<tr><td>イ□</td><td>財産開示手続が行われ、債務者が期日に出頭したが、十分な財産は判明しなかった。
※疎明資料として＿＿＿＿＿＿を提出する。
→１－３へ
〔疎明資料一覧からアルファベットを選択〕</td><td>B１</td></tr>
<tr><td>ウ□</td><td>情報取得手続が行われ、その中で、２ページ以下を記入した財産調査結果報告書を提出した。
※疎明資料として＿＿＿＿＿＿を提出する。
→１－３へ
〔疎明資料一覧からアルファベットを選択〕</td><td>B３＋B４＋B５</td></tr>
<tr><td>エ□</td><td>ア、イ、ウのいずれにも該当しない。
※疎明資料として＿＿＿＿＿＿を提出する。
〔疎明資料一覧からアルファベットを選択〕
→２ページ以下に進みすべて記入してください。</td><td>B３＋B４＋B５
※B５は提出した場合のみ</td></tr>
<tr><td colspan="2">１－３　その後の事情
以下に該当する場合は、□にレ点を記入してください。</td><td></td></tr>
<tr><td>□</td><td>上記財産開示・情報取得後、債務者の本店は移転していません。</td><td></td></tr>
<tr><td>□</td><td>上記財産開示・情報取得後、債務者の新たな財産は判明していません。</td><td></td></tr>
<tr><td colspan="3">上記のうちいずれかに該当しないものがある場合
→２ページ以下に進みすべて記入してください。
上記両方に該当した場合　→記入は終了です。
※ただし、追加資料が必要になる場合があります。</td><td></td><td></td></tr>
</table>

<table>
<tr><td colspan="2"></td><td>提出する疎明資料
（右記一覧の番号）</td><td>疎明資料一覧</td></tr>
<tr><td colspan="2">2　債務者の所在地の不動産
次のア、イのうちから該当するものを選択し（□にレ点）、必要事項を記入してください。</td><td></td><td rowspan="8">【所有権確認関係】
C　不動産登記事項証明書（3か月以内のもの）
D　住居表示に関する説明書（末尾に書式あり）
E　賃貸借契約書（写し）
F　その他、債務者の所有不動産ではないことを疎明する文書

【評価額確認関係】
G　不動産業者の評価書・査定書（1年以内のもの）
H　固定資産評価証明書・公課証明書
I　その他、債務者所有の不動産に競売手続をしても無剰余（※）であることを疎明する文書（※強制執行をしても申立人に配当金が回らない見込みのこと）</td></tr>
<tr><td>ア□</td><td>債務者の本店所在地の不動産（□土地・□建物）は、債務者の所有ではない。

※疎明資料として＿＿＿＿＿＿を提出する。
〔疎明資料一覧からアルファベットを選択〕</td><td>C（原本）
及びD（ただし、住居表示が異なる場合のみ）
〔Cが取得できないときは、EかFのいずれか〕</td></tr>
<tr><td>イ□</td><td>債務者の本店所在地の不動産（□土地・□建物）は、債務者の所有であるが、この不動産では完全な弁済を得られない。

評価額　　　　　　　　　　　円
被担保債権額　　　　　　　　円

※疎明資料として＿＿＿＿＿＿を提出する。
〔疎明資料一覧からアルファベットを選択〕</td><td>C（原本）
及びD（ただし、住居表示が異なる場合のみ）

G～Iのいずれか</td></tr>
<tr><td colspan="2">3　その他の場所の不動産
次のア、イ、ウのうちから該当するものを選択し（□にレ点）、必要事項を記入してください。
〔※6か月以内の本店の移転がある場合は、ア又はイを選択したうえ、旧本店所在地について必ず記載してください。〕</td><td></td></tr>
<tr><td>ア□</td><td>次の（□土地・□建物）を調査した結果、債務者の所有でないことが判明した。
　調査した住所（　　　　　　　　　　）
　この場所は債務者の（□旧本店所在地・□支店・□事業所、店舗・□　　　　　）である。

※疎明資料として＿＿＿＿＿＿を提出する。
〔疎明資料一覧からアルファベットを選択〕</td><td rowspan="2">C（写し可）
及びD（ただし、住居表示が異なる場合のみ）

G～Iのいずれか</td></tr>
<tr><td>イ□</td><td>次の（□土地・□建物）を調査した結果、債務者の所有であることが判明したが、この不動産では完全な弁済を得られない。
　調査した住所（　　　　　　　　　　）
　この場所は債務者の（□旧本店所在地・□支店・□事業所、店舗・□　　　　　）である。
※疎明資料として＿＿＿＿＿＿を提出する。
〔疎明資料一覧からアルファベットを選択〕
評価額　　　　　　　　　　　円
被担保債権額　　　　　　　　円

※疎明資料として＿＿＿＿＿＿を提出する。
〔疎明資料一覧からアルファベットを選択〕</td></tr>
<tr><td>ウ□</td><td colspan="2">次の理由により調査が困難である。
（理由記入欄）</td></tr>
</table>

<table>
<tr><td colspan="2"></td><td>提出する疎明資料
（右記一覧の番号）</td><td>疎明資料一覧</td></tr>
<tr><td colspan="2">4　債務者の営業上の債権（売掛金・業務報酬債権等）
次のア、イのうちから一つを選択し（□にレ点）、必要事項を記入してください。</td><td></td><td rowspan="3">【営業上の債権関係】

J　債権差押命令正本（写し）、第三債務者からの陳述書（写し）

K　債権配当事件の直近の配当表（写し）

L　弁護士法照会による取引先等からの回答書（写し）

M　債務者の取引先等に関する調査報告書その他の疎明資料</td></tr>
<tr><td>ア□</td><td>債務者の営業上の債権（売掛金・業務報酬債権等）については知らない。</td><td rowspan="2">→J～Mのいずれか</td></tr>
<tr><td>イ□</td><td>私の知っている債務者の営業上の債権（売掛金・業務報酬債権等）は次のとおりである。

※疎明資料として＿＿＿＿＿＿を提出する。
〔疎明資料一覧からアルファベットを選択〕
（債権の種類、額等）</td></tr>
</table>

<table>
<tr><td colspan="2"></td><td>提出する疎明資料
（右記一覧の番号）</td><td>疎明資料一覧</td></tr>
<tr><td colspan="2">5　債務者の預貯金
次のア、イ、ウのうちから一つを選択し（□にレ点）、必要事項を記入してください。</td><td></td><td rowspan="4">【預貯金関係】

N　預貯金の債権差押命令正本（写し）、第三債務者からの陳述書（写し）

O　債権配当事件の直近の配当表（写し）

P　弁護士法照会による金融機関からの回答書（写し）

Q　債務者の預貯金に関する調査報告書その他の疎明資料</td></tr>
<tr><td>ア□</td><td>債務者の預貯金は次のとおりである。
〔※欄が足りないときは適宜追加してください。〕
銀行・信用金庫　　支店
（　年　月　日現在の残高　　円）
銀行・信用金庫　　支店
（　年　月　日現在の残高　　円）
銀行・信用金庫　　支店
（　年　月　日現在の残高　　円）

※疎明資料として＿＿＿＿＿＿を提出する。
〔疎明資料一覧からアルファベットを選択〕</td><td>N～Qのいずれか</td></tr>
<tr><td>イ□</td><td>次の調査を行ったが、預貯金がなかった。

※疎明資料として＿＿＿＿＿＿を提出する。
〔疎明資料一覧からアルファベットを選択〕

（調査方法記入欄）</td><td>N、P、Qのいずれか</td></tr>
<tr><td>ウ□</td><td colspan="2">次の理由により調査が困難である。
（理由記入欄）</td></tr>
</table>

<table>
<tr><th colspan="2"></th><th>提出する疎明資料
（右記一覧の番号）</th><th>疎明資料一覧</th></tr>
<tr><td colspan="2">6　債務者の動産（差押禁止動産（民執法131条）を除く）
次のア、イのうちから、一つを選択し（□にレ点）、必要事項を記入してください。</td><td></td><td rowspan="3">【動産関係】
R　動産執行の執行調書謄本（写し）
S　動産に対する強制執行手続の配当表写し
T　債務者の動産に関する調査報告書その他の疎明資料</td></tr>
<tr><td>ア□</td><td>債務者の動産については知らない。</td><td></td></tr>
<tr><td>イ□</td><td>私の知っている債務者の動産は次のとおりである。

※疎明資料として＿＿＿＿＿＿を提出する。
〔疎明資料一覧からアルファベットを選択〕
（動産の品名・数量等）</td><td>R～Tのいずれか（あれば）</td></tr>
</table>

<table>
<tr><th colspan="2"></th><th>提出する疎明資料
（右記一覧の番号）</th><th>疎明資料一覧</th></tr>
<tr><td colspan="2">7　債務者のその他の財産（保険金、株式、売掛金、貸付金、暗号資産（仮想通貨）等）
次のア、イのうちから一つを選択し（□にレ点）、必要事項を記入してください。</td><td></td><td rowspan="3">【その他の財産関係】
U　債務者のその他の財産に関する調査報告書その他の疎明資料</td></tr>
<tr><td>ア□</td><td>債務者のその他の財産（保険金、株式、売掛金、貸付金、暗号資産（仮想通貨）等）については知らない。</td><td></td></tr>
<tr><td>イ□</td><td>私の知っている債務者のその他の財産（保険金、株式、売掛金、貸付金、暗号資産（仮想通貨）等）は次のとおりである。

※疎明資料として＿＿＿＿＿＿を提出する。
〔疎明資料一覧からアルファベットを選択〕
（財産の種類、額等）</td><td>U</td></tr>
</table>

（別紙）

（疎明資料として提出した「不動産登記事項証明書」の表示と住居表示が異なる場合に作成してください。
次の１～３のうち、該当する項目の□にレ点を入れて、同欄に必要事項を記載してください。
物件ごとに１通作成してください。）

住居表示に関する説明書

債務者（法人）______________の【□本店所在地・□旧本店所在地・□支店、□事業所、店舗・□　　　　　】について

□１　債務者の住所が、住居表示では、

「東京都　　　　　　　　　　　　　　　　　　　　　」となっていますが、
□　東京法務局　　□　地方法務局　　□　支局・出張所において、

前記所在地の不動産登記事項証明書の交付申請をするべく問い合わせたところ、登記表示の住所では、以下に該当するとの回答があり、以下の所在地の不動産登記事項証明書の交付を受けました。

土地「地番：東京都　　　　　　　　　　　　　　　　　」
建物「所在：東京都　　　　　　　　、家屋番号：　　　　　」

□２　別添のブルーマップ（　　　　住宅地図）の該当ページによると、

住居表示の住所が赤色でマーキングした部分であり、

登記表示の住所が青色でマーキングした部分になります。

□３　以下の方法で、住居表示の「東京都　　　　　　　　　　」は、
登記表示の「東京都　　　　　　　　　　」に
該当することを確認しました。

（　　　　　　　　　　　　　　　　　　　　　　　　　　　）

出典：裁判所ホームページ

書式8　買受申出人（法人）代表者用陳述書　横浜地裁の例

※該当する□にチェックを入れてください。

<table>
<tr><td colspan="5">陳述書
（買受申出人（法人）代表者用）
横浜　地方裁判所　　　　　　支部　執行官　殿</td></tr>
<tr><td colspan="2">事件番号</td><td colspan="2">□平成
□令和　　　　年（　　）第　　号</td><td>物件番号　</td></tr>
<tr><td rowspan="3">陳述</td><td colspan="4">当法人は、暴力団員等が役員である法人ではありません。</td></tr>
<tr><td colspan="4">当法人は、暴力団員等又は暴力団員等が役員である法人の計算において買受けの申出をする者ではありません。</td></tr>
<tr><td>✔</td><td colspan="3">自己の計算において当法人に買受けの申出をさせようとする者は、別紙「自己の計算において買受けの申出をさせようとする者に関する事項」記載のとおりです。（注意書9参照）
この者は、暴力団員等又は暴力団員等が役員である法人ではありません。</td></tr>
<tr><td colspan="5">（陳述書作成日）令和　　年　　月　　日</td></tr>
<tr><td rowspan="5">買受申出人（法人）</td><td rowspan="5">代表者</td><td>法人の所在地</td><td colspan="2">〒　　－</td></tr>
<tr><td>法人の名称</td><td colspan="2"></td></tr>
<tr><td>（フリガナ）</td><td colspan="2"></td></tr>
<tr><td>代表者氏名</td><td colspan="2">㊞</td></tr>
<tr><td>役　　員</td><td colspan="2">別紙「買受申出人（法人）の役員に関する事項」のとおり</td></tr>
</table>

注　　　意

1　陳述書は、一括売却される物件を除き、物件ごとに別の用紙を用いてください（**鉛筆書き不可**）。
2　事件番号及び物件番号欄には、公告に記載された番号をそれぞれ記載してください。事件番号及び物件番号の記載が不十分な場合、入札が無効となる場合があります。
3　本用紙は、買受申出人が法人の場合のものです。個人の場合は、個人用の用紙を用いてください。
4　共同入札の場合には、入札者ごとに陳述書及び添付書類を提出してください。
5「暴力団員等」とは、「暴力団員による不当な行為の防止等に関する法律（平成3年法律第77号）第2条第6号に規定する暴力団員又は暴力団員でなくなった日から5年を経過しない者」を指します。
6　陳述書は、**必ず入札書とともに提出してください。提出がない場合、入札が無効と**なります。
7　所在地、名称及び代表者氏名は、資格証明書（代表者事項証明、全部事項証明等）のとおり、正確に記載してください。**記載に不備がある場合、入札が無効となる場合があります。**
8　買受申出人が最高裁判所指定の許認可等を受けた事業者の場合には、その免許を受けていることを証明する文書の写しを提出してください。
9　自己の計算において買受けの申出をさせようとする者（買受申出人に資金を渡すなどして買受けをさせようとする者をいいます。）がある場合は、別紙「自己の計算において買受けの申出をさせようとする者に関する事項」の添付が必要です。
10　**提出後の陳述書及び添付書類（別紙を含む）の訂正や追完はできません。**
11　**虚偽の陳述をした場合には、6月以下の懲役又は50万円以下の罰金に処せられることがあります（民事執行法213条）。**

（別紙）
※該当する□にチェックを入れてください。

買受申出人（法人）の役員に関する事項		
1 □代表者	住　所	〒　　－
	（フリガナ）	
	氏　名	
	性　別	□　男性　　□　女性
	生年月日	□昭和 □平成　　年　　月　　日 □西暦
2	住　所	〒　　－
	（フリガナ）	
	氏　名	
	性　別	□　男性　　□　女性
	生年月日	□昭和 □平成　　年　　月　　日 □西暦
3	住　所	〒　　－
	（フリガナ）	
	氏　名	
	性　別	□　男性　　□　女性
	生年月日	□昭和 □平成　　年　　月　　日 □西暦
4	住　所	〒　　－
	（フリガナ）	
	氏　名	
	性　別	□　男性　　□　女性
	生年月日	□昭和 □平成　　年　　月　　日 □西暦

注　　意

1　買受申出人が法人の場合は、本書面の提出が必要です。提出がない場合、入札が無効となります。
2　**役員全員（代表者を含む）**の氏名、住所、生年月日及び性別を正確に記載してください。記載に不備がある場合、入札が無効となる場合があります。
3　役員の氏名、住所、生年月日及び性別などを証明する文書（住民票等）の添付は不要です。
4　役員が５人以上の場合は、本用紙を複数枚用いてください。
5　**提出後の本書面の訂正や追完はできません。**

（別紙）
※該当する□にチェックを入れてください。

自己の計算において買受けの申出をさせようとする者に関する事項			
□個人	住　　所	〒　　－	
	（フリガナ）		
	氏　　名		
	性　　別	□　男性　　□　女性	
	生年月日	□昭和 □平成 □西暦	年　　　月　　　日
□法人	法人の所在地	〒　　－	
	名　　称		
	役　　員	別紙「自己の計算において買受けの申出をさせようとする者（法人）の役員に関する事項」のとおり	

注　　　意

1　自己の計算において買受けの申出をさせようとする者がいる場合は、本書面の提出が必要です（複数いる場合は、本用紙を複数枚用いてください。）。**提出がない場合、入札が無効となります。**

2　自己の計算において買受けの申出をさせようとする者が個人の場合は、その氏名、住所、生年月日及び性別を証明する文書（住民票等）の添付が必要です。**添付がない場合、入札が無効となります。**

3　自己の計算において買受の申出をさせようとする者が法人である場合は、別紙「自己の計算において買受けの申出をさせようとする者（法人）の役員に関する事項」の添付が必要です。

4　（個人の場合）氏名、住所、生年月日及び性別は、それらを証明する文書のとおり、正確に記載してください。
（法人の場合）名称及び所在地は、資格証明書（代表者事項証明、全部事項証明等）のとおり、正確に記載してください。
記載に不備がある場合、入札が無効となる場合があります。

5　自己の計算において買受けの申出をさせようとする者が最高裁判所指定の許認可等を受けた事業者の場合は、その免許を受けていることを証明する文書の写しを提出してください。

6　**提出後の本書面及び添付書類の訂正や追完はできません。**

出典：裁判所ホームページ

（別紙）
※該当する□にチェックを入れてください。

自己の計算において買受けの申出をさせようとする者（法人）の役員に関する事項		
1 □代表者	住　　所	〒　　　－
	（フリガナ）	
	氏　　名	
	性　　別	□　男性　　　□　女性
	生年月日	□昭和 □平成　　　年　　　月　　　日 □西暦
2	住　　所	〒　　　－
	（フリガナ）	
	氏　　名	
	性　　別	□　男性　　　□　女性
	生年月日	□昭和 □平成　　　年　　　月　　　日 □西暦
3	住　　所	〒　　　－
	（フリガナ）	
	氏　　名	
	性　　別	□　男性　　　□　女性
	生年月日	□昭和 □平成　　　年　　　月　　　日 □西暦
4	住　　所	〒　　　－
	（フリガナ）	
	氏　　名	
	性　　別	□　男性　　　□　女性
	生年月日	□昭和 □平成　　　年　　　月　　　日 □西暦

注　　　　意

1　自己の計算において買受けの申出をさせようとする者が法人の場合は、本書面の提出が必要です。**提出がない場合、入札が無効となります。**
2　役員全員（代表者を含む。）の氏名、住所、生年月日及び性別を正確に記載してください。**記載に不備がある場合、入札が無効となる場合があります。**
3　役員の氏名、住所、生年月日及び性別などを証明する文書（住民票等）の添付は不要です。
4　役員が５人以上の場合は、本用紙を複数枚用いてください。
5　**提出後の本書面の訂正や追完はできません。**

書式9　（債務名義に基づく）預貯金等の情報取得手続の申立てに必要な書類等一覧　東京地裁の例

東京地方裁判所民事第21部

<table>
<tr><td colspan="2">申立ての別</td><td>民事執行法197条1項1号に基づく申立ての場合</td><td>民事執行法197条1項2号に基づく申立ての場合</td></tr>
<tr><td colspan="2">申立ての要件</td><td>強制執行又は担保権の実行における配当等（※）の手続（本件申立ての日より6か月以上前に終了したものを除く。）において、債務名義に表示された金銭債権の完全な弁済を受けることができなかったこと。
※「配当等」とは配当及び弁済金交付の手続を指します。したがって、執行手続が配当や弁済金交付の手続に至らずに終了した場合には、民執法197条1項1号に基づく申立てはできません。この場合は民執法197条1項2号に基づく申立てとなります。</td><td>知れている財産に対する強制執行を実施しても、債務名義に表示された金銭債権の完全な弁済を得られないことの疎明があった場合で、左記の民執法197条1項1号の要件以外の場合。</td></tr>
<tr><td rowspan="8">申立てに必要な書類

＊これらはいずれも最低限必要な書類で、事案によっては、さらに追加の書面が必要な場合があります。</td><td>申立て別</td><td>・配当表写し又は・弁済金交付計算書写し
・不動産競売開始決定写し
・債権差押命令写し
・配当期日呼出状写し

※配当等の状況によって提出書類が異なりますので、窓口にお問い合わせください。</td><td>・財産調査結果報告書及び疎明資料</td></tr>
<tr><td rowspan="7">共通のもの</td><td colspan="2">・申立手数料（収入印紙）　1,000円
・民事執行予納金　　　　　5,000円　※　第三者が1名増えるごとに＋4,000円
・レターパック（ライト）第三者の数分
・（郵送で申し立てる場合）切手94円分（84円＋10円など）</td></tr>
<tr><td colspan="2">・情報取得手続申立書（表書き＋当事者目録＋請求債権目録）
※情報取得手続の申立ては、債務者ごと・取得しようとする情報の種類ごとに申立書を作成していただくようお願いします。</td></tr>
<tr><td colspan="2">・執行力のある債務名義の正本及び写し1部
・送達証明書（必要な場合は、確定証明書）及び写し1部

債務名義に更正決定等がある場合には、更正決定正本及び同決定書の送達証明書等も必要になります。また、債務名義正本に承継執行文が付されているような場合には、債務名義正本の送達証明書に加え承継を証する書面の謄本及び承継執行文謄本の送達証明書も必要となります。</td></tr>
<tr><td colspan="2">・資格証明書等
債務者が法人の場合：申立ての日前1か月以内に取得した代表者事項証明書
第三者　　　　　　：申立ての日前1か月以内に取得した代表者事項証明書
申立人が法人の場合：申立ての日前2か月以内に取得した代表者事項証明書
※代表者事項証明書の代わりに商業事項証明書を提出しても問題ありません。</td></tr>
<tr><td colspan="2">【債務名義の当事者の表示（住所・氏名又は名称）と現在の住所・氏名又は名称と異なっているとき】
【債務者の特定に資する事項において、生年月日、旧姓、旧住所を記載するとき】
・住民票、戸籍謄本または戸籍の附票等（申立ての日前1か月以内に取得したもの）
氏名・住所のつながりや生年月日、旧姓、旧住所の証明のため、必要です。
法人の場合は、つながりの記載がある全部事項証明書や閉鎖事項証明書等が必要です。</td></tr>
<tr><td colspan="2">・当事者目録及び請求債権目録の写し（各1部ずつ）</td></tr>
<tr><td colspan="2">・債務名義等還付申請書（同受領書）（あらかじめ、申立時に提出してください。情報提供命令と同封して返還することができます。書式等はホームページに掲載しています。）</td></tr>
</table>

出典：裁判所ホームページ

書式10 債務名義に基づく預貯金債権等の情報取得手続の申立てに必要な書類等一覧　大阪地裁の例

大阪地方裁判所第14民事部

<table>
<tr><td colspan="2">申立ての別</td><td>民事執行法197条１項１号に基づく申立ての場合</td><td>民事執行法197条１項２号に基づく申立ての場合</td></tr>
<tr><td colspan="2">申立ての要件</td><td>強制執行又は担保権の実行における配当等（※）の手続（本件申立ての日より６か月以上前に終了したものを除く。）において、債務名義に表示された金銭債権の完全な弁済を受けることができなかったこと。

※「配当等」とは配当及び弁済金交付の手続を指します。したがって、執行手続が配当や弁済金交付の手続に至らずに終了した場合には、民執法197条１項１号に基づく申立てはできません。この場合は民執法197条１項２号に基づく申立てとなります。</td><td>知れている財産に対する強制執行を実施しても、債務名義に表示された金銭債権の完全な弁済を得られないことの疎明があった場合で、左記の民執法197条１項１号の要件以外の場合。</td></tr>
<tr><td rowspan="9">申立て
に必要
な書類

＊これらはいずれも最低限必要な書類で、事案によっては、さらに追加の書面が必要な場合があります。</td><td>申立て別</td><td>・配当表写し　又は　弁済金交付計算書写し
・不動産競売開始決定写し
・債権差押命令写し
・配当期日呼出状写し

※配当等の状況によって提出書類が異なりますので、窓口にお問い合わせください。</td><td>・財産調査結果報告書及び疎明資料</td></tr>
<tr><td rowspan="8">共　通
のもの</td><td colspan="2">・申立手数料（収入印紙）　1,000円</td></tr>
<tr><td colspan="2">・民事執行予納金　5,000円
第三者が１名増えるごとに　＋4,000円</td></tr>
<tr><td colspan="2">・情報取得手続申立書（表書き＋当事者目録＋請求債権目録）

※情報取得手続の申立ては、債務者ごと・取得しようとする情報の種類ごとに申立書を作成していただくようお願いします。</td></tr>
<tr><td colspan="2">・執行力のある債務名義の正本及び写し１部
・送達証明書（必要な場合は、確定証明書）及び写し１部

債務名義に更正決定等がある場合には、更正決定正本及び同決定書の送達証明書等も必要になります。また、債務名義正本に承継執行文が付されているような場合には、債務名義正本の送達証明書に加え承継を証する書面の謄本及び承継執行文謄本の送達証明書も必要となります。</td></tr>
<tr><td colspan="2">・資格証明書等
第三者：申立ての日前３か月以内に取得した代表者事項証明書
債権者・債務者が法人の場合：申立ての日前３か月以内に取得したもの</td></tr>
<tr><td colspan="2">【債務名義の当事者の表示（住所・氏名又は名称）と現在の住所・氏名又は名称と異なっているとき】
【債務者の特定に資する事項において、生年月日、旧姓、旧住所を記載するとき】
・住民票、戸籍謄本または戸籍の附票等（申立ての日前１か月以内に取得したもの）
氏名・住所のつながりや生年月日、旧姓、旧住所の証明のため、必要です。
法人の場合は、つながりの記載がある全部事項証明書や閉鎖事項証明書等が必要です。</td></tr>
<tr><td colspan="2">・当事者目録及び請求債権目録（各１部ずつ）</td></tr>
<tr><td colspan="2">・債務名義等還付申請書（同受領書）（あらかじめ、申立時に提出してください。情報提供命令と同封して返還することができます。書式等はホームページに掲載しています。）</td></tr>
</table>

出典：裁判所ホームページ

執筆者紹介

中島弘雅（なかじま・ひろまさ）――――――――――［担当：第1章］

専修大学法学部教授、慶應義塾大学名誉教授

1954年生まれ

1976年東北大学法学部卒業

東京都立大学教授、慶應義塾大学教授を経て、現職。

最近の著作として、「倒産ADRの現状と課題」上野泰男先生古稀祝賀論文集『現代民事手続の法理』（弘文堂、2017年）、「破産債権確定後の破産会社に対する再生手続開始の可否――ビットコイン取引所MTGOXの倒産事件を素材として」多比羅誠弁護士喜寿記念論文集『倒産手続の課題と期待』（商事法務、2020年）、「動産・債権担保と倒産をめぐる立法的課題――担保実行に対する中止命令制度を中心に」法律時報92巻11号（2020年）など。

松嶋隆弘（まつしま・たかひろ）――――――――――［担当：第3章］

日本大学法学部教授・弁護士（みなと協和法律事務所）

1968年生まれ

1993年日本大学大学院法学研究科博士前期課程修了

前日本私法学会理事、前日本空法学会理事。元公認会計士試験委員。

主要著作として、松嶋隆弘＝渡邊涼介編著『改正資金決済法対応　仮想通貨はこう変わる‼暗号資産の法律・税務・会計』、松嶋隆弘編著『法務と税務のプロのための改正相続法徹底ガイド 令和元年施行対応版』（以上2019年）『実務が変わる！令和改正会社法のまるごと解説』（以上ぎょうせい、2020年）など多数。

渡邊涼介（わたなべ・りょうすけ）――――――――――［担当：第2章］

弁護士（光和総合法律事務所）

1980年生まれ

2006年慶應義塾大学大学院法務研究科修了

2007年弁護士登録。2014年～2017年総務省総合通信基盤局専門職。

主要著作として、松嶋隆弘＝渡邊涼介編著『改正資金決済法対応　仮想通貨はこう変わる‼暗号資産の法律・税務・会計』（ぎょうせい、2019年）、『データ利活用とプライバシー・個人情報保護 最新の実務問題に対する解決事例108』（2020年）、『企業における個人情報・プライバシー情報の利活用と管理』（以上青林書院、2018年）など。

山﨑雄一郎（やまざき・ゆういちろう）――――――――[担当：第4章]

サイバー大学特任教授・防衛医科大学校非常勤講師・弁護士（みとしろ法律事務所）

1969年生まれ

1991年明治大学法学部法律学科卒業

司法試験・予備試験委員（民事訴訟法）。前東京弁護士会民事訴訟問題に関する委員会委員長、元司法研修所民事弁護教官・所付（民事弁護）、元明治大学法科大学院特任教授。

著作として、「清算に関する会社非訟事件」上田純子＝松嶋隆弘編著『会社非訟事件の実務』（三協法規出版、2017年）、「サービサーのコンプライアンスにおける取締役弁護士が果たすべき役割と責任の範囲」法律実務研究第27号（東京弁護士会、2012年）など。

内田義厚（うちだ・よしあつ）――――――――[担当：第5章]

早稲田大学大学院法務研究科教授

1964年生まれ

1988年早稲田大学法学部卒業

1989年司法試験合格、1992年裁判官任官、以後、東京、さいたま、千葉、長野、新潟の各地裁・家裁に勤務するほか、裁判官訴追委員会事務局次長、明治学院大学法科大学院講師等を経て、2013年依願退官。現在、早稲田大学法学学術院（大学院法務研究科）教授。

主要著書は、『手続からみた子の引渡し・面会交流』（共著、弘文堂、2015年）、『執行関係訴訟の理論と実務』（民事法研究会、2016年）、『民事執行・保全15講』（成文堂、2016年）。

杉本和士（すぎもと・かずし）――――――――[担当：第6章]

法政大学法学部教授

1977年生まれ

早稲田大学法学部卒業、同大学大学院法学研究科修士課程修了、同研究科博士後期課程研究指導終了。

最近の著作として、「倒産手続における債権の処遇に関する静態的契機と動態的契機」多比羅誠弁護士喜寿記念論文集『倒産手続の課題と期待』（商事法務、2020年）、「破産免責の過去・現在・未来――破産免責制度導入の光芒――」加藤哲夫先生古稀祝賀論文集『民事手続法の発展』（成文堂、2020年）など。

小原将照（おはら・まさてる）――――――――――――――――［担当：第７章］

南山大学法学部教授

1972年生まれ

1995年学習院大学法学部卒業。1997年青山学院大学大学院博士前期課程修了。

岡山商科大学、東北学院大学等を経て、2014年より現職。

最近の著作として、「破産手続における求償権の取扱い」春日偉知郎先生古稀祝賀『現代民事手続法の課題』（信山社、2019年）、「複雑訴訟と破産手続開始決定による手続の中断・受継」青山法学論集59巻４号（2018年）、「所有権留保に関する議論の整序――平成22年最判を素材として――」南山法学39巻３・４合併号（2016年）など。

林　康弘（はやし・やすひろ）

――――――――［担当：Ⅳ　令和元年改正民事執行規則　主要事項に関する解説］

弁護士（林康弘法律事務所）

1973年生まれ

1996年中央大学法学部法律学科卒業。2013年慶應義塾大学大学院法務研究科修了。

著作（分担執筆）として、生駒和夫＝根田正樹ほか編『実務解説 会社法Q&A』（ぎょうせい、2018年追録より）、上田純子＝植松勉＝松嶋隆弘編著『少数株主権等の理論と実務』（勁草書房、2019年）、民事証拠収集実務研究会編『民事証拠収集――相談から執行まで』（勁草書房、2019年）など。

金融・民事・家事のここが変わる！

実務からみる改正民事執行法

令和２年11月30日　第１刷発行

編　著　中島　弘雅・松嶋　隆弘

発　行　株式会社ぎょうせい

〒136-8575　東京都江東区新木場1-18-11
URL：https://gyosei.jp

フリーコール　0120-953-431
ぎょうせい　お問い合わせ　検索　https://gyosei.jp/inquiry/

〈検印省略〉

印刷　ぎょうせいデジタル株式会社

ISBN978-4-324-10888-8
(5108642-00-000)
〔略号：実務民事執行法〕